災厄と性愛

小泉義之政治論集成 I

月曜社

目次

I-2　性／生殖

災厄と性愛

はじめに

　今世紀に入り、9・11が起こった。それから十年を経て、3・11が起こった。9・11と3・11、この二つの日付けは、記憶に深く刻み付けられており、いまの時代の始まりを標すものであろう。おそらく、今世紀に物心のついた若者は、歴史なるものがあるとしたなら、いまの歴史は、9・11と3・11で区切られて始まったと受けとめているであろう。9・11と3・11は、かれらの精神にだけではなく、二つの日付けをめぐるさまざまな取り組みを通して、かれらの身体にも刻み付けられているであろう。

　前世紀、私にも、そのような日付けがあった。4・28（沖縄デー、サンフランシスコ条約発効の日）、6・23（安保闘争の日、日米安全保障条約発効の日）、10・21（国際反戦デー、ベトナム反戦統一ストライキの日）である。前世紀のある時期まで、それらの日付けは、私のような者の時代意識と歴史意識を深く規定していた。その日付けが近づくと、ほぼ自動的に精神と身体がざわついたものだ。しかし、いつの頃からか――おそらく、決定的だったのは、一九八九年（東欧革命）、一九九五年（阪神大震災）であっただろう――、それらの日付けは記憶からも薄れてしまった。そして、それなりの時が流れ、社会の構成員も大幅に入れ替わった。集団的な歴史記憶は変わったのである。

それでも、あらためて思い出しておきたいが、4・28、6・23、10・21は、沖縄返還・沖縄解放、安保廃棄、反戦を掲げてデモを行うべき日であった。それはスケジュール化されていると揶揄されもしたが、それでも集団的な闘いの日であった。かつて、どこかで、デリダもドゥルーズも、毎年回帰する日付けのことを導入として、何か重大な出来事の時間性について議論を構成したことがあったが、そのとき二人の念頭にあった出来事とは、権力による民衆虐殺、アメリカ革命、フランス革命、ロシア革命のことであり、神話的な国家創成、神話的な民族誕生のことであって、それを記念し想起する儀礼にしても、通例の歴史意識を宙吊りにして組み替えかねない営みとして、あるいはまた、そこをはみ出してしまう何か過剰なものを生みだしかねない営みとして捉えていた。

ところが、9・11と3・11はどうであろうか。その日付けは、いまや、死者を追悼し未来に望みをかける、ナショナルな祈りと願いの日となってきた。スケジュール化された儀礼を反復するだけの日となってきた。しかし、それでおさまるはずはなかろう。それでは癒されることのない、そこには回収されることのない、痛み、悩み、あるいは、怨み、憤りが、依然としてくすぶっているはずである。

現在、特定の起源の日付けをもたない感染症が広まり、とりわけ3・11であらわになった分断や対立や矛盾が、外見的には(メディア的には)まったく目立たないものの、確実に刻まれつつあると思う。本書の第1部「災厄/疫病」に所収の論考は、その事態をいまだ明晰に言葉にもたらせないままではあるが、いまは試行錯誤もいたしかたないと思いながら、おのれの思い込みの一部を崩しながら、それなりの決意で書きとめてきたものである。

第1部前半の四本の論考は、コロナ禍における公衆衛生と医療、そして政治と統治について、わからないときには先人に学ぶという姿勢で書きとめたものである。実は、私は、二〇二〇年三月末日で大学を定年退職し、まさに定年制なる生政治によって新たな生活様式へと移行せざるをえなかったとともに、私自身が高齢者にカテゴライズされる年齢となり、「基礎疾患」を抱える者と同居していたこともあって、コロナ禍の自粛体制にスムーズに適応できてしまったところがあり、それがために、四本の論考には、批判がなされるべきところで、いささか甘くなっているかもしれない。そのあたりについては、本書の書き下ろしの論考で、少しだけ補足する。

第1部後半の三本の論考は、3・11における原子力発電所事故をめぐって、書きとめたものである。3・11における地震と津波については、別の一本の論考で触れたような仕方で、いまでも途方に暮れる思いのままであるが、こと原発については、私の立場は比較的一貫している。そこからするなら、政治経済においても大学においても、多数派の思想と行動には許し難いものがあると考えている。批判だけでは足りない、力で打ち倒すべきと考えている。

今世紀に入って、多様性の尊重がコンセンサスとなり、加えて、性的な多様性の尊重も広く承認されてきた。LGBTといった用語も、いたるところで、肯定的に使われるようになった。そして、かねてよりの中絶論争に加えて、同性婚、夫婦別姓などが、新たに政治的・社会的な論争点として公認されるようになった。性と生殖、婚姻と家族について、何かが確かに変わってきたのである。おそらく、それは改善である。前世紀来の運動の成果でもあろう。しかし、私には、どうにも腑に落ちないものがある。どこかで間違えているという感触があるのだ。

前世紀、一九六八年、私は中学生であった。そして、それ以後の大学闘争と政治闘争の時期は、私にとっては自分の成長期と重なったせいもあるだろうが、一面では、文化がグングンと音を立てて変わっていく時期であった。音楽・演劇・映画の変化はよく語られてきたことだが、やはり私もその影響を全身に浴びていたと思う。そして、さまざまな差別を糾弾する運動には強く打たれた。ビラやパンフや書物を読むたびに、それこそおのれの蒙を啓かれた。その経験は厳しくとも快いことでもあった。おのれの旧いものを打ち砕くことができるのだから、まさにコンシャスネス・レイジングの辛さと喜びであった。なかでも、リブの思想と行動、レズビアニズムの思想と行動には揺さぶられた。その頃から私は、マイノリティを支援するというのなら、何よりも先ず、マイノリティに学びながら、マジョリティを批判しなければならないと考えるようになっていた。その順序をゆるがせにはできない。本書の第2部「性／生殖」に所収の論考は、そのような観点から、近年の論点に関与するものである。

第2部のうち、男性異性愛批判を主たるテーマとするものは二本ある。そして、異性愛を軸とする婚姻と家族に対する批判――生殖を切り口としているために、いくらか間接的な批判にとどまっているところがある――をテーマとするものが三本ある。ところで、セクシュアリティの意味での性については、馬鹿げたことを書きがちな知識人や大学人に対する批判の観点からサディズムについて少し記したものを一本入れてある。
第2部最後の二本の論考は、医学史・生物学史的な論考でやや異質になっているが、第1部での公衆衛生批判との比較で、医学・医療に対する私の観点を例示するものとなっており、また、本書に続く政治論集成IIに繋がるものとなっている。

全体として、同時代の状況に対して物を言おうとしている論考の集成ではあるが、人文学的な書き方、学術的な書き方をとっているところもあり、メインストリームで喧々諤々の論点とは切り結んでいないように見えるかもしれない。いや、むしろ、私の力不足のために、これはこうだ、と断言して煽動するところまで持っていけてはいないから、そうなっているのだろう。たぶん、いまの私には、「現在性の分析」(フーコー)が足りないのだ。読み手の方々が、本書を引き受けて乗り越えて下さることを期待している。なお、書誌情報など註の形式については、原則として初出時のままとして、全体として統一はしていないことをお断りしておきたい。

I―1 災厄／疫病

恵まれたる者、呪われたる者

ダニエル・デフォーとジャン・カルヴァンにおける

一六六五年、ロンドンのペスト禍を生き延びたダニエル・デフォーは、他ならぬ自分が生き延びられたことは、神のおかげであると書いている。

繰り返すが、あのできごとの原因について、神が直接手を下したものだと言い、そこに神のありがたい思し召しが示されていると主張する人を非難するつもりは毛頭ない。いや、それどころか、感染を免れたすべての人、さらには感染しても恢復したすべての人は、奇蹟的に救済されていたのだ。人びとが語る個々の事例を見ても、普通ではあり得ない神の思し召しが働いていたことが窺える。さらにぼくは、自分が助かったこともほとんど奇蹟だと思っている。このことは感謝をこめてここに記しておきたい*1。

では、ひるがえって、ロンドンのペスト禍で死んだことも、「神の思し召し」によると言ってしまえるのだろうか。そして、恵まれて生き延びたことも呪われて死んだことも、「神のありがたい思し召し」によるとまで言ってしまえるのだろうか。

どうしてこの人間は生き延びたのか。それは神のおかげである。どうしてあの人間は死んだのか。それも神のおかげである。併せて、人間の生き死には神のおかげである。このようにひとしなみに言ってしまうとして、そこで言われていることは、汎神論的に言いかえるなら、人間の生き死には神即自然によると、無神論的に言いかえるなら、自然の因果によると言われることと大差はない。ペスト禍で働くのは、人間にとって認識可能な限りでの自然過程であるだけでなく、人間にとって科学合理性の限界を超えていることも合理的に理解されるような超自然的でもある自然過程であると言えるのだから。デフォーは、人間の行いの因果も（超）自然過程の一部であることを考慮しながら、その両価性を確実に捉えている。

それでもぼくは、ペストを自然な原因で発生する病気として語っているのだから、ここでは実際に自然な経過をたどって蔓延したものとして考えなければならない。ただし、人間が原因と結果に関わっているからといって、それが神の裁きでないということにはならない。神の力こそ、自然のすべての仕組みを作り、自然の働きを維持してもいるのだ。だから、この同じ力が人間に慈悲を示すときも、裁きを下すときも、自然な因果という通常の筋道をたどるのが適切と考え、普段はこうした自然な因果を用いることを神は好まれているのだ[*2]。

神即自然のおかげで、ある者は生き延び、ある者は病んで死ぬ。その限りで、生死の分かれ、健康・病気の分かれは明確である。しかし、デフォーは、感染症や流行病がそれほど簡単に割り切れない現象であることを経験的に認知する。ペスト禍の渦中にある者さえも、そのように認知せざるをえない。そこにこそ重大で困難な問題がある。

危険は気づかぬうちに拡散する。病人の手の届く範囲に近づかなければ、誰も病気になることはない。しかし、実は疫病にかかっていたらしいのに、それを知らないまま外出し、健康な人のように歩きまわる人がいれば、ペストを無数の人びとにばら撒くことになるだろう。さらに、この人びとがその割合だけ多くの人たちに疫病を広げ、それでも病毒を与えている側も、受け取っている側も、まったくそれを自覚せず、おそらく何日も経って、ようやく病気に気づくのだ[*3]。

感染していながら顕著な発症もせず発病もしていない人間、感染していながら外見的には健康で診断も検査もすり抜ける人間、感染していながら活動を止めないために病気の種を無自覚に撒き散らす人間、健康とも病気とも割り切れない人間、とりわけその「体質」のおかげとしか言いようがないが、そのまま感染前の健康に復するような人間、後の用語で言いかえるなら、潜在患者、不顕性患者が、人間の（超）自然的な分割を、ひいては人間の公衆衛生的で医学的な分割を根底的に攪乱するのである。デフォーの語り方では、この「歩きまわる破壊者」が厳然として存在するため、発症者や発病者を見分けて隔離する「行政府の高官による規制」だけでは感染の拡大を防止することができなくなる。しかも、その「隠れた病人」を見分けて見付ける方法を「医師」は手にしていないのである[*4]。とするなら、人間が採りうる唯一の根底的な対策は、人間が互いに孤立して生き延びるルソー的な自然状態に立ち還ること以外ではなくなってくる。

このころから市民が他人をなるべく避けるようになり、とても多くの人たちがみずから家に引きこもり、外に出て誰かと会うことは一切とりやめ、街なかで誰と接していたか分からない者は決して家に入れず、近づくことさえ許さなくなった。少なくとも、息がかかったり、臭いが届く範囲まで来ることは絶対に認めなかった。〔……〕かつて家から家を次々と襲った疫病も、彼らの家の前では勢いを失うようだった。もちろん、これも神のありがたい思し召しがあってのことだが、このような方法で何千もの家族が救われた[*5]。

人間は人間にとって羊であるだけはなく狼でもあるからには、人間が、あるいは少なくとも家族が互いに孤立して暮らすなら、感染病の予防はほぼ完璧である。人間は相互に依存しなければ生きていけないと叙情的に呟こうとも、ルソー的自然に還ることが最強の策であることは動かない。もちろん、そんな方途は人間には無理筋である。しかし、デフォーが明察することは、行政的な規制も公衆衛生的で医学的な方策も、経験的にはある程度有効であると理解できるものの、「歩きまわる破壊者」「隠れた病人」の存在の故に、そこに限界があることが露呈してしまうということである。そして、デフォーは、まさにその限界領域に「神のありがたい思し召し」を感じ取っている。

このとき、なにか新しい特効薬が発見されたわけでもなければ、新たな治療法が開発されたわけでも、手術の技術が向上したわけでもなかった。つまり、内科や外科の医師の功績で、疫病が終息したわけではない。これは間違いなく、はじめにこの病を市民への裁きとして遣わした方の、隠れた見えない手のなせる業だった。無神論にかぶれた連中が、ぼくのこの考えをどう呼ぼうと知ったことじゃないが、これは決して狂信ではない。当時は、誰もが同じように神への感謝を抱いていた。病魔は衰え、その悪性は消滅した。なにが原因だろうと構わないし、合理的に説明したがる学者が自然に原因を求め、造物主への負い目をできるかぎり減らそうと躍起になるのも結構だ。しかし、ごくわずかでも宗教心を持っている医師であれば、これが紛れもなく超自然的な現象であり、常識を逸脱していて、どんな説明もあたえられないと認めざるを得なかったのだ[*6]。

ここでデフォーが、「宗教心を持っている医師」が「隠れた見えない手のなせる業」として認めざるをえない超自然的現象、そこに「神の裁き」だけではなく「神の思し召し」をも認めざるをえない現象とは、絞りに絞って言うなら、「歩きまわる破壊者」でもある「隠れた病人」が外見的な健康を保持したまま生き残るというそのことである。おそらく、デフォーは自身がその一人であったのではないかと推測しながら、次のように書いている。

聖書にあるように、癩病を患う十人の者が癒されたのに、キリストの元に戻って感謝を述べたのはたった一人だったのであれば、ぼくはその一人でありたいし、自分が救われたことをいつまでも感謝したいと思う*7。

ここからペスト禍を事後的に見返すなら、次のような描像を得ることができよう。どの範囲かを確定することはおよそ不可能ではあるが、ある範囲の集団は、全員が感染した呪われたる者で構成される。その段階では、全員が呪われながらも外見的には健康である。ところが、ある者は発症と発病へ進み、ある者は発症にも発病にも至らない。それは「体質」の違いによるとまでは言えても、その違いを科学的に見分けることはできない。次の段階では、ある者は発病から死亡に至り、ある者は発病しても恢復に至る。それは「体質」の違いによるだけではなく人間の医療的対策の違いにもよるが、同じ対策の結果がどうして成功や失敗に分かれるのかについては「体質」の違いを持ち出すしかない*8。要するに、呪われたる個人から構成される呪われたる集団の中で、依然として呪われ続ける個人と何故か恵まれてしまう個人とが振り分けられる。そして、その過程の全体が、神即自然の思し召しと言われている。

デフォーのペスト論に垣間見えるこの描像に、群淘汰的な進化論の先駆けを見出すこともできるであろうが、ここでは、この呪いと恵みの両価性に拘泥することにしよう。想起されるべきは、ジャン・カルヴァンの予定説である。

カルヴァンは、現世の生を軽蔑し来世の生を瞑想する信仰者でありながらも、その厭世観に反してとも言えるだろうが、現世に何らかの秩序をもたらすべきであると主張している。

盲目でない者なら気づくことだが、幾つもの悪の海が大地へと溢れ来て、全世界は幾多の致死的なペストで腐っている。要するに、一切が崩壊しており、もはや人間的なものについては全く絶望しなければならないか、あるいは、たとえ暴力的な治療法によるとしても、それらの悪に秩序をもたらさなければならないのである*9。

ここに言われる「暴力的な治療法」による「秩序」という措辞を聞くと、「われわれ」はほぼ自動的に、ミシェル・フーコーのいう「ペスト型の権力」をモデルとする「規律権力」を思い浮かべるだろうが、私の見るところ、カルヴァンは、その予定説が現世にもたらす帰結として、まったく異なる「秩序」のことを考えている。そもそも予定説は次のように語られていた。

命の契約は万人に等しく宣べ伝えられたのではなく、また宣べ伝えられた人たちの間でも同一の状況に、あるいは同等に、あるいは恒常的な状態にあるとは見えない。したがって、このような差異の内に、神の判定の驚くべき奥深さが明らかになる。すなわち、このような違いが神の永遠の選びの意志決定に属していることは疑いない。救いはある人には進んで差し出され、ある人にはそれに近づくことが禁じられている*10。

神は、ある者を救って「永遠の生命」「生命の希望」へと予定し決定しており、ある者には救いを恵まず「永遠の死」「永遠の断罪」へと予定し決定している。神は、永遠の昔から、言いかえるなら、人間誕生以前から、さらに言いかえるなら、特異な神・人間であるイエス・キリスト登場以前から、そのように意志し裁定している。ところが、われわれ人間には、誰が恵まれ誰が呪われるのかの区分けを知ることはできない。その区分けの根拠を推測することも叶わない。われわれ人間は、いかに功徳を積もうとも、いかに理性的認識を研ぎ澄まそうとも、おのれが恵まれているのか呪われているのか識別することはできない。したがって、おのれの信仰について確信を抱くことすらできない[*11]。

注意すべきは、予定説は、個人についてだけではなく集団についても語られることである。神の言葉たる『聖書』を通して、われわれ人間の側からアポステリオリに推論してみるなら、神は、全人類からアブラハムの全子孫を救いへと選び出し、アブラハムの子から、イサク個人を選別してイシマエル個人を遺棄し、ひいてはイサクの全子孫を救いへと選び出したことが見えてくる。とするなら、神は、外見的には特定の集団を救いへと選び出したように見えるとしても、当の集団に属する個人を平等に救いへ選び出すのではないことになる。突き詰めて言うなら、ある個人が、救いを保証するはずの教会に所属していても、その救いを確信することはできない相談となる。この予定説について、マックス・ヴェーバーはこう書いていた。

この悲惨な非人間性をおびる教説が、その壮大な帰結に身をゆだねた世代の心に与えずにはおかなかった結果は、何よりもまず、個々人のかつてみない内面的孤独化の感情だった。宗教改革時代の人々にとっては人生の決定的なことがらだった永遠の至福という問題について、人間は永遠の昔から定められている運命に向かって孤独の道を辿らねばならなくなったのだ。誰も彼を助けることはできない。牧師も助けえない、〔……〕聖礼典も助けえない、〔……〕教会も助けえない[*12]。

ヴェーバーは、「孤独の道」から現世での禁欲的な労働倫理が導き出されるとしたわけであるが、カルヴァンがいささか無理を通してでも[*13]、キリストによる救いを語ろうとしていたことを無視していた。カルヴァンは、あたかも、神によって呪われたる者でさえも、イエス・キリストと一体化することができるならば、恵まれたる者へとその予定を変更できるかのように示唆していたのである[*14]。

もし婚礼の席の礼服をもって着飾っていない者が見出されたならば、祝宴がこの者の汚れによって台なしにされることを、王は決して忍ぶことができない。譬えのこの部分は、信仰を告白して教会に入れられたがキリストの聖を全く纏っていない者のことと取るべきだと私は認める。神は御自身の教会に対するこれほどの侮辱、また謂わばカルキノーマ〔癌〕を永久に忍びたまわず、むしろその見苦しさに相応しく外に投げ捨てたもう。それ故、召された多くの数の中で選ばれた者は少ないのである[*15]。

信仰告白して教会に所属しても救済の確証は得られないが、「キリストの聖」を纏うなら救済の確証が得られるかのようなのである。そして、キリストの聖を纏うとは、キリストの肉に与ることである[*16]。

父は永遠の先に御自身の民としようとした者をキリストの体に接ぎ木し、そのため彼の体の肢と認められる限りの者は子であるとされたのだから、キリストとの交わりを得ておれば我々が「命の書」に記された者であることの十分明白で確実な証拠があるのである[*17]。

イエス・キリストとは、神の子、人の子である。神の血族と人間の血族が混血した一個体である。（超）自然的な区分を攪乱する者である。そして、イエス・キリストは、受肉して人間に堕ちた者であるから呪われたる者であると同時に、決して死へと廃棄されることのない生を享受すると定められている恵まれたる者である。ペストに感染しカルキノーマに罹ろうとも死へと遺棄されない者である。幾らか世俗的に言い直すなら、イエス・キリストとは、「隠れた病人」として「歩きまわる破壊者」でありながらも、その肉体によって、呪われた者に恵みを与える者なのである。そして字義通りに、人間が、その肉体に与ってそのハイブリッド族に所属することができるのなら、規律権力とはまったく別の「暴力的な治療法」によって、悪病がもたらす混沌に対して別の「秩序」をもたらすことができるはずである。川喜田愛郎に従って、以上の事情を世俗的に言い直しておこう。

しばしば死の転帰をとりさえもする臨床的に激しい発病の背後に数多くの不顕性感染例が存在するという事実の解析は、裏返して言えば、僅かな数ではあるにしても不幸にして発病に陥った、あるいはこれからも陥るかもしれない人々の病理を明らかにし、今後にも備えるという意味で、医学的にもきわめて重要な問題を構成するに相違ないのだが、不思議なことに、この種のできごとを病理学的な問題としてとらえようとする姿勢をはっきりとった人はそれほど多くないようにみえる。ウイルス病学の成書は仮に発病病理については何ほどかの言葉を費やしている場合でもほとんど例外なしにその「不発病の病理学」を盲点として残している*18。

「腐臭を漂わせるアダムの子孫」の只中で、「盲点」を探究することだけが、人間的なものの混乱に秩序をもたらす唯一の道であると言えるだろう。もちろん、これは災厄が過ぎた後の生き残りによる事後的な後知恵にとどまるかもしれない。災厄の事前においては、われわれは端的に無知の暗闇に堕ちているのだから。しかし、現在のわれわれは、おのれの未来に対して事前の位置にありながらも、過去の生者と病者と死者に対しては事後の位置にあるのだから、その事後的な後知恵に依拠して、自らの「治療法」を探求してもよいはずである*19。

*1ダニエル・デフォー『ペストの記憶』（武田将明訳、研究社、二〇一七年）、二四九頁。

*2同書、二四九頁。

*3同書、二五一頁。

*4同書、二六〇－二六一頁。「歩きまわる破壊者」をめぐる近年の言説については、横田陽子「科学知識の伝達――スーパースプレッダーの例」『コア・エシックス』（第一号、二〇〇五年）。

*5同書、二七〇頁。

*6同書、三一六頁。

*7同書、三一七頁。『聖書』の典拠は『ルカによる福音書』第一七章。ここは信仰義認に関して解釈上の争いがある箇所である。

*8結核における潜在患者と体質をめぐる歴史については、塩野麻子「戦前期日本の通俗医学書における結核の発病予防をめぐる言説」『コア・エシックス』（第一六号、二〇二〇年）。

*9ジャン・カルヴァン『キリスト教綱要（初版）』（久米あつみ訳、『宗教改革著作集9』教文館、一九八六年）、二三頁。訳文は変更した。

*10ジャン・カルヴァン『キリスト教綱要 第三篇 改訳版』（渡辺信夫訳、新教出版社、二〇〇八年）、四二五頁。

*11同書、第三篇第二一章「神が、ある者を救いに、ある者を滅びに予定したもうた永遠の選びについて」を参照。

*12マックス・ヴェーバー『プロテスタンティズムの倫理と資本主義の精神』（大塚久雄訳、岩波文庫、一九八九年）、一五六頁。

*13その論法は、カルヴァン自身が難詰した「トマスの屁理屈」（前掲書、四五一頁）に方法的に類似しているからである。

*14もちろん「一体化」の成否も予定の内にあると言われるが、それでもキリスト論そのものの構成からして、かかる示唆は不可避である。

*15カルヴァン、前掲書、四八八－四八九頁。

*16 これは聖餐のことではない。聖餐に与ることで救済が確証されるなら、一面では、われわれ人間はおのれの行いによって救済を確信できることになってしまう。予定が聖餐を凌駕する経緯については、井上良作『カルヴァンからアミローへ——16‐17世紀フランス改革派予定論の展開』（新教出版社、二〇〇一年）を参照。

*17 カルヴァン、前掲書、四八四頁。「命の書」の典拠は、『ヨハネの黙示録』第二〇章。

*18 川喜田愛郎『感染論——その生物学と病理学』（岩波書店、一九六四年）、五八〇頁。

*19 この点で、公衆衛生と医学の関係の近年の変化について論じたものとして、柏崎郁子「あたらしい公衆衛生——健康寿命と人生の最終段階」『コア・エシックス』（第一六号、二〇二〇年）。

自然状態の純粋暴力における法と正義

疫病の時

現世を厭いながら来世での生を夢みる宗教者であっても、どうしたことか、現世での生き方や死に方に気をかけずにおれないときがある。それはどう見ても理に合わないことであって、無神論者でありながらも宗教性を肯定したがる私のような者から見るなら、宗教者でさえも免れがたい被造物の性であるとも思えるのであるが、そのような事情が際立つのはとりわけ疫病のときであろう。初期ラテン教父のキュプリアヌスは、キリスト者が現世を去ることは来世の永遠の生へと旅立つことであるから早死にこそが望ましいと暗々裏に示唆しながらも、しかし次のように書くのである。

愛する兄弟たちよ。この疫病は恐ろしくて致命的なものと見えはするが、おのおのの正義や心を吟味するために、これほど適切で、これほど必要なことがあろうか。健康な者が病気の者を世話したかどうか、近親者がその親族を愛情込めて愛したかどうか。主人たる者が使用人の苦労や衰弱に同情したかどうか、医師は懇願する患者を見捨てたりしなかったかどうか。気性の激しい者はその憤懣を抑えたかどうか、欲張りな者はたとえ死への恐怖からであっても、その飽きることを知らない激しい貪欲の熱情を消し止めたかどうか。傲慢な者は頭を下げたかどうか、意地悪な者はその向こう見ずなことを控えたかどうか。裕福な者は親しい者らの臨終に際し何かを贈与したり、跡継ぎなしに亡くなっていく者に何かを施したかどうか[*1]。

一般に、疫病に際して道徳的・倫理的な判断を下すことは、あまり好ましいことではないと見なされている。疫病については、あくまで生物医学的・公衆衛生学的に冷静に捉えて対処すべきであって、例えば、自ら感染した者や他に感染させたと目される者を不届き者と非難したり、統治者の無能無策振りに焦りを募らせたり、専門職への過剰な期待と裏腹にその献身が足りないと呟いたりしても、詰まるところ感染拡大を抑えるのには役立たない、というのである。あるいはまた、衛生や予防の歴史を持ち出して教訓を垂れたり、統治者の施策に対して人権や自由を持ち出して統治権力に掣肘を加えたりするのはよいとしても、その学究的で近代的な身振りでもってより有効な対策を示唆できたかのように秘かに誇る向きがあって、それにしても詰まるところ感染拡大を抑えるのには役立たない、というのである。総じて、どの立場からにせよ、緊急時にあって道徳的・倫理的な言説などは無意味で無駄であると一応は見なされていると言えよう[*2]。

しかし、どうなのであろうか。そもそも宗教者が現世を忌避するのは、あらかじめ現世を道徳的・倫理的に断罪しているからであろう。キュプリアヌスにとっては、疫病以前から、すでに現世では「正義や心」は腐敗しているはずである。現世では、健康な者が病気の者を世話しないことや、近親者が親族を愛さないことがある。主人は使用人に同情などしないし、医師は患者を見放すこともある[*3]。したがって、キュプリアヌスにとって、疫病は、現世の腐敗をあからさまに示す契機になるだけである。実際、疫病の時にあって、気性の激しい者、欲張りな者、傲慢な者、意地悪な者、裕福な者は、その悪徳と罪過をいや増しに増しているのではなかろうか。そうであればこそ、疫病の時に、「正義や心」をあらためて吟味して義人・善人を識別できることになるのではなかろうか。疫病の前後のことを考えても、なおのこと道徳的・倫理的な判断を手放す謂われはないのである。

しかし、その一方で、キュプリアヌスの問いは、人間と人間の関係にだけ向けられており、人間と自然の関係に向けられてはいないと批判することができよう。疫病下で道徳的・倫理的に問い質されるべきは、何よりも対自然関係であり、それが反転して反映する限りでの対人間関係であろう。自然状態と社会状態の関係が問い直されるべきなのである。

アガンベンの躓き

感染経路も伝染方式も不明で、感染後の発病に対する決定的な治療法も未確立な場合、人間にできることは、何処とは言いがたいがともかく其処から逃げ出すことや、人間同士が互いに遠ざかること以外にはない。そのことは、人類が誕生して以来、文明が成立して以来、変わりのないことである[*4]。

もちろん、そうは言っても、人間の行動の様式に変化はある。人間は、自己保存と種保存を旨とする生物であるだけではなく、歴史的・文化的・政治的・社会的・技術的な存在者でもあるからだ。時代によっては、災禍の都市から逃げ出すにしても、それは特権階級に限られるときがあった[*5]。互いに遠ざかるにしても、発病者だけを一方的に遠ざけて閉じ込めるときがあった[*6]。個人を単位とするのではなく家族や世帯を単位としてその内部での伝染だけを暗黙に認めながら家族や世帯を互いに遠ざけるような都市封鎖を行うときがあった[*7]。加えて、行動開始の合図を発する方式にも変化はある。野生動物であれば同類の異常な死体を見つけたなら直ちにその場から離れて危険を避けるであろうが、人間からはそのような野生を発揮する条件は奪われているので(なにしろそもそも死体を見ることがない)、事例を集積して「流行」を認知する位置にある誰かが合図を出さないことには動けないようになっている。その役割は、大抵の場合は統治者に託されている。そして、合図の出し方は、時代に応じて、強権的であったり家長制的であったり慈善的であったり手続き民主主義的であったりする。

そのように集団的な行動の様式に変化を見出すことはとても容易なので、感染症の「歴史」、感染症の「政治」、感染症の「権力」を語ることも容易なことになる。そして、そのような知見を盾に取って、時の統治権力の作用方式を批判するのも容易なことになる。しかも、感染経路も伝染方式も不明であるだけでなく、感染範囲も確定できず、検出率も発症率も死亡率も常に不確定にならざるをえないからなおさら、その基準も定かではない有効性を盾に取るのも容易なことになる。このような事情を背景として、ジョルジョ・アガンベンは、一方で、死亡率の高低なるものを根拠として事態の軽重を計るという、まさに生政治的な構図に自ら乗って統治権力の過剰性を批判したところ、その「事実」認識の錯誤を言い立てられる仕儀となっている。他方で、アガンベンは、まさに古典リベラリズムの図式に自ら乗って統治権力の過剰性を自由を盾に取って批判したところ、通常ではない時に、通常時の通俗的な批判の出し方にとどまっていると揶揄される仕儀となっている[8]。そして、アガンベンの躓きに乗じて、ここぞとばかりにアガンベンの例外状態論そのものを、ひいては生権力・生政治論、セキュリティ統治性論そのものを打ち捨ててやろうとする向きも見られる。しかも、そのアガンベン批難の言説たるや、統治権力の口吻そのままなのである。このように、思想界の一隅でも状況はいくらか混濁しており、その限りで疫病の見方を多少なりとも糺しておく必要があると言えよう。

そもそも、「われわれ」は、どこまでがその範囲になるかは定かではないが、「全員」が生き延びることを目指している。「われわれ」は、その意味で、生存という「共通善」を最終目的として行動しようとしている。この「共通善」は、異論が噴出するところであるが、現代においては「福祉」「保健」「衛生」「軍事」と呼ばれているところのものと重なっていると率直に認めておこう。そして、「共通善」を最終目的に掲げるときの権力の在り方は、近現代人がよく知るそれとは決定的に異質であると言うことができる。いや、それはバイオハザードや宇宙人侵略をテーマとする映画によって、歪んだ形でと言っておきたいが、大衆的には馴染みとなっている有り様であるが、知識階級や市民階級の一部にとっては耐え難いものと見えてしまう有り様でもある。そこを念頭に置きながら、アガンベンの例外状態論の一部を私なりに救い出してみたい。

例外状態論再考

アガンベンには理論的な揺れが見られるが[*9]、ここでは、『例外状態』において、例外状態を「法秩序の閾」「法の空白」「法の停止」と規定した上で、その系譜を古代ローマの「ユースティティウム(iustitium)」に求める議論の筋道だけを取り出して、あくまで例外状態を肯定的に捉え返すことを試みておきたい。アガンベンは、ユースティティウムが「動乱(tumulus)」を対象とすることを確認しながら、その用語に病的な状態という含意を見出している。

この用語は法技術的にはローマにおいて戦争の結果生じた無秩序や煽動の状態を指していることがわかる（tumultus という語は腫瘍や興奮状態を意味する tumor と同系である）[*10]。

とするなら、ユースティティウムの対象には疫病禍も含まれているはずである。疫病禍における無秩序の状態、規範を欠いたアノミーの状態、これを前にするとき政治社会の側に生じがちな事態がユースティティウムであるということになる。ところで、アガンベンも指摘するように、ユースティティウムの目的は、伝統的には「共通善」にあると理解されてきた。疫病禍の場合には、感染しようが発症しようがともかく生き延びること、剝き出しの生であってもともかくそれを生き続けることが[*11]、全員に共通の善として政治社会の最高目的となると理解されてきたし、いる。

おそらく現在もそう理解されている。その伝統的見解の一例として、アガンベンは、アドルフ・ニセン『ユースティティウム――ローマ法史の観点からの一研究』（一八七七年）の一節を引いている。

法が共通善を保証するという自らの至高の任務をもはや遂行できなくなってしまったときには、法は便宜上廃棄されたのだった。そして、必要の場合に政務官たちが元老院決定によって法律の制約から解き放たれたように、もっとも極限的な事態の場合には、法は脇に置かれたのだった。法が有害なものに転化した場合には、法を侵犯するのではなくて、それは取り去られたのであり、ユースティティウムをつうじて法は停止されたのである[*12]。

アガンベンは、続けて書いている。

ニセンによれば、ユースティティウムは、マキャヴェッリが『ディスコルシ』において秩序を救済するために秩序を「破壊する」ことを勧めたときにためらうことなく表明していたのと同じ必要に対応しているのである（「というのも、ある国家においてその種の対策が存在しない場合には、法規を守っていたのでは滅びることが必定だからである。それとも、滅びたくないのであれば、法規を破壊することが必要となる」）[*13]。

疫病禍を前にして、通常の法では生存すら守れないときには、その通常の法は廃棄され、その制約から解放された権力が動き出すのであり、そのことは最高目的たる共通善によって正当化されるのである。ところで、そのような法の停止を無条件に悪しきものと見なす傾向があるが、それは間違っていると言っておきたい。例えば、緊急事態において、現在の税法が共通善の達成を阻害するのであれば税法は停止されてよいし停止されるべきである。一般に、税金・保険料・公共料金などの公租公課は、通常状態において緊急事態のために徴収してきたものであるのだから、緊急事態においてこそ停止されて然るべきである。では、最高法規たる憲法はどうか。日本国憲法には例外状態の規定は存在しないだけではなく、そもそも法の停止など予定していないのであるから、その限りで憲法は停止されることになろう。そのとき、憲法の人権条項・自由条項を盾に取って統治権力の発動を批判することは虚しくなっており、そのことに近現代人の多くは耐えられなくて不安になるのであるが、批判を繰り出したいのなら共通善に照らして人権や自由を位置づけ直して端的に道徳的で倫理的な批判を行うべきであることになる。要するに、法の停止における権力の発動は、あくまで共通善に制約されるのであって、民主か独裁か、自由か死か、自由か幸福か、といった通常の政治的問題設定そのものが宙吊りにされるのであって、その善し悪しを詮議することは虚しくなっているのである。

このようなユースティティウムは、「新しい政務機構の創出」を必要とはしないから、それは法創出的な革命ではない。保守革命でもクーデタでもなければ、独裁でも僭主制でもファシズムでもない。また、法の空白における人間の実践は、合法的でも非合法的でもない。総じてこうなっている。

ユースティティウムが続いているかぎりは、それらの行動は絶対的に決定不可能であるのであって、それらは法執行的な行為であるのか、それとも法侵犯的な行為であるのか、究極的には、それらは人間的行為であるのか、動物的行為であるのか、はたまた神的行為であるのか、それらの性質を定義することは、法の領域の外にあるのである[*14]。

以上のような法の空白のことを、「純粋」例外状態と呼んでおこう。ところが、アガンベンは、純粋例外状態について十分に思考せぬまま、ともかく例外状態は悪しきものであると言いたがっている。もちろんそこに理はある。常にそうであるように、純粋なものは必ずや不純化して現われざるをえないからである。アガンベンが自然災害に言及する数少ない箇所から引用しよう。

一九〇八年一二月二八日にメッシーナとレッジョ・カラーブリアで発生した地震のさいの戒厳状態の宣言。これが例外的なケースであるというのは、見た目の違いであるにすぎない。実際にはこの宣言も、究極的な理由は公共の秩序の保全に関するものであったのだ（震災によって引き起こされた掠奪や火事場泥棒の横行を鎮圧することが目的であった）[*15]。

アガンベンのこの観点からするなら、疫病下で宣言される例外状態は、その「目的」として、掠奪や泥棒を予防するために管理や統制を行う治安や社会防衛に置かれており、統治権力はその習性からして、そのような統治を常態化することを目論むものであるということになる。もちろんその見方に理はあるのだが、その場合の掠奪や泥棒は、法の空白における合法的とも非合法的とも言えぬ行動であることをアガンベンは忘れている。その行動は、疫病がもたらす自然状態における人間の行動であって、動物的かもしれないが神的であるかもしれぬ法外で無法の行動なのである。それを予期して、統治者はアノミーたる自然状態に何としてでも規律や規範や秩序を入れようとする。それは基本的に法的に遂行される。学校を休業にすることにしても外出を規制することにしても通勤や買物だけは許容してみせることもそれ自体が公共の秩序を刻むことなのである。したがって、その限りで、アガンベンが常に強調するように、法の停止は必ずや法の内部に取り込まれるのであり、統治権力はそのことを常態とする。

このような法の空白の空間は、いくつかの理由からして、法秩序にとってきわめて本質的なものであるため、法秩序はあらゆる仕方で例外状態との関係を確固としたものにしなければならない。それはまるで法秩序が自らを確立するためには必然的にアノミーとの関係を維持しなければならないかのようなのだ。一方では、例外状態において問題となる法的空白は、法にとっては絶対に思考不可能なものに見える。しかし他方では、この思考不可能なものは、法秩序にとっては、まさにあらゆる犠牲を払ってでも取り逃がしてはならない決定的な戦略的重要性を帯びているのである[*16]。

ここでアガンベンは決して奇矯なことを述べてはいない。ごく普通のことを指摘しているにすぎない。そもそも法の側から言うなら、既存の法によって「思考不可能」な状態を、法の外として放置するのではなく、既存の法についての新規の解釈によって、あるいは、既存の法に付加される新規の特別法によって、法の内部に取り込むのが常態であろう。実際、そのようにして感染症法、検疫法、各種の特措法は作られてきたと言ってよい。しかし、アガンベンはそれ以外のことを言いたいのであるが、実はそこに曖昧さがあるのだ。アガンベンの言うには、法と法の空白とを法的に関係付けることが行われてきたにせよ、そのように両者の関係を見るだけでは駄目なのである。どうしてか。

もしさまざまな例外的手続きが政治的危機の時期の帰結であり、そういうものとして政治的領域において把握されるものであって、憲法の領域においては把握されないとするならば、そうした例外的手続きは、法の地平では把握することのできない法的手続きという逆説的な状況のうちにあることになるし、例外状態は、法律的形態をとることのできないものが法律的形態をとって現れたものであるということになる。他方で、もし例外というのが、法が生に関連させられ自らの一時停止をつうじて生を自らのうちに包摂するさいの独自の装置であるとするならば、例外状態についての理論は、生きているものを法に結びつけると同時に見捨ててしまうような関係を定義するための前提条件となる[*17]。

アガンベンの直感はこうである。すなわち、法にとって「思考不可能」なはずの「生」、この「生」は法にとって法の空白をなしてしまうものであるが、しかも仮にそこで留まれば、「生」は単なる法外・無法として放置されるはずであるが、しかしそういうことは決して起こることはなく、法は、「生」が顕現するその状態を例外状態や緊急事態として法的に処理しようとする。ここまでは、よい。その通りである。しかし、アガンベンは続けて、そのように「生」が法に結びつけられると「同時」に、「生」は法によって見捨てられることになると批判したがっている。今度は、「生」は、法的に法外へと見捨てられ、あまつさえ無法な処置を施されると言いたがっている。しかし、その見方は一面的なのだ。主権論的・法学的に過ぎると言ってもよい。というのも、「生」の側から言うなら、今度は、「生」が法外な暴力を発揮して、「生」を結びつけたり見捨てたりする法そのものを無きものとし、ひいては統治者も統治権力も無力化するかもしれないからである。そして、疫病の生とは、そのような自然状態の暴力にあたるのではないのか。

アガンベンにしても、ベンヤミンの「非常事態」論を援用する箇所などでおぼろげにそのことに気づいているように見える。アガンベンの解釈するところのベンヤミンによるなら、「法の彼方」の「純粋な暴力」は、法を措定することも法を維持することもせず、端的に法を廃止する、そのような暴力である。仮にそのような暴力が現実に存在するなら、それは「革命的暴力」の真のモデルとなるだろう[18]。しかも、そもそも、常に「被抑圧者」はそのような「純粋暴力」に曝され、「非常事態」に置かれて生き残り生き延びてきた。とするなら、法的に包摂されながらも常に法的に排除される「被抑圧者」からするなら、その純粋例外状態が顕現させる「純粋暴力」をもって、「真の非常事態」を生み出すことこそが「任務」となるだろう[19]。

では、そのとき一切の法が無きものとされるのであろうか。そうではない、とアガンベン＝ベンヤミンは言う。そのとき、法は、いささかも使用されるものではなくなって、もっぱら学ばれるだけのものと化していると言うのである。そのような法とは、私から見るなら、まさしく自然の法、自然状態の純粋暴力の法のことである。その法こそが、「門前の掟＝法」、「正義へ導く門」となると言うべきなのである[20]。

純粋例外状態である自然状態は、法を失効させて法外の無法の状態をもたらしかねないからこそ、政治社会はそれを法的に包摂しながら法的に排除しようとするし、その統治技術の一部が秩序を措定して維持する規律やセキュリティであるが、しかし、その自然状態の純粋暴力に対して共通善の権力でもって対向しつつ、その自然の法に学びながら「おのおのの正義や心を吟味する」ことが、いまや問い質されているのである。

*1 キュプリアヌス「死を免れないことについて」（吉田聖訳、『中世思想原典集成4 初期ラテン教父』、平凡社、一九九九年）、二九四頁。

*2 医療・公衆衛生の言動は、しばしば道徳的・倫理的な含意を帯びている。それは決して純粋に科学的なものではない。しかし、他方で、疫病を生物的・自然的現象として「あるがままに」認識することは、思われているところとは違って、決して容易いことではない。その点が本稿の結論に関わっている。

*3 私にとっては、こうした事象はすべて、資本主義における、限定して言うなら福祉国家やセキュリティ政治における疎外でもあるが、ここではその類の議論は行わない。

*4 ジェームズ・C・スコット『反穀物の人類史――国家誕生のディープヒストリー』（立木勝訳、みすず書房、二〇一九年）、とくに第六章「初期国家の脆弱さ」を参照。

*5 例えば、モンテーニュ『エセー』第三巻第一二章「人相について」を参照。

*6 例えば、金森修『病魔という悪の物語――チフスのメアリー』（ちくまプリマー新書、二〇〇六年）、最近のものでは、西迫大祐『感染症と法の社会史――病がつくる社会』（新曜社、二〇一八年）を参照。

*7 これについての有名な記述が、フーコー『監獄の誕生』（田村俶訳、新潮社、一九七七年）、一九九－二〇〇頁。なお、規律権力のモデルとなるペスト型権力は、疫病のもたらす混乱に秩序を入れることを旨とするのであって、疫病抑制の効果、さらに疫病抑制の意味でのセキュリティ上の効果は不分明であると言うべきである。

*8 この経緯については、Anastasia Berg, "Giorgio Agamben's Coronavirus Cluelessness," *The Chronicle of Higher Education*, March 23, 2020 , online.

*9 アガンベンの例外状態論全体ついては、遠藤孝「ジョルジョ・アガンベンの権力論」『湘南工科大学紀要』（第五二巻一号、二〇一八年）。

*10 ジョルジョ・アガンベン『例外状態』（上村忠男・中村勝己訳、未來社、二〇〇七年）、八五頁。

*11 この点をアガンベンは認めないであろうが、ここでは措く。

*12 前掲書、九二頁に引用。

*13 同書、九二頁。

*14 同書、一〇一－一〇二頁。

*15 同書、三七頁。

*16 同書、一〇三頁。このあたりの議論を明解に整理したものとして、松生光正「例外状態と国家的行為の正当性」『刑法雑誌』(第五三巻一号、二〇一三年)。

*17 同書、八頁。

*18 同書、一〇八頁参照。

*19 同書、一一八頁参照。このあたりの論点については、長濱一眞「非常事態／例外状態をめぐって――ベンヤミンとシュミット」『人間社会学研究集録』(第六号、二〇一〇年)を見よ。

*20 同書、一二六－一二八頁参照。これ以上の議論としては、長濱一眞「哀悼遊戯と星座――ベンヤミン『ドイツ哀悼遊戯の根源』の総体的な構成を巡る考察」(二〇一四年、online)を見よ。

公衆衛生と医療　集団の救済と病人の救済

一　国家の大きな愛

　この間、「3つの密を避けよう」「新しい生活様式を作ろう」という呼びかけに、実に多くの人間が従っている。従うにしても、奴隷的に従っているのではなく自発的に従っている。命令された通りに振る舞うというより、命令への従い方を創意工夫して振る舞っている。「自粛」の呼びかけに対しても、同様である。実に多くの人間が、あたかも、「自粛」要請は、自分自身で思い当たって自分自身へ向けて発したものであるかのようにして、自主的に自己規制している。あたかも、多数が暗黙のうちに決めていたことを、誰か上の人間が取りまとめて、一斉に打って出るように合図をしただけであるかのようにして、おのれの振る舞いを律している。

　ことほど左様に、「3密」「新しい生活様式」「自粛」は、途方もない力を発揮している。ただの言葉に途方もない力が宿っているかのようである。多数が共同して、ただの言葉に途方もない力を吹き込んでいるかのようである。私が気になっているのは、この力がどこに由来しているのかということである。この力（パワー）を政治的に言いかえて権力（パワー）と呼んでおくなら、この権力をどのように定義し、どのように評価すればよいのかということである。それは、国家のパワーなのか、法律のパワーなのか、国民のパワーなのか、人民のパワーなのか。それは、肯定すべきパワーなのか、忌むべきパワーなのか。いつまでも続くパワーなのか、いつかは停止するパワーなのか。さらに、私が気になりながらも見通しを持てないのは、その力・権力は、ウイルスなる自然物のパワーといかなる関係にあるのかということである。現在の人間のパワーは、自然界のパワーに対抗しているのだろうか。そうであるとして、人間界のパワーは、自然界のパワーによく対抗しているのだろうか。

さて、ミシェル・フーコーが、このような状況を最もよく叙述する概念を提供してくれる思想家の一人であることは衆目の一致するところであろう。現在、公衆衛生の知はそれだけで大きな力を発揮している。権力を行使するにしても公衆衛生の知を引き合いに出すことになっており、公衆衛生はまさにフーコーのいう「知と権力」の典型として立ち現われている。その公衆衛生の知の下で行使される権力は、通常の主権権力の行使とは異なっている。憲法や制定法を執行する権力の行使とも異なっている。かといって、それは、人民の権力の直接的な行使でもない。それはまさに、フーコーのいう「生権力」の行使そのものである。公衆衛生の知の下に行使されている生権力の対象は、制定法によって権利と義務を規定されるような法的主体でもなければ国民一般でも市民一般でもない。その対象は、感染し発症し死亡することもある生物としての人間であり、日本列島在住者とか渡航者とか地方自治体住民とか病院利用者とかさまざまな仕方で括られる集団としての住民であり、フーコーのいう「人口」である。すなわち、「生権力」は、「生物＝人間」と「人口」に対して「生政治」を行使しているのである。

このように、フーコーの用語でもって状況をスケッチすることは容易である。しかし、それだけでは安直すぎて、だからどうなのかと問いたくもなってくる。ひるがえって、そもそもフーコーは、生権力・生政治を、また、疫病対策をどう評価していたのだろうか。多くの人は、フーコーはそれらを「批判」したと、否定的な意味で「批判」して拒絶しようとしたと解していると思われるが、私の見るところ、事はそれほど単純ではない。フーコーは、一九七八年の来日時に、蓮實重彦の介在もあって、吉本隆明と対談したことがあるが、その最後に、次のように述べていた。

> 国家の成立に関しては、専制君主のような人物や、裏で操る上層階級の人間を問題にしても仕方がないのです。そうではなくて、国家には、ある種の大きな愛が、把握し難い意志があったとしか言いようがないのです[*1]。

実に、現在の国家は、ある種の大きな愛を発揮している。何しろ、「民衆の救済こそが最高の法である」とする古代ローマのキケロ以来の格言を文字通りに遂行しようとしているのだから。そこには、何か把握し難い得体の知れない国家意志とでも言うべきものが働いている。何しろ、その国家意志は、民衆の全体意志に、民衆の総意に基づいているようなのだから。このようなときに、「批判」も何もあったものではないとすら思えてくるわけであるが、やはり幸か不幸か、物事はそれほど単純ではない。先ずは、フーコーの用語を援用して、現状をもう少し詳しく叙述してみよう。

二　人間が人間を統治する

「3密」「新しい生活様式」「自粛」を介する、国家機関に関与する人間と日本列島に暮らす人間の関係について、前者が後者を「支配している」とするのはあたっていない。また、前者が後者に「命令している」とするのもあたってはいない。たしかに、前者は法律を作成しそれに基づいて呼びかけを発しているし、国家によっては、その呼びかけに従わぬ場合に強制措置を用意しているので、それは強制的な法執行にあたると言いたくなるが、そのような強制であっても、後者は必ずしもその意に反して従わされるわけでもない。むしろ強制そのものを歓迎する向きすらある。要するに、疫病や災害の下での、国家公人と国土内人間の関係を、通例の法的・政治的な支配関係としてのみ捉えては、どこかで的を外すのである。

そのような事情を念頭に置きながら、フーコーは、『安全・領土・人口』で、「統治すること(gouverner)」という用語を持ち出している。その「統治」の主たる用法の一つに、「養うこと、育てること、食糧を与えること」、「病人に療法を課すこと」があるが、それを含めて、フーコーは、「これらすべての意味を通して明白になるが、統治されるのは決して国家ではなく、領土でも政治構造でもない。統治されるのは、ともかくも人々である。統治されるのは人間であり、個人と集団である」*2、とまとめている。いまは、人間が人間を統治しているのである。では、西洋の歴史を振り返るとき、その人間の統治は、どのように始まり、どのように受け継がれたのであろうか。

フーコーによるなら、その観念の起源は、ヨーロッパの東方（オリエント）に、キリスト教以前の東方とキリスト教化された東方にある。それは、牧者・羊飼い（berger）の人間が羊の群れを統治することをモデルとしている。その「牧者の権力」は、キリスト教西方では、教会の聖職者が教会の一般信徒と取り結ぶ関係のモデルとなる。それが、フーコーのいう「司牧権力（le pouvoir pastoral）」である。牧者が羊の群れに及ぼす力・権力の関係、これをモデルとして、司牧が信徒に及ぼす力・権力の関係が形成され、まさにこれが、近世において統治と結びつくことで近代国家の重要な一面が形成されるというのがフーコーの見通しである。

さて、牧者は羊に悪いことはしない。羊が生きること、よく生きることは、牧者自身にとっても利益になることであるから、牧者は、羊を養い育て、羊を疫病や災害から守る。牧者は、羊に安全と安心を保障し、羊の幸福や福祉を保護し、羊自身の最善の利益のために、羊を指導する。そのときに必要なら、言葉で説得するわけにもいかないので、さまざまな手段で強制する。そのときも牧者は、羊を愛している。まさに愛の鞭を振るうのである。そのような力関係・権力関係が成立しているが、それをモデルとして、それと同じようにして、キリスト教会内で司牧は信徒に対する。したがって、「司牧権力は根本的に、善行を為す権力である」。フーコーは次のようにまとめている。「司牧権力は、ケア（soin）の権力である。司牧権力は、群れをケアし、群れの個人をケアし、羊が苦しまぬように見張り、迷える羊はもちろん探しに行き、傷ついた羊をケアする」[*3]。

フーコーによるなら、司牧権力は、西洋に独自のものである[*4]。それが世界各所の近代化の進展に伴って西洋以外にも広まり、現代の国家にも引き継がれている。それが、いま疫病の下で際立っているのである。

しかし、すぐに気づかれることだが、牧者は羊をケアするにしても、必要があれば、羊を殺しもする。状況によっては、羊を死ぬにまかせることもある。疫病の感染様式によっては、一部の羊が発病しただけでその群れの全数を殺すこともある。善かれと思って、殺し死なせるのである。それと同じようにして、司牧は信徒に犠牲を強いることもある。少なくとも、徹底的に司牧権力が組織化された修道院においては、日常的に修道僧の犠牲が求められる。明らかに、司牧権力には残酷な面がある。とするなら、それをモデルとする国家にも残酷な面があるはずである。フーコーは、そのことが西洋文明の逆説であるとして、次のように書いている。

あらゆる文明の中で、キリスト教西洋の文明はおそらく最も創造的で最も征服的で最も傲慢な文明であり、おそらくは最も血生臭い文明の一つだった。たしかに、この文明は、最も大きな暴力を繰り広げた文明の一つである。しかし、同時に、これが私の拘りたい逆説なのだが、西洋の人間は何千年ものあいだ、ギリシア人であればおそらく誰一人として認めようとしなかったことを学んできた。すなわち、何千年ものあいだ、自分が羊たちの中の一頭の羊だと見なすことを、自分のために我が身を犠牲にしてくれる牧者に救済を求めることを学んできたのである[*5]。

ところで、フーコーは、その西洋文明の逆説を、すこし違った角度から、「牧者の逆説」として述べている[*6]。第一に、牧者は群れの救済のためにはおのれを犠牲にする用意がなければならないが、しかし、牧者が犠牲になるや直ちに群れも死滅することになる。現代医療で例示するなら、医療者は病院内部の人間たちを救済するためにおのれを犠牲にする用意がなければならないが、しかし、医療者が犠牲になったら病院内部の人間すべてが死に至ってしまう。第二に、牧者は、個々の羊の健康に配慮するが、群れ全体の「健康」を一部の羊が脅かすのなら、その羊を犠牲に供さなければならない。現代医療で例示するなら、医療者は病院内部の個々の人間の回復を目指すのだが、病院内部の人員や資材が不足する状況では、病院内部の患者全体の「回復」が脅かされるので、一部の患者をその状況下では回復不可能と判定して犠牲に供さなければならない。

私の見るところ、司牧権力は、近代においては「牧者の逆説」を解消する形で変容するのであり、その点が、現状に対する批判のポイントの一つになる。その変容の過程を、疫病の対策の歴史を通して概観しよう。

三　安全・安心の三つの保障装置

現在、各国の疫病対策は一様ではない。各国の政府はいかなる対策を採るべきか揺れているようにも見えるが、それらの対策は、フーコーの見方を借りるなら、おおむね三つに分類することができる。

第一に、「癩病」*7の対策として採られた、都市からの追放・排除の方式である。いまは、そこにまつわる差別性や非合理性などについては捨象して捉えておくが、それは、感染性があると見なされる発病者を、未感染の人間から遠ざけ、別の場所へ隔離して収容する方式である。仮に病者が放浪や流浪を強いられている場合でも、特定の経路へ隔離され収容されていることに変わりはない。その場所で医療や看護が施されることは稀であり、仮に治癒したとしても元の生活に復帰できないのが常であったが、ここで注意しておきたいのは、追放され排除された場所においても、少なくとも理念的には、独特な「救済」が用意されていたということである。この点について、フーコーは、『狂気の歴史』で、ブリューゲルの宗教画に描かれた癩者に着目しながら、こう書いている。

ブリューゲルの癩者たちは、全民衆がキリストに付き随っていく、あのゴルゴタの丘の登り道を、遠くから、しかしいつまでも見守りながら居合わせている。しかも、癩者たちは、悪しき病を宗教的儀礼に則って身をもって証言しているのであり、自らの排除そのものにおいて、自らの排除によって、自らの救済を果たしている。すなわち、罪なき者の善行や祈りによって罪ある者を救済するのとは奇怪な仕方で対立する仕方になるが、癩者たちは差し出されることのない手によって救済される。癩者を戸口に棄てるのは罪ある者であるが、その罪ある者が癩者に救済の道を開くのである。〔……〕遺棄されることが癩者には救済である。排除は癩者に聖体拝受の別の形式を与える[*8]。

追放する側にとっては、おのれの罪を誤魔化す都合のよい理念ではあるが、追放する側が、キリストからもキリストに従う全民衆からも遠く離れた定位置において、逆説的な仕方ではあるが何らかの救済が与えられるべきであると考えていたこと自体は重要である。不治の者を隔離するにしても、まさにその場所で何らかの救済が与えられるべきであるいう理念が、後の各種の収容施設でも働いていると言うこともできる。耳障りに聞こえるかもしれないが、癩病の対策は、隔離病棟の方式の起源の一つである。フーコーは、こういう言い方をしている。癩病の流行がおさまっても、その「構造」は残った。それは「異なる文化」では「新しい意味」を帯びるが、「社会的な排除でありながらも霊的な再統合でもある形式は本質的に存続するであろう」とである[*9]。そして、われわれの文化では、隔離病棟や収容施設におけるケアこそが、「霊的な再統合」でもある救済をもたらすと考えられている。

第二の方式はペスト対策である。具体的には、港湾での検疫、ある都市や地区の隔離である。フーコーは、『監獄の誕生』で、十七世紀末にフランス陸軍が、都市でペストが発生した場合に、「予防のために」採るべき措置を定めた規則を参照しながら、都市の封じ込めについて詳しく叙述している。よく引用される有名な箇所である。多少長くなるが、その書き出し部分を引いておく。

最初に、空間の厳重な碁盤割りの実施。つまり、都市と「地域」の封鎖はもちろん、そこから外へ出ることは禁止、違反すれば死刑であり、うろつく動物はすべて殺処分である。そして、都市を地区に分割し、そこで軍監督官の権力が確立される。各街路は市民代表の権威下に置かれる。市民代表は街路を監視し、もし市民代表がそこから立ち去れば死刑に処せられる。指定日には、各人は家に引きこもれと命令され、外出が禁じられて、違反すれば死刑である。市民代表自身がそれぞれの家の扉を外から閉めに行き、その鍵を地区の軍監督官に渡す。軍監督官は検疫・隔離（quarantaine）の終わりまで、鍵を保管する。各家庭は必需品の買い入れを済ませておかねばならない。しかし、葡萄酒とパンについては街路と家の中をつなぐ木製の小さな管を配備しておいて、提供者と住人の間での対面交流なしで、各人に割当量が放出されるようにし、肉や魚や野菜については、滑車と籠で送りこむ。どうしても家を出なければならない場合には、名簿に記された順番に退去し、しかも他人と一切出会わないようにする[*10]。

陸軍が、違反者に対し死刑をちらつかせながら配置につくのであるから、これはいかにも強制的で暴力的な措置に見える。合法的な暴力を独占する主権国家の権力が、露骨なまでに顕わになる非常状態に見える。しかし、事態はそれほど単純ではない。引用箇所に読まれるように、陸軍は、補給の責務を負っている。市民を生かすことに配慮している。動物の殺処分は、経験的に伝染源と見なされる動物を駆除して、市民の感染を予防するためである。要するに、陸軍が、牧者と司牧の役割を担っているのである。さらに、この事例は「都市」の封鎖とだけ理解されているが、その理解では不十分であることも指摘しておく必要がある。

第一に、封じ込められるのは、都市というよりは、家族である。家族はその居住範囲に押し込められ、別の家族との交通を遮断され、家族単位で封じ込めが行われる。そして、一定期間、家族全員が病死する可能性が容認されながら、別の家族への感染を防ぐことが目指されるのである。「ステイホーム」なる命令は、通勤や買い物が放置される点で違ってはいるが、その起源はペスト対策にある。

第二に、街路を行き来するのは、軍監督官、市民代表、番兵に加えて、通称「カラス」の「下層民」がいる。この下層民は、「病人を運び、死者を埋葬し、掃除し、多くの汚れた卑しい仕事を行う」。また、行政官が、「死者、病状、要求、不正」を記した報告を受け取ることになっており、この行政官は「医療ケアの指揮を執り、責任ある医者を指名する」。つまり、病人は封鎖地区とは別の場所で隔離されて医療と看護を受けることになっている。もとより死亡率は高いのであるが、別の救済が用意されているのである。

ペスト対策の有効性そのものについては実は疫学的にも論争があるが、いま問題にしたいことは、ペストの検疫・隔離の方式が、その後の国家権力の在り方にどのように影響を及ぼしたのかということである。フーコーは、『監獄の誕生』で、このペスト対策が、近代の規律権力のモデルとなり、一望監視装置（パノプティコン）の技術と相まって、現代に至る規律と監視の権力を作り出したと大筋では主張しているが、しかし、ここでも事情はさほど簡単ではない。

先ず言っておくべきは、われわれがペスト対策について知るところの多くは、その運用の実態や現実の有効性であるというよりは、陸軍規則がそうであるように、その構想や計画である。それは、歴史的事実であるというよりは、「ペストに関する政治的夢想」であり、「規律社会の夢想」、「完璧に統治される都市ユートピア」構想である。それは、疫病という「例外状況」に関する夢想なのである。したがって、規律権力は二つに区分されなければならない。

フーコーによるなら、「ペストに襲われた都市と一望監視の施設、両者の差異は重要である」。前者は、「例外状況（une situation d'exception）」である。そこでは、「異常な悪疫に対抗して権力が立ち上がり、権力はいたるところで自らを現前させ可視化し、新しい歯車装置を考案する」。これに対して、後者の一望監視の図式は、「消え去ることもその性質を失うこともなく、社会体の中へ広がる傾向がある。社会体の中で全般的機能になることを使命としている」。このように、規律権力は二つに区分される。念を押して確認するなら、「ペストに襲われた都市は、規律の例外的なモデルを、すなわち完璧だが絶対的に暴力的なモデルを与えていた」。これに対して、「〈一望監視装置〉は増幅の役割を持っている。〈一望監視装置〉が権力を計画配備し、権力をより経済的で実効的にしようとするのは、権力自体のためでも、威された社会の直接的な救いのためでもない。肝要なのは、社会の諸力をより強めることである。すなわち、生産を増大し、経済を発展させ、教育を広げ、公衆道徳の水準を高めること、つまり増加し増大することである」[*11]。

疫病の「例外状況」では、権力があらためて立ち上がる。その権力は、規律権力の「例外」である。それは、「社会」の「救済」を使命とする権力であり、明らかに、善行を旨とする司牧権力の後裔である。これに対し、一望監視装置は、社会内部で局所的に組織されながら、大局的にはリベラリズムや公衆衛生という通常の権力と結びついていく。

続けて、フーコー『安全・領土・人口』に即して、第三の疫病対策の典型である天然痘対策を見ておこう。天然痘に対しては、種痘接種が実践されるようになった。人間は、個人レベルで感染を予防する医療的な技術を手にして、疫病対策に新たな知と技術を導入した。フーコーは、その意味するところを、次のように書いている。

問題はまったく別に立てられる。規律は援用されるが規律を課すのではなく、根本的な問題は、何人が天然痘に罹っているか、何歳か、どんな結果か、死亡率はどの程度か、病変や後遺症はどの程度か、接種を受けるとリスクはどの程度か、個人が接種を受けたのに死んだり天然痘に罹ったりする確率はどのくらいか、人口一般における統計上の結果はどうなるかということである。要するに、あげて問題は、もはや癩病におけるような排除の問題でも、ペストにおけるような防疫・隔離の問題でもなく、疫病の問題に、また、疫病や風土病という現象を阻止する医学キャンペーンの問題になる*12。

疫病対策の医学、すなわち公衆衛生の対象は、人間個人というより、人間集団である人口となる。公衆衛生の主たる関心事は、人口における感染率・発症率・死亡率となる。種痘接種は人間個人を予防によって救済することになるのは確かであるにしても、公衆衛生にとっての問題は、種痘接種の率のコントロールを通して、感染率・発症率・死亡率がどのように変化するのか、それを低下させることができるのかということになる。社会の救済の意味が変貌するのである。そのとき、人間の群れは新たな相貌をもつことになり、司牧権力も変容することになる。その変容を促進したのが、フーコーの見立てでは、飢饉対策における市場経済の知である。

四　市場と公衆衛生

自然災害を主因とする不作は、ある地域のすべての人間を襲う共通悪であると言うことができる。「同じ仕方で、人々は飢え、人口全体が飢え、国民全体が飢えた。この出来事のいわば直接的連帯性・大衆性こそが、災禍の特徴を構成していた」[*13]。したがって、理念的には、飢饉は、全員を等しく襲うのであるから、全員が苦を等しく経験しながら、たとえわずかな食糧しかなくとも、全員に等しく分けあって、何とかして全員が等しく生き延びるようにすると考えられていた。牧者にして司牧である統治者にしても、特権を賦与されることなく、同じように飢えて苦しまなければならないし、場合によっては進んで犠牲にならなければならないとも考えられていた。もちろん現実はそのようなものではなかったが、少なくとも、共通悪と共通善の理念に照らして現実が正当化されるべきであるとは思われていた。

ところが、事態は変化する。その背景には、食糧市場が拡大して、ある地域に食糧難が起こっても、他の地域から食糧を移入できるようになったことがある。ただし、その際、基本的に、他地域の食糧は、一部の無償の救援物資を除き、貨幣で購入されなければならなくなっている。この事情を合理化してみせたのが、誕生時の政治経済学であった。端的に言えば、飢饉対策は市場に任せればよい、レッセ・フェールでよいというのである[*14]。その理路はこうなっている。ある地域市場で食糧が不足するなら、市場メカニズムからして、食糧価格は自動的に上昇する。そうなると、他の地域市場からの食糧移入量は自動的に拡大する。そうなると、食糧不足も埋め合わされ、やがて食糧価格も低下して安定して、地域全員に食糧はその需要に対して過不足なく供給されるようになる。自由市場を信頼し保護して、市場の自動調整機能に任せるなら、目出度し、というのである。また、自動調整機能を阻害する要因に介入しながら、コントロール可能な変数を調整してやるなら、丸くおさまる、というのである。ただし、フーコーも指摘するように、その調整と介入が進行する過程で、貧困の故に高価格の食糧を購入できないまま飢え死にする人間が出るかもしれない。どんな市場原理主義者といえども、そのような場合に備えて、慈善や支援の必要性は認めるものであって、そこは内政の重要な責務となろう。しかし、フーコーの指摘にはそれとは別の意味がある。

そもそも、市場は、食糧不足であることをいかに知るのだろうか。言うまでもなく、食糧価格の高騰がシグナルとなることによってである。しかし、市場は、その高騰が、通常の価格変動とは異なり、ある地域の人間全員を飢え死にへと追い込みかねない飢饉に由来する例外状況であると、いかにして識別することができるだろうか。市場価格だけを見ている限り、原理的に識別できない。見えないのである。すると、どういうことになるのか。政治経済学は、食糧難や飢饉という出来事を、市場の変数の変化によって、コントロール可能な変数の変化を通して捉えるだけであって、その下で人間個人が死ぬことに関心は寄せない。関心を寄せることができないようになっている。

そして、近代国家の知と権力において決定的であったのは、人口を介入対象とする公衆衛生と、市場を介入対象とする政治経済が結びついたことである。そのとき、牧者の逆説は、ついに解消する。その次第を明確に示すために、あえて、公衆衛生は集団としての人間だけを対象とし予防を旨とするものであり、医学は個人としての人間だけを対象として医療を旨とするものであると切り分けておく。

一方で、公衆衛生は、人間の群れ全体の「救済」を目指す。その「救済」とは、公衆衛生が内政を通してコントロール可能と見なされる変数が最適値をとるようにすることである。そのようにして公衆の「健康」、世界の「健康」を増進することである。疫病にあっては、感染率や発症率や死亡率を可能な限り低下させることである。典型的には、「集団免疫」の確立を通して感染症との「共生」を目指すことである。裏から言うなら、公衆衛生は、全員が生き延びること、死亡者を一人も出さないことを直接に目指すのではない。人間個人の救済を任務とするのではなく、人間集団の「救済」を務めとするからである。共通善ではなく公共善の実現を務めとするからである。他方、医学は、いかなる人間であれ、発症し発病したなら救済しようとする。目指すのは、死亡率の低下そのものではなく、個々の人間の死亡の阻止であり、あくまでその集積の結果としての死亡率低下である。医療は、善行を務めとするのである。

こうして、司牧権力を公衆衛生と医療に振り分けることによって、牧者の逆説は大局的には解消する。ところが、今度は、公衆衛生と医療の分離そのものが問題を引き起こしていく。集団へ予防的に介入することと個人の自律性を尊重することの対立、集団の共通善を目指すことと個人の自由を保護することの対立、といった一連の対立を生み出すことにもなる。それらは、自由主義と民主主義の政治体制下で現われる対立であり、現体制を検討する際には大事な論点にはなるが、ここでは、その一端に別の仕方で触れて結語としたい。

五　自然の力と人間の権力

フーコーは、司牧権力の行く末について、こう書いている。「私は十八世紀が司牧時代の終わりだとしているが、まだ間違えているかもしれない。事実、司牧権力の類型・組織・機能様式、権力として行使される司牧権力は、おそらくわれわれが依然として乗り越えていない何ものかである」、とである。さらに、フーコーは、「反司牧の革命」は一度として起こらなかったと指摘し、「司牧はまだ、歴史から司牧を決定的に追い出してしまう深い革命のプロセスには出くわしていない」、としている[*15]。まるで、「深い革命」を期待するかのような口振りなのであるが、私の知る限り、フーコーはそれ以上のことを書いてはいない。書けてはいない。その一方で、フーコーは、司牧を核とする統治に対しては、歴史的に振り返っても、数多くの反乱や抵抗が起こってきたことを確認し、必要ならば、それが繰り返されるべきことを強く主張している。フーコーによるなら、その行動の動機は、「われわれはその救済を欲していない。われわれは、あの人々によって、その手段で救済されることを欲していない」ということに存している。その動機は、次のように敷衍されている。

われわれはあの人々に従いたくはない。われわれは、命令する者たちでさえ恐怖によって従うことを余儀なくされているようなこのシステムなど欲していない。われわれはこの服従の司牧制を欲していない。われわれはこの真理を欲していない。われわれはこの真理のシステムに捉われたくない。われわれは、この観察のシステム、絶えずわれわれに判断を下し、われわれ自身が自分の奥底で何であるのか、健康なのか病気なのか、狂っているのか狂っていないのかを語るこの恒常的試験のシステムに捉われたくない[*16]。

私なりに、さらに敷衍してみよう。現在、牧者・司牧の役割を担うべき統治者も、「恐怖」によって支配され、いかにして統治すべきかに迷い続けている。専門家は、外見的には「真理」の名の下に疫病対策を案出するように見せかけているが、その内実たるや、真理の行使とはほど遠い、当て所のないものになっている。しかし、それも仕方のないことであろう。歴史的にも、過去の疫病対策はそのようなものであったはずである。どうしてか。自然の力は測り知れないからであるとしか言いようがない。それに対して、人間の権力は、過去の経験を真似ながら試行錯誤で発動させるしかないのであって、司牧権力の理念も、規律権力の政治的夢想も決してそのままで実現できるはずもない。
もちろん、この事態に対して人間は手を拱《こまね》いてきただけではない。とくに近現代の国家においては、公衆衛生に見られるように、人口という疑似自然を構築して、そこにコントロール可能な変数を見出し、そこに介入することによって、自然の力は人間の権力のアンダー・コントロールにあると思いなしてきた。そして、多くの人間は、その安全・安心の装置が救済を保障してくれるものと信じている。私は、現在の事態がその信仰を揺るがすほどのものになるかについては疑わしいと思っているが、それでも、人間集団の「救済」だけが強調され、それがあたかも人間個人の救済に直結するかのように見せかけられるのは耐え難いと思っている。実際、過去の結核についてであるが、いまでも次のように書くものがある。

日本でも世界同様、明治時代の産業革命とともに結核の爆発的流行が始まりましたが、まん延の度合が欧米に比べて緩やかで、結核に対する抵抗力の弱い人が淘汰されず、結核に対する治療法が確立された後はこれら抵抗力の弱い体質を持つ人々が国内に残ることになりました。／このため、日本人には体質的に結核に対する抵抗力が弱い人が欧米より多く、また現在では戦前および戦時中に結核に感染した人が高齢者となり二次結核を発症する例が多くみられるなど、日本の結核罹患率は高値を示しています*17。

フーコーの用語を援用するなら、「抵抗力の弱い体質を持つ人々」なる規定は、人間の下位集団を生物的・生理的に区分する規定であり、それこそ「人種」の規定である。この公衆衛生の知は、まさに過去のレイシズムと同じく、「われわれの中で死ぬ者が増えれば増えるほど、われわれの属する人種はより純粋になるだろう」と語っているに等しい[*18]。そして、いま、似たような言動は繰り返されている。その意味において、私もまた、「深い革命」への憧れはそれとして保持しながらも、いまの司牧権力による「救済」を欲しはしないし、自然力がもたらす例外状況にあって、人間の知と権力を過信することのない別の仕方での司牧の統治を求めている。


*1「世界認識の方法」『フーコー・コレクション5』(蓮實重彦訳、ちくま学芸文庫、二〇〇六年)、一〇五頁。以下、フーコーからの引用に際しては、訳文を変えてある。

*2『安全・領土・人口』(高桑和巳訳、筑摩書房、二〇〇七年)、一五一―一五二頁。

*3同書、一五六―一五七頁。したがって、司牧権力を、善の権力、共通善の権力とも呼ぶことができる。小泉義之「自然状態の純粋暴力における法と正義」『思想としての〈新型コロナウイルス禍〉』(河出書房新社、二〇二〇年)[本書所収]を参照。

*4牧畜モデルである点を除けば、同様の政治理念は洋の東西を問わず存在する。仁政、慈善救済、経世済民な

どのことを想起してほしい。

*5『安全・領土・人口』、一六〇－一六一頁。そこにおいて、人間は市民でも奴隷でもなく家畜である。思考する家畜である。

*6同書、一五八頁。フーコーは『聖書』の一節などを典拠としてあげるが、その限りでも、その解釈には無理がある。したがって、「牧者の逆説」は、フーコーに独自の見方であると受けとめておく。

*7過去における疾病名「癩病」の語法には倫理的に見て問題が多く、そのため、現在では「ハンセン病」と呼びかえられることもあるが、「癩病」の外延は「ハンセン病」のそれとは同じではないことも考慮し、本稿では「癩病」を歴史的用語として用いる。なお、以下、引用符はつけない。

*8『狂気の歴史』(田村俶訳、新潮社、一九七五年)、二三－二四頁。

*9同、二四頁。

*10『監獄の誕生』(田村俶訳、新潮社、一九七七年)、一九八頁。

*11同書、二〇六－二〇九頁。

*12『安全・領土・人口』、一三－一四頁。

*13同書、五〇頁。

*14同書、五一頁。

*15同書、一八三－一八五頁。

*16同書、二四八頁。

*17医療情報科学研究所編『公衆衛生がみえる2018－2019』(メディックメディア、二〇一八年)、二九三頁。この度し難い文章、あるいはむしろ、度し難くなっている事態を追認するだけの文章の存在を教示してくれた、塩野麻子氏に感謝する。

*18『社会は防衛しなければならない』(石田英敬・小野正嗣訳、筑摩書房、二〇〇七年)、二五六頁。

停止で紡ぎ出される夢が停止を惹き起こすために

中井久夫小論

災厄の年、中井久夫は、自らが精神科医として担当した患者、同僚医師や来援医師が大学病院や被災地中心部で担当した患者に見受けられた変化を振り返って、災害初期については、それが当然で自然なことであろうが、「急性」と「反応性」に着目しながら、次のようにまとめている。

災害初期には、精神科患者の急性再燃が目立つ。遠い過去に精神失調、内分泌障害、心身症を経験した者の危険率は、そうでない者より高く、かつ早期に発現する。しかし、反応性の再燃として、一般に、今日常識とされている治療を迅速に行えば非常に早く軽快する。／われわれは、今回、反応性再燃が、起こるべくして起こる再燃というか、通常の再燃とはっきり区別されるような早い良性の経過をたどることに感銘を受けた。もっとも、そこに家族との葛藤といった問題が絡めば話は別となる。震災後ほぼ二週間目から精神科的失調歴のない患者の急性錯乱が目立った。その中には来援者の精神失調も混じっていた。／自殺者については一週間目に一つのピークがあったように感じられる。高齢者とともに被災救援者の自殺が目立った。しかし、昨年同期に比して、自殺者はむしろやや少ない*1。

次いで、中井は、一年程度のスパンをとり、数量の変化よりは程度の変化が見受けられたと指摘している。

多くの場合に、鋏状の較差増大がある。アルコール飲用を止めるか、その回数や量が減った人と増加した人がある。睡眠薬がいらなくなった人とかえって増加した人とがある。活動過剰の人と活動低下の人とがある（必ずしも抑鬱ではない）。頑固になった人と柔軟になった人とがある。ある精神科医は強迫神経症、境界例の顕著な改善例を語り、別の精神科医はそれらが重症化したという。いずれも真実であろう。危機はプリズムのような作用をして人間を二つに分けるといいうるかもしれない。どちらに向かうかの最初の分かれ目はしばしば紙一重であろう[*2]。

このような中井の経験知からの教訓はどうなるであろうか。危機的な災害初期における患者数の増加は、既往歴のある者の急性再燃と、既往歴のない者の急性錯乱に由来するが、それらは平常の治療方針によって軽快する。当初の危機を過ぎた時期を通覧するなら、患者数の顕著な増加が見られるわけではなく、患者であれ非患者であれ、それぞれの特性の程度が増したり減ったりする。とするなら、震災においては、大学病院においても被災地中心部においても、個人の病理に直接的かつ個別的に対処するための、精神科医や看護師の増員、施設や救護所の増設こそが求められるのであって[*3]、ことさらに被災者「集団」の精神的な「健康」や「病理」を対象とする公衆衛生的で精神衛生的な施策が求められるわけではないということになろう。

震災の経験に照らして現在の疫病を見返して直ちに気づかれることは、第一に、現在の疫病においては、急性再燃や反応性を誘発するような危機的な時期は存在していないということである。したがって、精神科に関しては、人員と資源の移転は必要とされないのであって、実際、それは行われていないし、平常運転で構わない[*4]。第二に、「鋏状の較差増大」は起こっているかもしれないということである。ただし、それは程度の差異の拡大であるので、仮にそれらを集計できるとしても、「集団」の「病理」の「総量」に変わりはなく、「集団」の「健康」は保全されているわけであるから、公衆衛生の一環をなす限りでの精神衛生(精神保健、精神保健福祉)に出番はないということである[*5]。実際、「コロナうつ」に類する言説が各種学会から発せられてきたにしても、特段の公衆衛生対策は打ち出されてはいないし、それで構わないのである。以上を要するに、現在の疫病において、われわれは「人口」レベルでも特に新たな問題に出くわしてはいないと言うべきであろう[*6]。

ところが、現在の疫病で繰り出されてきた公衆衛生的な施策に見られる用語、例えば、「自粛」「社会的距離」「ロックダウン」に、精神的で心理的な響きを聞き取ろうとする向きがある。自粛「ムード」が、あたかも自閉症状や「社会的」ひきこもりと共振するかのように語りたがる向きがある。いわゆるバイオソーシャルサイコモデルにしたがって、個人の病理と「社会」の「病理」を関係づけたがる向きがある。精神衛生、「社会」精神医学、「社会」精神分析、「社会」心理が、その名を明示されることなく、「社会」常識へと昇格したかのようなのである。しかし、その常識が真理の一面を示しているとしても、現実に起こるであろうことは「鋏状の較差増大」

だけであって、特に新たな問題に出くわすわけでもない。ここでも平常運転で構わないのである。そこで、私としては、いわゆる災害ユートピアが、精神医療や精神衛生において決して一度として語られてこなかったことを批判する立場から、少し論じておきたい。さて、中井久夫は、危機的な時期の特異な精神的経験について、次のように書いていた。

大震災はたしかに同時的体験であるが、非常に個別的な体験でもある。「共同体感情」は主に同じ体験を共にしたという感覚の上に成り立つのであるが、これは一つはPTSDを中心とする災害心理症候群を共有することによるものであり、もう一つは貨幣経済と階層社会の一時停止による、文字通りの「コミューン」に成立する感情である。それが一過性のものであるのは理の当然である。数十日後に学校が再開され、貨幣が必要となり、さらに貧富の差が再建の過程で現れると、この共同体感情が色あせて当然である。振り返れば夢まぼろし、あるいは錯覚としか思えない。また実際に錯覚でもあるだろう[*7]。

そのような錯覚が、精神的にも心理的にもリアルな集団的な経験として成立することがあるのは確かなことであろう。その経験の基礎には、確かに、貨幣経済と階層社会のリアルな一時停止がある。言ってみるなら、下部構造が停止すると上部構造は変容するのであり、逆に、上部構造が変容するなら下部構造を停止させることが可能かもしれないということ、それが夢みられることがあるのだ。ひるがえって、現在の疫病下では、幸か不幸か、そのように夢みられていないように見えるが、おそらく減速の程度が違うのであろう、西欧では夢の語りが目立っている。フランコ・ベラルディは、こう書いている。

検疫期間中、工場は閉鎖され自動車も動き回れないので天空は澄みわたり大気中の汚染粒子も消えた。わたしたちはノーマルな公害と搾取の経済に復帰すべきなのだろうか？　蓄積のための破壊と交換価値のための無意味な加速のいつもの狂乱をとりもどすべきなのだろうか？／まさか、そうではなく有用なものの生産を基盤としたひとつの社会をつくる方へと歩みを進めるべきなのだ。／ならばいま、わたしたちのニーズは何だろうか？[*8]

この夢は、中井も指摘するように、「敗戦直後の青い空」や「革命直後の解放感」に似たものであろう。そして、「この列島は貨幣経済と学歴社会を脱ぎ捨てる夢を時々見てしまう。左のほうにも右のほうにも、俗においても聖に向かっても」ということであろう。そのような「共同体」の夢、「コミューン」の夢が、「ボランティアが全国から集まったその吸引力、そして別々の人たちをとにかく協力して働かせた磁力」をなしていたと認める程度には[*9]、中井もその夢のリアルに感じ入っている。ところが、中井は、医療の停止、精神医療の停止がありうること、それが悪夢ならざる夢を紡ぎ出しうることにはまったく思いいたらない。「分裂病」概念を基軸とする精神医学に対して精神科医としてはほぼ最大級の懐疑を表明していたのに、おのれの職については何ら疑うところがないのである。しかし、それでよいのか。

現在の疫病下でも、緊急事態宣言発令の期間、一般医療の幾つかの部門では減少や停止が起こった。相澤孝夫によるなら、「患者減少」の要因としては、コロナ以外の感染症が減ったこと、交通事故や学校での怪我や仕事現場での労災が減ったこと、定期検査など「不急」の「患者」の通院が減ったことがある。加えて、相澤は、「利益率の高い健診や人間ドック」の利用が減ったことをその要因の一つとしてあげている。そして、この事態について、相澤は、誠実にと評するべきであるが、「もちろん、医療に携わる者として病気や怪我が減ることは喜ばしいことです」と述べながらも、「このまま経営が圧迫され続ければ、たちまち地域医療は崩壊してしまいます」と嘆いている[*10]。国家資本主義の下における病院経営の先行きは別として[*11]、ここで強調しておきたいのは、一般医療においても、幾つかの部門は不要不急と見なされているということである。それが意味することは、必須の（essential）医療以外の不要不急の医療が減少したり停止したりしていること、それが何らかの夢を紡ぎ出しているはずであるということである。それは精神医療でも同じではないのか。いやむしろ、精神医療でこそ、そうではないのか。中井久夫は、自身が担当する患者について、こんな一節を書きつけていた。

私は三週間後にもう一度手紙を出したが、私の患者で死亡者、行方不明者はいなかった。また、治療中断となった患者も出なかった。三月中旬までの二カ月間は十分な治療ができなかったにもかかわらず、このように対応した患者の悪化例はなかった。患者はよく手紙をよこし、私は必ず返事を書いて診察ができない代わりにした[*12]。

手紙は診察の代わりになる。手紙は治療の不足を補いうる。だからということで、手紙に関して診療と同等の報酬を求める類の品性を欠く要求をさすがに中井は発してはいないが、しかし、平常の診療の一部が手紙で代替できる程度のものであるということ、精神科医と患者の相互の現前性を要するような内実にはなってはいないということ、そのことに思いいたってはいない。斎藤環も、こう書いていた。

ここで一点、注意していただきたいことがあります。それは、対人刺激にあっては「現前性」もしくは「生身性」が欠かせない、ということです。つまり、ネット上の対人関係は治療的な効果が弱く、直接会わなければ対人刺激として意味をなさないことが多いのです。／このことをあえて言うのは、「人とつながるだけなら、ネット上で十分」という反論を想定してのことです。保守的な意見ととられるかもしれませんが、私はネット上だけのつながりは、情報としての価値はともかく、人間関係としての価値はかぎりなくゼロに近い、と考えています。すくなくとも、ネット上のつながりだけでは、自己愛は支えられません[*13]。

現在の疫病下で、同様の見解はいたるところで吐露されている。大学教育についての例を引いておく。

ディスタンス授業は、学校や大学の施設を基礎とする古典的教育の代替にはなりえないし、なるべきではない。〔……〕授業の営みは、医療の営みに似た非‐物質的生産である。〔……〕患者の診療と学生の教育にあっては、常に「生産」と同時に「生産物」が生じる。医師・看護師・教師のこのような特別な性格の故に、その必須の(vital)活動を「脱人間化」するのは困難である。教育は、同じ時空間において、生産されるや消費されるのであり、それ故に直接的な関係を、現実的な相互作用を想定している。〔……〕教材が教材として事実そこにあるからといって、教育の営みが停止されるべきではないし、人工物によって代替されたり媒介されたりされるべきではない*14。

しかし、そういうことではなかろう。というか、それだけではなかろう。平常の診療や教育においては、実は、「治療的な効果」や「非‐物質的生産」のための「現前性」や「生身性」が占める「保守的」で「古典的」な部分は、思われているほど多くはないということではないのか。そして、医療者や教育者が嬉々としてリモート化・デジタル化に打ち込んできたのは、おのれの業務の実態について開き直れたからではないのか。もとより、手紙が中井の現前性の代わりであるように、中井の現前性は実は常に手紙の代わりでもあったと言うこともできる。また、リモートの情報提供が教師の発話の代わりであるように、教師の発話が実は常にネットの代わりであったと言うこともできる。現前性と非現前性、生身性と表象性、発話とエクリチュールは、常に相互に入り混じり相互に汚染し合っている。しかし、どうして、中井久夫ほどの人が、その意味での手紙の代補性に、また、それが紡ぎ出しかねない夢の所在に思いいたらないのであろうか。専門職としての存在がその意識を決定しているからとしか言いようがないが、そのことを明白に示すのが、いささか明晰ならざる次の文章である。

思えば、多くの精神科医が被災地に来られたのは、その間、受け持っている患者が不利を忍んでくれたからである。このことを忘れてはならない。多くの医師は、「せんせい、いってらっしゃい」「まだ行かないのですか」と患者に言われたという。こういう言葉は分裂病患者ならではということをぜひ知ってほしい*15。

明晰ならざるのは、「分裂病患者ならでは」の一句である。現に入院中とはいえ、担当の精神科医が持ち場を離れて被災地支援へ赴くことを促す「分裂病患者」は、精神科医による精神医療の停止を受け入れただけではなくそれを夢みていると言えないであろうか。その夢は、寛解して退院する夢とは異なり、また同病者の連帯とも異なり、不要不急の医療が停止しながらも必須の医療だけを「有用なもの」としてその「ニーズ」とする夢に通じるものであると言えないであろうか。「不利」を忍んでいるだけではないはずだ。ところが、中井は、そのような見方が可能であることにいささかも思いいたらない。いやむしろ、精神医療の停止の夢も共同体感情も「分裂病患者ならでは」の錯覚ではあるが、そこにはヒューマンな錯覚がありうることを「ぜひ知ってほしい」と啓蒙しながら、それもまた「分裂病患者ならでは」の夢であるからには精神科医による見守りが依然として必要であると語っているようにも見えるのである。要するに、夢を検閲し抑圧しているのだ。

誤解を招かぬために、あるいはむしろ、議論を明解にするために、簡明に述べるが、私の夢は、下部構造の停止の有無にかかわらず、反精神医「学」ではあっても、反精神医「療」ではない。反製薬産業であっても、反薬物療法ではない。反医療費独占価格ではあっても、反高額医療費ではない[*16]。とりわけ精神医療に関しては、反国民健康保険、反社会保険、反保険企業ではあっても、必ずしも反保険ではない。反国公立ではあっても、必ずしも反私立、反民間ではない。反医療化、反病理化、反社会病理化ではあっても、反療法でも反臨床でもない。反専門職制度ではあっても、反専門性ではない。要するに、私は、医療においても、まさに医療においてこそ、不要不急のものは無用であり、必須のものへ限定されるべきであると考えている。そのことを、とりわけ精神の分野で夢みている。

しかし、現代資本主義は、まさに不要不急の無用のものを有用と見せかけることによってその経済を回していると語られてきた。そのように無用と有用は入り混じるため、反無用の立場は、必ずや、原始回帰や自然回帰のロマン主義にすぎぬと軽侮されてきた。電力使用量（炭素排出量ではない）をたかだか数十年前に引き戻す企画さえもが、見果てぬ夢であると打ち棄てられてきた。いまや現体制は、疫病禍をも利用しながら脱炭素社会やデジタル化を名目として資本移転と暴力的な労働力移転を図り、ますます無用物で稼ぎ出そうとしている。このことと医療は無縁ではない。むしろ、大方の思い込みに反して、医療こそが現代資本主義の動向の典型をなしている。

では、よく出される揶揄的な問いであるが、無用と有用が識別不能な現代にあって、両者をどのように区別するべきであろうか。私の当座の倫理、世間のコンセンサスに合わせた暫定道徳はこうである。先進諸国と国際諸機関が、途上国に対して行う支援の対象とする医療、人間にとって必須で本質的であると見なしているところの医療、それだけが、国外においてだけではなく国内においても、必須で有用なものであると見なされるべきである。そのとき、先進諸国の国内での停止の夢は、常に既に停止を強いられている途上国への真の連帯になるだろう。人類の「共同性」の夢はそのようなものでならなければならないはずである。

中井久夫は、旧経済と旧社会を「脱ぎ去る夢」について、「しばしばそれを利用する勢力があった」と付言し、そうであるからこそ、それは一過性の錯覚として打ち棄てられるべきであると示唆していた[*17]。そのとき、精神医療や医療が旧経済と旧社会の一翼を担っていること、精神科医など専門職が「利用する勢力」の一翼を担っていることに、中井はまったく思いいたることがない。そのようであるから、中井は、「こころのケア」センターの設立が「精神保健的な一般事業」の一翼をなすことに何の疑いも抱かず、そこへの公費投入は「国家的規模の責任」であるとまで言い募り、しかも、「心的外傷」をそのようにして「公的な問題」へ押し上げたのは「共同体感情」の「覚醒」の故であるとまで言ってしまえるのである。しかし、他方で、中井は、「こころのケア」が対象とするのは、「障害として確立したPTSD」ではないと明言する。そして、その対象は、「病理」とは別の「人間としての苦悩」であると断言するのである[*18]。本稿で考えようとしてきたのは、その人間の苦悩のケアに必須のものは何かということであった。

*1中井久夫他『昨日のごとく——災厄の年の記録』（みすず書房、一九九六年）、一〇七-一〇八頁。

*2同書、一〇九頁。

*3周知のように、この人員は、主としてボランティアによって確保された。同書、二二頁などを参照。それが可能であったのは、震災は「全国」を襲ったのではなかったからである。なお、中井久夫は、「軍」は「非常措置」のためのものであって、「百年兵を養うは一日これを用いんがためなり」と語ったことがある。もちろん当時も現在もその「一日」にはあたっていない。中井久夫「大震災、PTSD、デブリーフィング」『現代思想』（二〇一一年九月臨時増刊号）、一八頁。

*4『精神看護』（二三巻四号、二〇二〇年）の特集を見る限り、精神科訪問看護では、感染「不安」から訪問休止を要望する例はありながらも、「需要」も「供給」もとくに変化してはいないようである。

*5この点、本稿では詳しく論じられない。なお、現政権がGo Toキャンペーンやオリンピックに固執するのは、乗数効果比較の講壇的談議はいざ知らず、公衆の「健康」のための精神衛生への固執に見える。「パンとサーカス」である。

*6中井はこう書いている。「地震のような単純な天災においては、医療需要は若干の波動を伴いつつ、おおむね双曲線を描いて低下する（これに反して広島・チェルノブイリ型災害においては数十年規模の複雑な医療需要曲線が想定されよう）」（中井久夫他、上掲書、六九頁）。それは「複雑」であっても、平常運転を掻き乱すほどのものではなかろう。

*7同書、二三頁。

*8フランコ・ベラルディ（ビフォ）「破綻を超えて——その後の可能性について、3つの沈思黙考」（櫻田和也訳）『HAPAX』「パンデミック」（一三号、夜光社、二〇二〇年）、一六頁。

*9中井久夫他、上掲書、二三頁。

*10相澤孝夫「受け入れ病院の8割は大赤字だ」『文藝春秋』（九八巻一一号、二〇二〇年一一月号）、二六四頁。

*11病院経営の破綻の意味での「崩壊」そのものは、一九九〇年代半ばから始まっている。相澤もこう書いてい

る。「人口減」もあり、「二〇四〇年になれば、患者さんの数が二割減少するとみられています。コロナ禍による患者さんの減少は、本来は二〇四〇年にやってくるはずだった状況が突如として前倒しされてしまったようなもの」(同、二六六頁)である、と。

*12 中井久夫他、上掲書、九八頁。

*13 斎藤環『「社会的うつ病」の治し方——人間性をどう見直すか』(新潮社、二〇一一年)、一二八頁。

*14 Raquel Varela & Roberto della Santa, "Pandemonium Education — or a Teacher's Manifesto Against Social Distancing," *Crisis & Critique* 7 (3), 2020, pp. 431-433.

*15 中井久夫他、上掲書、一四九頁。

*16 この点にだけ現在の状況に関わって注を打っておくが、仮に医療費総額の削減が目標として据えられるべきであるとしても、そのための方式は多数可能なのであって、にもかかわらず、その点での公的な議論も学問的な議論もまったく行われていない。この点での蒙昧の広がりには恐るべきものがある。例えば、高齢者の自己負担率の増加にしても、それが医療費負担の世代間再配分、医療費総額の減少を結果するか否かについて何ら実証的な証明はなされていない。にもかかわらず、時の政権・官界が差し出す名目をめぐって争論が構成されているだけである。少し前のものだが、次のものを参照。吉田あつし『日本の医療のなにが問題か』(NTT出版、二〇〇九年)、九二頁。

*17 中井久夫他、上掲書、二三頁。

*18 中井久夫「「こころのケア」とは何か」『現代思想』(二〇一一年九月臨時増刊号)、六一 - 六四頁。

出来事の時　資本主義＋電力＋善意のナショナリズムに対して

その日、地震と津波のことを知ったのは夜になってからだった。地震が起こったときには大学院生と研究会をしていたと記憶していたのだが、先ほどスケジュール帳を見返してみたら、研究会は前日の木曜日のことであって、その金曜日は、午前中の会議を終え昼食を摂り大学研究室に戻ってからメールを処理していたはずである。遠方の当地（京都・衣笠）にいて何の揺れも経験しなかったためであろうが、その頃の先後の記憶は、普段の記憶がそうであるようにすでに順序が乱れてしまっている。

続く土曜日と日曜日は、大学からの指示もあって、各部局の担当者が遠方の現地・被災地出身の学生の安否を確認するためにということで一斉に電話とメールによる連絡を試みた。大学もいわば居ても立ってもおられず休日返上で行動を始めたのだが、いくらか申し訳ないと思いながらも、私にはその意味するところがよく呑み込めなかった。連絡がついて生存が確認されるなら、先方は激励されるかもしれないし当方も安堵するだろう。では、連絡がつかなかったならどうするのだろうか、また、本人への連絡の試みであるので基本的にその時点では死亡を確認できないはずだが、仮に別人が本人の機器を使って所有者の死亡を伝えてきたならどうするのだろうかなどと訝しく思ったのだ。その頃には誰もが場合分けどころではなくいわば反射的に手を動かしていたのであろうし、私とて常識がないわけではなく、場合分けに応じた対応の仕方も承知しているつもりであったので、月曜日には遅ればせながら同僚に電話連絡を行なってもらったが、それにしてもどうにも違和感をぬぐえなかった。そのときには直ちに言語化できなかったが、ややあって思い返してみると、それはおそらく、時空の隔たりを何としてでも無にしようとしたがる同時性への執着に対する違和感であった。

分析哲学者のマイケル・ダメットは、遠方での安否の知らせが当方に届くまでの時間が相当に長いときでも、あるいは、その時間が長いときにこそ、たとえ客観的に遠方ではすでに生死は決まっているにしても、その知らせが届くのを待つ者たちは、遠方での生存を祈るはずであり、その祈りのことを無意味であるとか無駄であると見なすのは間違えていると論じようとしていた。しかも、そんな祈りが無意味でも無駄でもないのは、あるいはむしろ、無意味でも無駄でもないのだとするなら、当方の現在から遠方の過去へ影響を及ぼすことのできる逆向きの因果性の可能性に賭けているからであるとも論じようとしていた[*1]。その晦渋な議論を通してダメットが守らんとしたことは、安否の知らせが届くまでは待たざるをえないし待たなければならないし、待っているならいつか知らせは届くはずであるし、届かないにしても届かないことをもって何らかの知らせは届くということであったはずである。そんな待ちの姿勢には、生存していても当方に連絡をつけることなく遠方で別の道を歩むかもしれない者への挨拶さえも含まれているはずである。こう付け加えてもいい。待つとは、幸運にも生き残った人間がその連絡先として当方を選んでくれるかどうかを試されるということでもあるのだ。あらためて友を選び直すべきは、あらためて連帯の挨拶を送るべきは、必ずしも当方ではないということでもあるのだ。

もちろんダメットにしても、遠方で事が起こったと聞かされたなら電話をかけもするだろう。遠近の度合いによっては、連絡がとれるか否かは直ちに行動の選択に結び付くからには、必要なら誰でも電話を手にとるだろう。しかし、訝しくならないのだろうか。遠方の人間の安否を知るにいたるまでの時間が、電話やメールといった機器によってかくも規定されていて、それがために海外を含む遠方がかくも同時性へ執着させられているということについて、何の疑念も抱かれていないということはいささか狂ってはいないだろうか。その頃から、時空の秩序は微妙に狂い出したままである。

速報性や即応性を要求される原発事故の様子が明らかになるや、私も同時性に固執し始めて画像や映像を眺め新聞やネットを読み続けたが、それでも、当地での日常の時間と彼の地での非日常的な時間が並行しながら同期も同調もしないまま日数が重ねられていることに変わりはない。引き続き、そんな具合に月数と年数が重ねられていくことになるのだ。遠方にいるためであろうが、こんな時間の経験こそが私には途方もないことに思えている。そこには最後に立ち返るとして、当地での大学人としての日常の中で、あれこれと思ったり読んだり調べたりするというそんな作業を進めながらも*2、「誰がどんな話をするか、いまからでも眼に見える」*3と思ってきたし、自分がこの先どんな話をするかも眼に見えると当初から思わずにいられなかった。実際、実に多くの言葉を聞いたり読んだりしながら、それは違うだろう、それは的外れだろう、もっと別のことを言えるだろうと思うそばから、自分で自分にダメ出しをすることの繰り返しである。何かを思っても、すぐに抹消線を引くことの繰り返しである[*4]。以下、途方もない時間の経験に少しでも繋げておくために、ダメ出しの抹消線付きの話であるが、その一部を書き留めてみる。

酒井直樹は、「共感の共同体」に対して批判を放っている[*5]。酒井が正当に批判するように、俄かに現出したその共同体は、国民共同体が災害の原因と責任をめぐる抗争と対立の場である（べき）ことを覆い隠している。また、被害者への共感と死者の追悼を集団的に確認する儀礼、とりわけ文化産業やスポーツ産業において挙行されている種々の儀礼は、この災害に関して事を荒立て集団的慰安感を損なうような者たちを抑圧して検閲する機能を果たしている。そこに補足を加えておくなら、共感の共同体は、現地と遠方の根本的な対立、無産者となった被災者と有産者との非和解的な対立を誤魔化す機能を果たしてもいる。歴史的に何度も現出してきたこの「国民主義のもつ偽宗教性」に対する批判を止めるわけにはいかないのである。しかし、この類の批判は正当で必須であるにしても、こういう言い方をせざるをえないが、いまの私の気分にそぐわない。いや、むしろ、その類の批判は弱いものであるという気がするのだ。まだうまく言えないし、まさにそこがずっと気にかかっているのだが、共感の共同体への批判と原発産業や政府機関への批判とがワンセットになる構図こそが何度も繰り返されてきたことであって、そこにこそ何か得体の知れない罠が仕掛けられているという気がするのである。繰り返すが、私は酒井の議論を政治的にも倫理的にも支持している。それは当初から「眼に見える」ことであった。それでも大事なことは繰り返さなければならないと言われるだろう。然り。それにしても、この反復は何なのか。そこで、第二次大戦後に同種の共同体を批判していたルイ・アルチュセールのことも引き出してみる。当時のアルチュセールは、マルクス主義者になる前の戦闘的カトリック信者として、大量の戦死者を追悼しながら核兵器使用の恐怖にとらわれていた善意の共同体をこう批判していた*6。

運命に対する人間の異議申し立てとして現れたこの「インターナショナル」は、人類が脅かされているという意識を基盤にしている。脅威に直面した人類は、いわば恐怖に条件づけられた「プロレタリアート」を構成するというわけである。労働者は、社会学的、経済的、歴史的条件によって、プロレタリアートとして規定される。それに対し最近生まれた「プロレタリアート」は、一つの心理的条件によって、つまり脅威と不安によって規定されるだろう。

この新奇のプロレタリアートは、「原子力技術や拷問技術」によって「全員の一挙手一投足」を支配されることによって、恐怖の下で平等で対等になった人々である。だから、恐怖を手なずける諸感情による連帯を形成している人々である。こんな人々を利用しながら、「預言者たち」は呼びかける。「人類が目の前で滅びようとしているとき、どうして正気の人間が、階級闘争や革命など信じられるか」、「破滅を食い止める方策はもはやただ一つ、運命に対抗する神聖同盟である」と。例えば、アルベール・カミュは宣言する。いまや「われわれ」は犠牲者でも虐殺者でもない、と。しかし、アルチュセールはこの種の共同性・連帯・世界市民主義に対して断固として批判を放つ。労働者がプロレタリアートになるのは、来たるべきプロレタリアートへと生成変化するのは、然るべき主体として現出するのは、預言者たちの言う「明日の不安」によってではなく[7]、労働者自身が経験している「今日の悲惨」によってなのである、と。

壁の面、テーブルのうえ、シーツのなか、呼吸する空気のなか、飲む水のなか、悲惨と引き替えに得られ、稼ぎ出される金のなか、悲惨を追い払おうとする仕草のなかにさえ、プロレタリアートの悲惨はある。〔……〕プロレタリアートは知っている。明日とはもう一つの今日であり、明日に条件づけられたプロレタリアートとは、今日にあっては、日常性に条件づけられたプロレタリアートを隠蔽する煙幕にほかならないことを。

アルチュセールによるなら、繰り返すが、戦闘的カトリック信者としてのアルチュセールによるなら、「明日」の不安によって支配され条件づけられた人間たちは、「精神的に一つになっている」にしても、そこに現出するものは、「破滅に瀕しての一体性」「畜群の一体性」にすぎない。これに対して、「今日」の悲惨を現に経験している人間たちこそが、畜群の共同性を打ち破って「真理による一体化」を成し遂げるというのである。では、両者の分かれ目の要諦はどこにあるのか。

爆弾は人間労働の産物にすぎない。人類が自分の生み出したものを前にして震え上がっている世界とは、労働者が自分の労働生産物に隷属するプロレタリアートの条件についての、誇張されたイメージなのである。

直ちに抹消する言葉が浮かぶに違いない。「今日」の悲惨は、イメージをめぐってのことではなく現実そのものをめぐってのことであり、「明日」の不安は、リスクといった程度のことに対してではなく、予測不可能な事態に対してのことであり、しかも長きにわたって現実化していくのが確実な危険に対してのことである、と。その通りであろう。では、原発もまた人間労働の産物であるという論点についてはどうなるのか。これにしても、昨今のネットに投げ出せば「誰がどんな話をするか、いまからでも眼に見える」し、自分がどんな話をするかも眼に見える。では、「明日」の恐怖に現実に隷属している世界は、労働者が現実に何ものかに隷属している条件の現われであるという論点についてはどうなるのか。「今日」の悲惨によって条件づけられたプロレタリアートとは精確に誰のことなのかという論点についてはどうなるのか。私には、誰がどんな話をするのかも誰かが何か話をできるのかも、自分がどんな話をするかも眼に見えないが、少なくとも、それは災害の原因と責任をめぐる抗争と対立として括られて決着を見るべきことであるとも、善意のナショナリズムでもって隠蔽される程度のことであるとも思われないのである。もう一つ書き留めてみる。

現在、「今日」の悲惨を「明日」への期待によって解決しようとする言動が広まっている。復興や復旧を願う言動のことではなく、「明日」のナショナルなものへの期待を基礎とする言動のことである。とりわけ、租税や公債をめぐって展開されている言動のことである。今は昔のことを書いておく*8。一七八九年に三部会を招集して革命勃発の引き鉄を引いたとされる政治家のジャック・ネッケルは、「活力を持った信用と信頼がもたらしうる資金源に比べれば、租税などわずかなものでしかありません」と語っていた。この「信用と信頼」とは、よく指摘されてきたように、未来へと繰り延べされる債務を継続的に履行し続けるであろう国家＝国民（nation）に対する信認のことである。現在、この信認が、共感の共同体や善意の（インター）ナショナリズムによって、さらには、原発や政府を批判しながら処方箋をほしがる言動によって供給され補強されている。また、租税にしても、その機能が現存する国民内部での再分配に尽きるなどということはありえないからには、それもまた「一瞬にして幾世代もの努力を掻き集めること」を可能にする信認を基礎としながら当の信認を供給し補強している。要するに、十八世紀以来、圧倒的多数の者は、こうした「明日」への信認でもって「今日」の悲惨を解決しようとしてきたのである。私は、そのようにして復興や復旧が現に果たされてきたとは必ずしも考えていないが、そこを詮議したいのではない。近代以降、常に繰り返されてきた「明日」の現われ方が、途方もない時間の経験にそぐわないと言いたいのである。そして、アルチュセールが言うように、「明日」の不安への隷属が畜群の共同性しかもたらさないとするなら、「明日」への信認への依存もまた同じではないのかと疑っているのである。

人間は複数の異質な時間に巻き込まれている。あるいは、最近になってようやく、人間は複数の異質な時間に巻き込まれていることをそれとして経験していることに私は気づかされた。第一に、天変地異の時間である。天変の時間は、天体運動から派生する多重周期的な天文学的な時間であるが、これに対し、地異の時間は、大地の変動の地質学的な時間である。両者はまったく異なっている。第二に、暦法の時間である。これも天体運動に由来する周期的な時間であるが、原点を有する半直線として表象される時間である。その暦法における三月十一日を3・11と記号化することは、また別の社会学的で人類学的な時間に関する儀礼である。第三に、国家と資本主義の時間である。将来を先取りすることによって現在を動かす時間、あるいは、将来のその先を予期しながら祓いのけて現在を持続させる時間である。租税や公債を捕獲する統治の基礎にある時間である。第四に、半減期などで指標化される物質の物理化学的な時間である。第五に、郷土を何度か回復してきたし再び回復せんとする人類が土地に刻みつける考古学的な時間である。そして最後に、短い線分として表象される人間の一生の時間である。もっと言うなら、人生の僅かな残り時間である。これら複数の時間すべてが縺れながら私たちを巻き込んでいる。このことについて「誰がどんな話をするのか」私にはまったくわからない。当初から「眼に見える」結語にしかならないが、今日の悲惨を経験する人間の中から、〈非情な出来事の子ども〉[*9]としてのプロレタリアートが出現することを待っている。

*1 マイケル・ダメット『真理という謎』より。分析哲学流に詮議するなら、ダメットが設定している状況と、すでに災害が起こったとの情報が当方に伝わっている状況は違っているが、以下に書くことはダメットの「精神」には反していないと思う。なお、この機会に書き記しておくが、ある高名な哲学者から、第二次世界大戦直後、ダメットを日本の大学に招聘しようとすれば実現する可能性があったとうかがったことがある。

*2 知識情報として現時点で記すべきことを二つ記しておく。天罰に関しては、概ね精確な理解が以下のものに示されている。ハリー・ハルトゥーニアン「破綻した国家」『現代思想』（二〇一一年七月号）、牧子嘉丸「石原都知事の「津波は天罰」発言」『世界』（二〇一一年五月号）。また、天罰思想の実態については、以下を参照。安田政彦「『続日本紀』にみえる地震記事」『續日本紀研究』（三百号、一九九九年）、影山輝國「漢代における災異と政治」『史学雑誌』（第九〇編第八号、一九八一年八月）。要するに、天罰思想とは、ヴァルター・ベンヤミンの用語を使うなら、神的暴力としての天変地異を神話的暴力に繋げるための統治の言説にすぎない。そして実は、昨今の電力企業と統治者に対する批判的言説もそんな統治言説と同じ場所から発せられている。天罰発言を嗤える立場に立っている論者はほとんどいないのである。小泉義之『弔いの哲学』参照。崇高に関しては、私の知る限り、地震は例にあげられない。カントはリスボン地震後に何本か論考を認めているが、その崇高論の構成からして明らかなように、観察者が立つ大地は安全である必要があるからである。ジル・ドゥルーズ＋フェリックス・ガタリ『千のプラトー』「道徳の地質学」をはじめ、ヨーロッパ知識人はその自然哲学において大地の変動を実際には考慮に入れてはいない。

*3 長原豊「滂沱の涙、緩慢な Artemisia vulgaris」『現代思想』（二〇一一年七月号）より。

*4 画像と映像については書き留めておきたいと思ったことがいくつかある。一つだけ記しておく。高画質画像についてである。以前から、高画質画像は何を写し出しており、そこに人間は何を見ているのかが気になっていた。一般に高画質画像は美的判断を誘い出すようだが、それは違うとも思ってきた。今次、三陸の海岸地域を写し出す高画質の報道写真を見て、そこに見ているものは、明晰ではあるが判明ではないものであると気づかされた。以前からジル・ドゥルーズなどによって指摘されてきたことではあるが、それは麻薬や顕

微鏡によって異様に鮮明にされた感覚（知覚、ではない）に似ている。だから何だと言えるわけではないが、恐ろしいことであると思う。

*5 酒井直樹「「無責任の体系」三たび」『現代思想』（二〇一一年七月号）。

*6 ルイ・アルチュセール「善意のインターナショナル」（市田良彦・福井和美訳、『アルチュセール哲学・政治著作集I』、藤原書店、一九九九年所収）。

*7 この明日の不安に関して、「安全基準」にまつわる「痛し痒し」（稲葉振一郎の Twitter より）をそれとして研究して思考する知識人が出現する必要があると指摘しておきたい。当面は場当たり的にプラグマティックに対処するしかないのは明らかであるが、膨大な原爆被爆調査の検討から始めて、二十世紀後半全体の安全国家・安心社会を総体として見直す研究が進められるべきである。念を押すが、それは既成の研究の類ではありえない。「痛し痒し」だけでなく「泣き笑い」をそれとして分析して、別の態度で生き残って生き延びる道を探求するものでなければならない。

*8 王寺賢太「代表性・公論・信用――『両インド史』の変貌とレナル、ネッケル、ディドロ」（富永茂樹編『啓蒙の運命』、名古屋大学出版会、二〇一一年）参照。

*9 ジル・ドゥルーズ『意味の論理学』上（小泉義之訳、河出文庫、二〇〇七年）より。

「どれだけ」に縛られる人生

どれだけ曝されれば健康に害があるのか。どれだけ蓄積すれば発ガンするのか。どれだけ危険なのか。どれだけ不安になるのか。どれだけ配慮するのか。どれだけ行動するのか。どれだけ支払うのか。どれだけそうすることができるのか、そうするべきなのか。そうするのがよいのか。

どれだけ曝されても大丈夫なのか。どれだけ蓄積しても発症しないのか。どれだけ安全なのか。どれだけ安心するのか。どれだけ放置するのか。どれだけ行動しないのか。どれだけ支払うのか。どれだけそうすることができるのか、そうするべきなのか、そうするのがよいのか。

どれだけ測定地点を増やすのか。どれだけ甲状腺を追跡検査するのか。どれだけの品目を、どれだけの回数、どれだけの期間、検査するのか。どれだけコストをかけるのか。どれだけベネフィットを見込むのか。どれだけ支出するのか。どれだけそうすることができるのか、そうするべきなのか、そうするのがよいのか。

どれだけ基準を信認するのか。どれだけ算定基準値を信頼するのか。どれだけ基準値に基づいて判断するのか。どれだけ基準値に基づいて実行するのか。どれだけ基準定式について吟味するのか。どれだけモデルを参照するのか。どれだけモデルを評定するのか。どれだけ研究調査費を支払うのか。どれだけそうすることができるのか、そうするべきなのか、そうするのがよいのか。

どれだけのポピュレーション（住民・人口）を対象とするのか。どれだけのポピュレーションについてどれだけの平均余命を問題化するのか。どれだけの平均余命の増減を国家の目標とするのか。どれだけの人数でもって問題とするのか。どれだけ人員と財政を出動するのか。どれだけ責任を認め、どれだけ賠償や補償を用意するのか。どれだけ税や国債を準備するのか。どれだけそうすることができるのか、そうするべきなのか、そうするのがよいのか。

どれだけあなたは生きるのか。どれだけあなたは余命を縮めたことになるのか。どれだけあなたは残りの人生における失調や不調の程度を増したことになるのか。どれだけあなたの人生の質が低下したことになるのか。どれだけ住む場所を移すのか。どれだけ子どもに配慮と時間と金銭を費やすのか。どれだけ年寄りを放置するのか。どれだけ声をあげるのか。どれだけ資源を割くのか。どれだけそうすることができるのか、そうするべきなのか、そうするのがよいのか。

どれだけ行なうのか。どれだけ行なわないのか。どれだけリツイートするのか。どれだけ情報を集めるのか。どれだけ人を集めるのか。どれだけ人が集まるのか。どれだけ介入するのか。どれだけ放っておくのか。どれだけ権利・正義・義務・責務があるのか。どれだけ個人・団体・地方政府・中央政府が分担するのか。どれだけそうすることができるのか、そうするべきなのか、そうするのがよいのか。

そして、それぞれのどれだけを、どのようにするのか、することができるのか、するべきなのか、するのがよいのか。そして、それぞれのどのようにを、どれだけすることができるのか、するべきなのか、するのがよいのか。

現在、多くの人が、このような「どれだけ」の問いに縛られている。「どれだけ」(計量)、「どれほど」(程度)、「どこまで、どれほどまで」(基準)の問いに縛られる人生を始めている。始めざるをえなくなっている。「どのように」の問いも、「何を」の問いも、「いつ」の問いも、「誰が、誰を」の問いも、「何が、何を」の問いも後景に退いてしまうほどに、「どれだけ」(「どれほど」「どこまで、どれほどまで」)の問いが、多くの人の思考と行動と生活を縛っている。「どれだけ」の問いを問う能力のことを、カント哲学にならって〈悟性〉と呼んでおくなら、現在、多くの人は悟性をフルに使いながらも悟性に縛られ悟性に従う人生を送り始めている。これほどの力を悟性が振るうようになったのは大事故のためであるが、そこにはそうなってしまう理由があることが見逃されてはならない。二〇世紀後半、結核対策に始まりガン対策を典型とする体制の中で、悟性は人びとの生活を取り仕切ってきた。それが今になって、より大きな規模であらわになっただけのことであると言うことができる。しかも、悟性が取り仕切るのは、健康と病気の領域だけではない。悟性は、財政、金融、経営、行政、教育、労働など、いたるところで人びとの思考と行動と生活を取り仕切っている。二〇世紀後半から現在にいたるまで、悟性の時代であると言うべきなのである。

ところで、カントは、〈理性〉を悟性よりも上級の能力として位置付けている。では、一連の悟性の問いと悟性の(自己)統治に対して、理性は何を言うことになるのだろうか。それについてはここでは触れない。いわば宿題として残しておく。悟性の次に発揮されるべき能力は理性であるとして、また、悟性的な生活の次に目指されるべきは理性的な生活であるとして、それが何であるかについては、実地に具体的に探っていかざるをえないからである。宿題として残しておいた方が、いいだろう。

ところで、カントは、理性がその能力をフルに発揮するなら、不可避的に二律背反に陥り、その矛盾を突破できなくなってしまうとしている。そして、にもかかわらず、あるいは、だからこそ、理性は、不可避的に〈理念〉や〈理想〉を押し立て自らそれによって駆り立てられるとしている。カントによるなら、人間というものは、悟性的な人生だけでは決して満たされることがない生き物であり、その先に進もうとするのだが、その先に進み切ろうとするなら、二律背反やら矛盾やら現実離れした理念や理想やらが不可避的に絡み合ってしまう〈弁証法〉的な思考に入らざるをえなくなる本性を持っている生き物である。逆に言うなら、人間というものは、そもそも弁証法的に思考せざるをえない本性を持っているがために、悟性的なものに仕切られながらも自足できずに右往左往して生きざるをえなくなっている生き物なのである。

この理性と弁証法までを考慮に入れるなら、二〇世紀後半から現在にいたるまでの福祉国家・セキュリティ統治の思考と行動と生活は、すっぽりとカント哲学の範囲におさまっていると捉え直してみることができる。そのとき、現状を打開するための糸口として、カント哲学の限界について考えていた先人が参考になるかもしれない。そんな先人の一人に田辺元（一八八五－一九六二年）がいる。その「生の存在学か死の弁証法か」（一九五八年）（引用に際しては、藤田正勝編『田辺元哲学選Ⅳ』岩波文庫の頁付けに従う）を簡単に紹介する。まず、田辺の時代認識、とくに核戦争の可能性にかかわる時代認識を確認しておこう。なお、田辺は、原子力発電も視野に入れていることに注意しておきたい。

翻って考えると、人間の技術が不断に振動する建物を構築することは、その設計に用いられる分析論の制限上とうていできないであろうし、また我々がその内に安じて居住することもできまい。もし動力炉の如き設備に依って電気振動エネルギーを起発せしめることができるとしても、その理論的思考はもはや分析論を超える弁証法を要求し、実践的にそれに参与する人間は生命を賭し死を覚悟しなければならぬであろう。(二八六頁)

ここにおいて「人間の技術」の「分析論」的制限とは、技術的な「布置構築」においては「有理数系列」にとどまらざるをえないということである。「どれだけ」の問いを発し、有理数の数値でもって答えを出さざるをえないということである。ところが、現実の建物であれ、現実の自然であれ、現実的なものは、有理数系列で割り切れるものではなく、「それを超えそれの根源となる」無理数・実数でもって表されるべきものである。その現実的なものは、分析論的で悟性的な有理数系列から見るなら、不断の振動として現れてこざるをえない。その振動とは、場合によっては、安全を保証していたはずの有理数の数値が、実は危険を促進するものになってしまっていたと事後的に思い知らせるようなものである。極端な場合には、生を保証していたはずの悟性的なものが、実は死を呼び込むものになってしまっていたと事後的に明らかにされるようなものである。つまり、悟性的なものを超えそれの根源となる現実的なものは、生と死の不断の振動として現れてこざるをえない。この現実的なものの論理を摑む人間の能力が、無理数・実数を駆使する理性であり、この理性の立場からするなら、悟性的に構築せざるをえない建物に居住するにも、動力炉を構築して電気振動エネルギーを起発せしめる場合にはなおさらのこと、「生命を賭し死を覚悟しなければならぬ」のである。生と死の弁証法による人生が要求されるのである。

では、弁証法的な人生とは具体的にはどのようなことなのだろうか。答えそのものは、言葉としては簡単である。生と死は対立する。同時に生きて死ぬということは端的に矛盾である。しかし、生と死の悟性的分別を超えるには、理性的・弁証法的に、生き、かつ、死ぬ、というのでなければならない。では、同時に生きて死ぬとはどのようなことなのだろうか。別に難しい話ではない。日常的にもそれを表す多くの修辞が広まっていることに気付くべきである。むしろ日常語法こそが弁証法的なのである。例えば、「あの人は死んでも、私とともに（心の中で）生きている」は、悟性的分別を超えた理性的で弁証法的な思考法である。少し捻って、「私が死んでも、死後の私は、あなたとともに生前の私として生きて生かされるであろうから、その私の死の事後を私の死の事前へと折り返して（田辺の用語では、還相して）、いまの私は、あなたとともに、既に生きながらも死んでいるものとしてともに生きている」とでも言えばよい。では、科学技術の時代にあっては、どのような日常的な語り方や振る舞い方になるであろうか。

多くの人は、どれほどかは定かでないが、おのれの余命が短縮されたと思っている（長年の論争にもかかわらず、閾値はないと悟性的に合意されつつあるから）。とするなら、多くの人は、生きながらも、そのことをもって死に始めているということになる（ガン細胞の発生・成長・転移は生体の生理作用そのものによって促進されるのだから）。だから、これからは、生き方を考えるだけでなく死に方も考えなければならない。生き、かつ、死んでいく、その仕方を考えなければならない。個体のレベル、集団のレベル、世代のレベルで、多くの生き方や死に方に巻き込まれながら、悟性的には矛盾したやり方で（何しろ、生きながら死にゆくというのであるし、悟性的な基準を信じながらも信じないというのであるから）、矛盾を弁証法的に思考し行じなければならない。この「ねばならぬ」は、「せざるをえない」でもある。必然と一体化した義務である。義務と一体化した自由である。それもまた弁証法的な綜合である。

言うまでもないが、この課題に対して、悟性的な科学技術が応ずることができないのは明らかである。しかし、だからといって、悟性的な科学技術を棄てるわけではない。田辺の言い方では、「そもそも今日西欧文化の科学主義がそれの本来の限界点を超えて、科学技術の止まる所を知らぬ発達を促した結果は、本来人類の福祉のために進められた当初の目的に反して、それが人類の破滅という矛盾に立到らんとしつつあること蔽うべくもない」のだが、それでも「科学を回避する必要なくかえってそれを二律背反の限界に押詰めることにより徹底即突破する」のでなければならない。そうせざるをえない。

原子力時代はいわば「死の時代」である。近世の生本位、科学技術万能の時代は、現在その終末に臨んで居るといわなければならぬ。死を避けるために科学技術を統制することは、本来科学技術の母胎である生の目的論には、それが観念論の立場に止まる限りできる筈がない。ただその帰結たる矛盾を無底の底まで徹底し、それがために没落絶滅の極、死にゆくことが生の運命となることを素直に忍受し自由に肯うと同時に、永遠の刹那に転換復活せしめられる微分的歓喜を味い感謝して、更に自ら愛する他者の同時協同において積分的にこれを実現確証することが、生の目的論を超える絶対的安心の福祉に外ならないであろう。この人類協同の立場が成立するように協力することこそ、遊戯三昧でなく歴史的厳粛の責務である。その実行がたといいかに困難を極むるも、すでに現存在の不安を底の底まで味わった筈の今日の実存にとって、残された唯一の安心歓喜の途として不可能ではないと思われる。(二五〇頁)

では、「絶対的安心の福祉」「安心歓喜の途」とは、具体的にはどのようなことなのであろうか。田辺はさまざまな変奏を試みているが、二つだけを拾っておこう。一つは、追悼儀礼をモデルとする思考法である。

原子力戦争の結果、種の集団死が起こっても、なお死を免れて幾人かの個人が生残るという可能性は消滅しないであろう。その際一人ないし数人の人の菩薩的行為が、右に述べた人類協同の愛を実現すること不可能なりとはいい得ないのである。これはもちろん原子力戦争に因る人間の集団殺戮を是認しようとする意味ではない。我々はあくまでこれに反対し、戦争の絶滅に努力せねばならぬ。しかしこの努力が必ず実を結ぶという保証ないし約束は無いのである。目的論的理想主義が維持せられるには、人間の矛盾に直面して観念論が抛棄せられなければならぬとすれば、それでもなお残る人間解放の希望は、実存協同の愛以外にはない。それに依って種としての人間集団を新しくすることも可能でないとはいわれぬ。これらの希望の実現は、菩薩道の死復活的弁証法を措いて外に求めることはできぬ、というのが私の確信である。（二五一頁）

言われていることは、過激に見えるが、実は日常的なことである。誰もがそのように行じていることである。いかなる大戦争や大事故であっても、それと無関係に生き残って生き延びる人はいる（いわゆる核の冬にあっても、万人が死ぬわけではなく生存者が残るのである）。それでも、被害者や被災者がその余命を生き延びることができるとするなら、その動因の一つに、おのれの死後にも生き延びる人の生によって、おのれの死が何らかの仕方で記憶され追悼され贖われ鎮められるとの信が含まれている。その信の下において、生きることは同時に死につつあることになる。そのとき、生きながら死につつあることに安んずることができるようになる。そのことが「菩薩道の死復活の弁証法」と言われている。もう一つは、世代交代をモデルとする思考法である。

歴史的必然が即自由として主体化せられ、それに身を委ね死する実存はかえって復活せしめられて、死復活の終末論的事態を現在の刹那において微分的に自覚せしめられるのみならず、更に自己の愛する他者主体に対し協力者として彼らの集団に参加することに依り、積分的に歴史

的必然即自由なる協同体的実践者となる。（二四四頁）

この歴史的必然とは、その交代の速度を決める原因が何であれ、現存世代は必ず死に、次の世代が生れてくるというそのことである。それが、死者と生者の「歴史的行為者として死復活する実存の協同態」と言われるのである。そこに田辺の限界があると言えば言えるし、また、田辺はそれを国家や民族とは言えなくなっていたわけであるが、いきおいその協同態や集団は身近な者の狭い範囲に限られてくる。それもまたあまりに日常的なことである。

自己の復活は他人の愛を通じて実現せられる。自己のかくあらんことを生前に希って居た死者の、生者にとってその死後にまで不断に新にせられる愛が、死者に対する生者の愛を媒介にして絶えずはたらき、愛の交互的なる実存協同として、死復活を行ぜしめるのである。（二九三頁）

これもまた、「生死を超ゆる実存協同」、「生死を超ゆる、死者の存在の生者における復活の自覚において成立する感応道交」、「絶対無即愛の立場における死復活の実践」である。繰り返すが、あまりに日常的なことであり、誰もが行じていることである。

結局のところ、われわれは、田辺が言う意味において、生きながら死につつある生き物である。悟性的な限界を超えて理性的かつ弁証法的に、まさしく平凡に、生きながら死につつある生き物である。その先やその外があるとして、それは、日常意識の最も尖鋭な表現でもあるカント哲学と田辺哲学を超える範囲のことになる。それについての思考を軽々に語るのは憚られるので、あるいはむしろ、それについての思考を軽々と語るのは容易いのだが簡単には通じないので、現在のところ、われわれは、悟性的段階で右往左往しているにすぎないということだけは自覚しておいた方がよいだろう。

やはり嘘つきの舌は抜かれるべきである

デモクラシーは一度でも現われたか

われわれの患者の一人パウル・Pは、どこにいるのかと問われて全く平然とした顔で「原子力時代」と答えた。たった今いた場所はどこだったと重ねて聞かれて（それはレントゲン室だったのだが）「さあわかりませんねえ。サッカー場だったかな。ひょっとすると地獄にいたのかな」などと言った[*1]。

テクノロジーは、絶えず問題を惹き起こす。そして、失敗と成功を繰り返し試行錯誤して当座の解答を捻り出す。そのプロセスは多くの人間を巻き込んでいくが、それをコントロールする知識と技能はテクノクラートにあると見なされてきた。したがって、そのコントロールは、およそデモクラシーとは相容れないものと見なされてもきた。即座に対応しなければならない、話し合っている暇など無い、素人が口を出せる問題ではない、多数決など論外である、事件は現場で起きている、たとえ事後的に間違いであるとわかるとしても暫定的に決断して行動しなければならない、等々。

ところが、そんな状況を取り仕切るはずのテクノクラシーに対する信認は急速に失われてきた。テクノクラートはもはやコントロールに要する知識と技量を喪失しているのではないのか。産業資本主義と科学技術を区分する古典的二元論の語法を借りるなら、〈帝国〉と資本主義の下で「本来の」科学技術は腐敗し始めているのではないのか。原発の放射能汚染水問題を見るとよい。現在、先端的技術を駆使して地下水をコントロールしようとしているが、水文学的にも地水学的にも、技術的にも、その成功は覚束ない。陸地側を遮断しても、海側が遮断されている保証はないから、海水の流入を遮断することはできないかもしれない。原発周囲を岩盤域まで遮断したとしても、雨水の流入を防ぐことはできない。水流の出入りを完全に遮断した閉鎖系を企てても、いずれその内部の水と熱をコントロールできなくなるだろう。しかも、現在の体制では然るべき資本と労働を投入できず、現場の労働者は、苛酷な労働条件の中でその知識と技量を発揮できなくなっている。

しかし、テクノクラシーに代わる展望を見出し難いこともあって、シニカルな（あるいは、穏当な?）気分にならざるをえなくなってもいる。〝国際スポーツ興行のプレゼンで、首相がコントロール完了と嘘を述べたことなど、どうでもいいことだ。国際的テクノクラシーは、それが嘘であることなど十分に承知している。予め承知しておきながら、試行錯誤を通しての利益を見込んでいるのだから、事態はコントロール不可能であると指摘したところで、なんら批判になりはしない。現実には、完全にコントロール不可能というわけではなく、コントロール可能な部分と不可能な部分が入り混じって識別不可能になっている。やってみなければわからない部分と、やる前からわかっている部分が入り混じって識別不可能になっている。見ないで済ませている部分、見ているが見ないフリをしている部分が入り混じり、これも識別不可能になっている。となると、再び、テクノクラシーに下駄を預けざるをえなくなる。それが現代の定めなのだ〟、といった具合である。そして、再び、テクノクラシーとデモクラシーは相容れないように見えてくる。
そういうことなのであろうか。それでよいのだろうか。やはり嘘つきの舌は抜くべきではないのか。やはりテクノクラートには天罰を下すべきではないのか。やはり労働者を無力化しているテクノクラシーには恫喝を加えるべきではないのか。そして、その手前で問い返しておきたいのは、あれほどデモクラシーを称揚してきた人びとは、どうしたのかということである。

予防原則と熟議民主主義の関係について、言いかえるなら、テクノロジーの暴走を抑制するための（半ばテクノクラシー的な）原則と、テクノロジーとテクノクラシーが惹き起こす諸問題に対して国民的かつ公共的な解を出すための（これも半ばテクノクラシー的で手続的な）デモクラシーの双方を、どのようにすり合わせ、どのように折り合わせるかについては、いつの間にか、ある種の諦め（あるいは、穏当な態度？）がコンセンサスになったかのようなのである。ある憲法学者は、こう書いている。「リスク主流化社会の下だからこそ、安易な予防原則の一般化に対して懐疑的であることは、法律家の職業倫理といえるだろう[*2]」、と。一体全体、この学者は、誰に向かって書いているのだろうか。この学者を通して語っているものは何だろうか。そもそも、リスク社会論が一度でも「主流化」したことがあったのか。そう語られてきたことは私でも知っているが、実際にリスク計算に基づいて政策が実行された事例がこれまでどれほどあっただろうか。そもそも、リスクや危険への対応策としての予防原則が一度でも「一般化」されたことがあっただろうか。予防原則は、ごく一部の問題に対する欺瞞的なスローガンとして使用されてきただけではないのか。にもかかわらず、予防原則については、その翻訳や解釈がどうのこうのといった詰まらぬ議論が続けられ、一度も「一般化」されたことはないにもかかわらず、「安易」な一般化を戒めてみせるとは何ごとなのか。しかも、それが「職業倫理」に仕立て上げられるのだ[*3]。

多少は気が引けたのだろう。この学者は、引用箇所にこんな註を打っている。「「反原発」論者から非難されるのを覚悟の上で、〈3・11〉の後でも、私が、原発問題について費用便益の問題を完全に無視するのは妥当でないと論じているのも、そのためである」、と。一体全体、「反原発」論者の誰が、費用便益問題程度のことを「無視」しているというのか。「ゼロベクレル」派がそうだとでもいうのか。まさか、である。そもそも・費用便益計算程度のことで問題が片付くとでも思っているのか。そこでの「懐疑的」「職業倫理」はどうなったのか[*4]。いちいち反論するのも面倒なので、ジジェクの言を引いておこう。こうして、「灰色の専門家たちの入場である。この傾向が永遠の非常事態と政治的民主主義の停止に向かっていることは明らかだ」[*5]。

ある科学技術社会論者は、こう書いている[*6]。低線量被曝の影響については、「学説は必ずしも一つに収斂しているわけではない」、と。これはその通りである。少しばかりの勇気を要する指摘であると認めてもよい。ところで、この類の指摘が含意するところは、次のように理解されてきたはずである。すなわち、〝学説は一つに収斂しない。したがって、真理を語ることのできる専門家はどこにもいない。したがって、それが社会正義であろうが・分配的正義であろうが、公正としての正義であろうが、真理に基づく正義を定めることはできない。したがって、特定の賢人・知識人・専門家に決定を委ねることはできない。では、正解が存在しないときにはどうするのか。話し合って、討議＝討論＝熟議して決めるしかない。公共圏で公共的に公論を巻き起こさなければならない。それこそ、政治的なるものの復興、デモクラシーのラディカル化である〟、と。学説が収斂せずとの指摘は、こんなディスクールを伴っていると理解されてきたはずである。ところが、この学者は、あたかも政治的なものやデモクラシー的なものが既に出現し、それが既に遂行され、しかもその限界が既に顕わになったかのように、こう続けているのである。

> 科学をめぐって多種多様な専門家や市民たちがときに協調し、ときに対抗しあう、ある種の政治《ポリティクス》を内包する立体的な空間のもとで事態を把握しようとすることが必要ではないだろうか。そのような空間のなかで人々の抱く不安や複雑な思いをとらえようとするとき、科学技術をめぐる問題は従来とは違ったかたちで見えてくるのではないか。そして、科学をめぐる錯綜する政治《ポリティクス》を理解することによって、私たちは科学をより賢く使いこなすことができるのではないだろうか。

どうして、科学をめぐる「錯綜する政治」の場としての「空間」で、人情話しか語られないことになってしまうのか。どうして、科学技術をめぐるポリティクスが、灰色の専門家たちによる「不安や複雑な思い」の代弁に還元されてしまうのか。どうして、その程度の「理解」でもって、「より賢く」なれるなどと言えてしまうのか。そもそも、どうしてこんな願掛けで満足できてしまうのか[*7]。

本当に一人一人に問い尋ねてみたいのだが、一度でも公共圏で公共的な熟議が現われたと思っているのだろうか。政治家たちは交替で退場してきたわけだが、一度でも政治的なるものが再興したと思っているのだろうか。一度でも、リスクやコストやベネフィットやサイエンスやテクノロジーをめぐるコンフリクトが現われたと思っているのだろうか。学者たちの想像的空間の中では、状況は種々の段階を走り抜けたのかもしれないが、そもそも、熟議に相応しい然るべき時間が、どこかの空間で現実に流れたと思っているのだろうか。

この間、ウェブ上には、「御用学者」「安全厨」「危険厨」といった文字列が明滅した。しかし、それがコンフリクトだったのか。それが国論や公論の二分だったのか。それが敵／味方の二極化だったのか。本当に一人一人に問い尋ねてみたいのだが、仮にそうであるとして、その事態は、国会や政党や東電において一度でも現われたか。大学内部のイベント空間においてではなく、まさに大学そのもので一度でも現われたか。ウェブの外部の空間で一度でも現われたか。被災地瓦礫受入問題を想起してみよ。どんな問題でもよいから想起してみよ。一度でも国会で熟議されたことがあったか。政党内部で、官庁内部で、東電内部で、東電組合内部で熟議されたことがあったか。ウェブ上の想像的コンフリクトが、一度でも、それらの機関に「反映」されたり「代表」されたりしたことがあったか。たしかにウェブ上には、一部のストリートには、政治や民主主義があったかもしれない。その限りで〈一を二に割る〉ことはあったかもしれない。しかし、一度でも、公的で社会的な諸機関が割れたことがあったか。にもかかわらず、これまであれほど公共的なものや政治的なものや民主主義的なものを称揚してきた人びとが、それに愛想をつかし始めているのである。そして、脱原発と言おうが反原発と言おうが、ひとしなみに、人情話へと、エネルギー問題へと、それも相も変わらず「持続可能性」をお題目とする極め付きの保守主義へとキャナライズされているのである。それが現実である[*8]。

私自身は、現在の分極化は、必ずしも深度の深くない対立であるからこそ収拾されてしまうとも考えているが、そんなことより肝腎なことは、やはり〈一を二に割る〉ことである。デモクラシーがいまだ価値ある政治的スローガンであるとするなら、あらゆる機関や組織を現実的に割ることこそがデモクラシーの始まりであると言わなければならない。〈公共〉の一を二に割らなければならない。一が二に割れ四分五裂する場が〈公共〉であると、多に割れても一を保つ場が〈公共〉であると言ってきた人びとにこそ、現実に〈公共〉を割ってみせてもらわなければならない。テクノロジー／テクノクラシーを批判し、デモクラシーを擁護するというなら、それを、いたるところで「現勢化」してもらわなければならない[*9]。

*1 ブランケンブルク『自明性の喪失』（木村敏他訳、みすず書房、一九七八年）、二〇九頁。また、一九七七年、スイスでの反原発集会の「後」に起こった、アンナ・Rの逮捕と精神病院への「措置」入院について、「イタカ蜂起のための断章と注釈」『HAPAX』（一号、夜光社、二〇一三年）を参照。ところで、少しユーモアあるパウル・Pの発言における「サッカー場」は、今なら「観光地」とでも読みかえてよかろう。このダーク・ツーリズムに関しては、貴重な達成であったFAMA編著『サラエヴォ旅行案内――史上初の戦場ツァーガイド』（P3 art and environment 訳、三修社、一九九四年）を想起しておきたい。

*2 愛敬浩二『立憲主義の復権と憲法理論』（日本評論社、二〇一二年）、二〇七頁。

*3 これまで予防原則（Precautionary Principle）を称揚してきた人びとが、ここに来て、主としてサンスティーンに依拠して（その馬鹿げた議論への批判は措く）、その極端な適用を戒め始めている。絶対的確実性や絶対的不確実性を求めては駄目だ、絶対の探求、無条件の要求は非現実的だ、というのである。これに対して、推奨されるのは、状況変化に応じた改定、対抗リスクへの融通無碍な対応、等々である。よいだろう。では、問い返したいが、たった一つの経営体、たった一つの産業部門に対して、絶対的かつ無条件な要求を突きつけることのどこが間違っているというのか。この問い返し方では通じないだろうから言いかえるが、絶対的かつ無条件な要求を通して現に争われているはずのことが、どうして予防原則や各種合理性の釈義の争いに還元されるというのか。

*4 あのアマルティア・センでさえも、すなわち、その構想の「計量化」を意図的にネグりながら学界・業界の慈父たる地位を護持してきたセンでさえも、費用便益フレームに対してだけは、少し驚かされるほど、直截な非難を放っている。Amatya Sen "The Discipline of Cost-Benefit Analysis," in *Rationality and Reason*, Harvard University Press, 2002. この行動化は分析に値するが、ここでは、センの戦術程度のことは踏まえよ、と言っておきたい。

*5 スラヴォイ・ジジェク『二〇一一年危うく夢見た一年』（長原豊訳、航思社、二〇一二年）、一六八頁。

*6 中村征樹編『ポスト3・11の科学と政治』（ナカニシヤ出版、二〇一二年）の編者による「はじめに」より。

*7 この学者に対して多少同情的に述べておくなら、低線量被曝問題と被災者支援・被災地復興問題を区分するべきであるとした上で、両者を統合するポリティクスを期待するからこんな語り方になると見なすことはできる。政府・東電の責任問題と「目前」の「緊急」の被災者問題を行程上は区別しなければならないし、両者を統合するポリティクスは後者の「声」を前者のアリーナに届けることであるというわけである。しかし、そこで見逃されていることは、政府・東電が〈直接に〉目前の緊急の問題に対して責任を負って実行するというそのことである。要するに、人情話の代弁者として振舞うことによってテクノクラシーを免罪しているのである。しかもそれがポリティクスと称されているのだ。いや、もちろんそれこそポリティクスではある！

*8 昨今の公共性論者をはじめ、大半の知識人層には、根深いニヒリズムがあると言ってもよい。近年の契約論的な合理主義、結局は形式主義的な民主主義論などの流行を通して、現実の歴史性や傾向性をそれとして認知することができなくなり、それを否認するしかなくなっているという言い方をしておきたい。デイヴィド・ヒュームの用語を借りるなら、昨今の公共圏なるものには、「哲学的病」である「哲学的熱情」「哲学的錬金術」しかないのである。なお、われわれは、リスク社会論や科学技術社会論の破綻を通して、政治と真理／虚偽の関係という古典的論点に出会っていると言うべきである。参照すべきものは多いが、ここでは、ミケル・ボルク＝ヤコブセン『ラカンの思想』（池田清訳、法政大学出版局、一九九九年）の第五章をあげておく。

*9 例えば、國分功一郎『来るべき民主主義——小平市都道３２８号線と近代政治哲学の諸問題』（幻冬舎新書、二〇一三年）を参照。

Ⅰ－2 性／生殖

国家に抗する社会における鰥夫と子供

一　独身男と生殖未来主義

クワインは、「経験主義の二つのドグマ」において、「事実に基づく真理」としての総合的真理と、「事実問題とは独立に意味に基づく真理」としての分析的真理は、根本的に分離しているとするドグマを退けている。分析的真理のうち非論理的真理に対して、クワインは例文「独身男は誰も結婚していない（No bachelor is married）」を提示している[*1]。

クワイン自身による議論は別として、この例文が文意や語義にのみ基づいて分析的に真であるなどと言うことができないのは自明であろう。そもそも英単語 bachelor が少なくとも二義的であるし、それに対応する日本単語「鰥（夫）」はその語音「ヤモメ」に引き戻すなら明らかに多義的であるから、例文の文意を定めるには、どうしても当該の語彙や文章の使用の文脈を考慮に入れざるをえず、その限りで「事実問題」に依拠せざるをえないから、この例文は総合的に真偽を問われるものであると言わざるをえない。この点は、次のように例解することもできる。すなわち、「結婚」の語義について、法によって定められるものと習俗によって了解されてきたものを区別するなら、「（習俗の領域では）独身男たちのカップルが、（法の領域では）結婚している」という文が成立する。このとき、「ある独身男」は（習俗の領域では）「結婚していない」が（法の領域では）「結婚している」ことになり、クワインの例文は、その意味に基づき全議論領域で成立するようなものではなくなり、やはり総合的に真偽を問われるものであることが明らかになる。独身男と結婚の関係は「経験主義」的にも単純ではないのである。同じことは、独身男と生殖の関係についても言えるであろう。

リー・エーデルマンは、『無－未来――クィア理論と死の欲動』において、「生殖未来主義」に対する批判を展開している[*2]。近年、その立場を問わず、子どもを生み育てることは絶対的な善であると見なされるようになっている。そして、生殖が何を再生産することになるのかという論点については、現状の社会体制の再生産といったかつての問題設定は忘れ去られ、人類そのものの絶滅という絶対的な悪を招来しないために、類的存在としての人間の共同体を維持する営みであると見なされるようになっている。おのれの死後の未来は、新生児が生まれ育つことに等しいと見なされ、新生児は端的に未来の代名詞となる。おのれの死後の未来についての想像は概して宗教的で神秘的な様相を帯びがちであるから、新生児は「人の子、神の子」の様相を帯びることにもなる。この「生殖未来主義」に対して、エーデルマンは敢然と異議を唱えていく。

クィアネスは、「子どものために闘う」ことのない者の立場を名づけている。生殖未来主義に絶対的価値を付与する政策全般を支えるコンセンサスの外の立場を名づけているのである[*3]。

エーデルマンは、このクィア的な異議申し立ては、未来を無とすることを目指すかのような自滅性を含意するので実際的には「不可能な企て」であると認めてしまうが、それでも「文化的なテクスト」の研究においてその不可能な政治を何としてでも行使しようとする。そして、興味深いことに、その際にエーデルマンが手がかりとするのは、保守派の言説と、独身男を子どもと対峙させるテクスト群である。前者については、同性婚に対して断固として反対する保守派を念頭に置いて、次のように論じられている。

保守派は、クィアのラディカルな潜在力を認めている。保守派は、リベラル以上に、クィアのラディカルな脅威について十分に語っているのである。リベラリズムは社会の仕組みが際限なく可塑的であるという信念に保守的に固執しているが、これに対し、保守派は社会の仕組みが総体的に破綻することを予防的に想像しているのである[*4]。

エーデルマンにとって、クィアについて明察を有しているのは、リベラルではなく保守派である。さらに言うなら、エーデルマンは、異性婚して生殖して育児にあたることだけなく、同性婚を通しても生殖や育児に間接的に関与しようとすることを「自然」と見なし始めているコンセンサスに対して、クィアは保守派が批難するまさにその意味において「自然に反する罪」であると主張しようとしているのである。この論脈で、エーデルマンは、未来を担うと目される無垢な子どもが、「非婚の男に対する象徴的な抵抗」を繰り広げることを主題とする一連の文化テクスト、すなわち、『ハリー・ポッター』『クリスマス・キャロル』『ピーター・パン』などを批判的に取り上げている。そして、私の見るところ、ピエール・クラストルの『グアヤキ年代記』も、「集団の調和にとって最も危険な独身男」[*5]をめぐって、そのようなテクストとして構成されているのである。

二　権力と規範

ピエール・クラストルは、『グアヤキ年代記』と『国家に抗する社会』の出版後の一九七四年に、雑誌『反 - 神話』第九号で、編集者と対談を行っている[*6]。初めに、クラストルは、『国家に抗する社会』の基本的な発想について、次のように語っている。

原始社会が国家なき社会であるのは、それが国家を拒否する社会、国家に抗する社会であるからだ。原始社会における国家の不在は、欠如ではない。原始社会に国家が存在しないのは、原始社会が人類の幼年期にあたるからでも、原始社会が未完であるからでも、原始社会がさほど大きくないからでも、原始社会が成年期に到っていないからでもなく、まさに原始社会が広義の国家を、国家の最小形態としての権力関係を拒否しているからである[*7]。

クラストルによるなら、原始社会は権力関係を拒否することによって、最小国家も来たるべき大国家も祓い除けているということになるが、では、その権力関係はどのように解されているのだろうか。クラストルの権力観は、きわめて素朴である。クラストルにとって、権力関係とは「命令と服従の関係」である。だから、命令者と服従者の分割さえ拒否することができるなら、国家に抗しているということになる。クラストルが、支配-服従関係の起源について語るところを引いておこう。

疎外された労働が国家を生み出したのではない。まさに反対であろう。権力から、権力の保持から出発して、疎外された労働は生み出される。疎外された労働とは何か。「私は私のために労働するのではなく、他人のために労働する」ということ、あるいはむしろ、「私は私のために少し労働し、他人のために沢山労働する」ということである。権力を持つ者は、他人に対して「あなたは私のために労働せよ」と語ることができる。そのとき、疎外された労働が出現する。疎外された労働の最初の形態、最も普遍的な形態は、税を支払う責務である。〔……〕どうして国家はあるのか。あるとき、彼方此方で、あるタイプの個人や集団が、「われわれは権力を持っており、あなたたちは服従せよ」と語るからである。しかし、その場合、二つの可能性がある。この語りを耳にする者が、「然り、その通り、あなたは権力を持ち、人々は服従することになろう」と語るか、あるいは、「否、否、あなたに権力はない。その証拠に、人々はあなたに服従しないであろう」と語るかである。そして、一方は他方を、狂人扱いして、殺すことになるだろう。人々は服従するか服従しないかのどちらかになる*8。

この起源譚によるなら、一定の個人または集団が貢納を要求し、それに他人が服従するとき、詳しくは、他人がその自己労働による生産物の多くを納税義務として貢納することに同意するとき、権力関係が芽生え国家が始まるわけであるが、その始点に到るには、服従義務を当然視する人々が、服従を責務とも何とも思わぬ人々を皆殺しにしておく必要がある[*9]。

では、国家に抗する社会では、どうして人々は労働するのであろうか。自己のために、であろうか。家族は他人ではないとして、その拡大された自己のために、であろうか。しかし、何らかの共同性を維持するには、自己のために労働するだけでは足りないことは明らかである。では、どうして人々は労働するのか[*10]。クラストルの起源譚をめぐっては、さらに深刻な問いが浮かび上がってくる。国家に抗する社会では、その社会を維持するためにであるかのように、人々は子どもを生んで育てている。では、どうして人々は異性愛関係を結び生殖して育児にあたる仕方で労働するのであろうか。クラストルの筆法によるなら、こうした人間の再生産労働の担い手は、異性愛や生殖を退け家族形成にも組みしない人間を「狂人扱い」するはずである。そこに権力関係はないのか。それについて、次のように質問が出されている。

君の言うところでは、原始社会と非原始社会の区分の基礎には、分割か非分割かということがある。しかし、富者／貧者の分割、搾取者／被搾取者の分割が例えばグアヤキには存在しないとしても、別のタイプの分割が存在するのではないか。もちろん、男／女の分割だけではなかろう。正常者／逸脱者の分割がある。例えば、『グアヤキ年代記』で、君は、二人の男色者（pédéraste）を取り上げていた*[11]。その一人は規範に適応しているが、もう一人はそうしていない。後者の男に自分の立場は異常であると感じさせているからには、彼には権力が行使されているが、それはいかなる権力なのか*[12]。

クラストルは、次のように答えている。

そのお人好し（un bonhomme）は、狩人ではない。ほとんど無きに等しい、取るに足りぬ者である。だから、奴（le type）に選択肢はほとんどない。狩人でないからには、事実上、彼はもはや男ではない。別の側に行くための通路はとても狭い。言いかえるなら、社会の別の部門、女の世界である部門への通路は狭いのである。しかし、それについて権力の用語で語ることができるのか私にはわからない。いずれにせよ、それは、現在まで語られてきた意味での権力、政治的な本性の権力ではない*[13]。

質問者は納得しない。問いが畳みかけられる。

強制的ではない権力というのか。しかし、お人好しに対して結集するような権力を見つけられないというなら、君は、それは権力なき社会であると語る破目にならないのか。〔……〕しかし、個人が随意の仕方で振る舞えないようにする分割や社会的排斥があれば、やはり権力は存在する。例えば、婚姻関係において、妻が第二の配偶者を持つことを拒む奴は、集団に戻るにも一定の時間を要している。そのとき、振る舞いの規範があるからには、やはり権力が存在するのではないか*14。

クラストルは、この質問を受けて、権力と規範を区別しようとする。しかも、社会全体の規範を権力から区別しようとする。

それは社会全体によって支えられている規範である。特定の集団によって社会の総体に押し付けられた規範ではない。それは、社会そのものの規範である。それを通して社会が自己を維持する規範である。全員が尊重している規範である。誰かによって押し付けられているのではない。原始社会における規範、禁則などは、われわれにおける法律のようなものだ。人はいつでも多少の妥協はしているものだ。しかし、結局、それは、社会の特定集団が社会の残りに押し付ける規範ではない。社会そのものの規範だ。権力の問題ではないのだ。誰の権力なのか、誰に対する権力なのかというが、それは、統一的全体として捉えられる社会の権力である。その社会は分割されていないからだ。全体としての社会による、社会を構成する諸個人に対する権力である*15。

その後、幾つかの質疑応答がなされるが[16]、ここで注目しておきたいのは、規範の領域とされる親族の役割として、セキュリティがあげられていくことである。クラストルによるなら、親族には血縁者だけではなく縁者や義兄弟も含まれるが、そのような親族とは、「社会保険と呼ばれうるようなものを定めるネットワーク」、「国家に属することのない社会保障」である[17]。だからということで、親族の規範は、権力関係ではないと言いたげなのである。また、非異性愛者もそのネットワークの周縁で生き延びているからには、そこに権力関係は存在しないと言いたげなのである[18]。はたして、それでよいのか。

三　二人の独身男

クラストルは、『国家に抗する社会』に所収の「弓と籠」において、グアヤキでは、弓と籠の区分が、男と女の厳然たる分割を象徴することを確認した上で、しかしながら、「グアヤキには、籠を持つ二人の男がいた」と報告している。その二人の男は、「パネ（狩猟におけるつきのなさ）」に陥ったのである。

男が狩人としての役目を果たせなくなって、この真の呪いの被害者となるとき、そのことによって男は、彼自身の本性を失い、彼の実質は逃れ去ってしまう。こうして不用となった弓を捨てることを強いられ、彼は男らしさを放棄し、悲劇的にも諦念をもって、籠を負うしか残された方途はなくなる。グアヤキの厳しい法に、逃れる余地は残されていない。〔……〕狩人として自己実現しなくなった個人は、同時に男であることもやめる。弓から籠へ移ることによって、隠喩的に、彼は女になる（*il devient une femme*）。実際、男と弓の結合が断たれるときは、その補完的な反対である女と籠の結合へと変換せずに済ますことはできないのである[*19]。

その一人、チャチュブタワチュギ（Chachubutawachugi）は、おそらく狩りの「技の無能」のためにパネであったので弓を持たなくなったものの、依然として素手でアルマジロやハナグマを捕えてもいる。妻に先立たれて「鰥夫（veuf）」となったが、パネであったがために、彼を「第二の夫」として迎え入れる女もいない。そして、ある女から籠を譲り受け、それを抱えて、女たちと採集へ出かけている。チャチュブタワチュギは、「少なくとも部分的に男の資格を失い、籠によって象徴される領域に入っている」。もう一人、クレンベギ（Krembégi）は、おそらく少年期からパネであったために狩人になることを放棄している。そして、籠を自らの手で作成して所有し、装飾品についても女以上に器用に作成しながら、女たちと一緒に暮らしている。彼は「男色者（sodomiste）」でもある。クラストルは、こう記載している。

クレンベギは、自分にとって自然な場が女の世界であると考えていた。クレンベギは、パネであるからこそ、同性愛者（homosexual）であった。おそらく、彼の狩猟でのつきのなさは、彼がそもそも無意識の倒錯者（inverti）だったためにもたらされたのかもしれない。いずれにせよ、彼の仲間の打ち明けたところでは、彼に弓を使う能力がないと判明したとき、彼の同性愛は公のもの、すなわち社会的に認知されたものとなった[*20]。

そしてクラストルは、その叙述において、クレンベギに対しては非業の死を割り当て[*21]、チャチュブタワチュギに対しては「悲しい境遇（triste sort）」を割り当てて、後者の困難な状況についてこう書いている[*22]。

異常者（anormal）は、ある観点からすれば、クレンベギではなく、チャチュブタワチュギである。嘲弄の裏にときおり窺える彼に対するグアヤキの隠微な攻撃性もおそらくそこから来ているのだろう。また彼が体験する心理的な困難、見捨てられたという鋭い感覚もそこから来ているのだろう。男と籠の不条理な結合を維持するのはそれほど難しいのである。チャチュブタワチュギは、悲愴なまでに、狩人であることなく男であり続けようとした。彼は正常な状態では分離されている二つの領域の接点であるために、物笑いと嘲りの対象となったのである[*23]。

男に命じられている役割、すなわち、弓を持つ狩人であること、狩猟の成果の分配規則に服従して共同体を維持すること、結婚して家族を構えて子どもを生み育てて共同体を再生産することを放棄しながら、それでも、女になることなく男であろうとすること、そのことが「社会的に認知されるもの」となる契機として、クラストルは、その独身男が儀礼的に生殖に関与することを重視するのである。『グアヤキ年代記』は、まさにそのエピソードで始まっている。

ピチュギを取り囲んで一種の防御の輪を作っている者たちのなかで、とりわけ二人の人物が決定的な役割を果たすことになる。クロミ・チャンピラン（充血した目をした幼児）は、いま最初の叫び声をあげたところで、まだ地面に横たわっている。一人の男がひざまずいた。手に一片の長い竹を持っている。それはグアヤキのナイフで、驚くほど切れ味が鋭く危険なものである。的確ですばやいいくつかの動きで、この祭司はへその緒を切り、そしてそれを結わえた。これで母親と切り離された。すぐ傍らの地面には大きなダイチュが置かれている。これは竹の薄片で編まれた卵形をした容器で、外側の全体には蜜蠟が塗られていて、液体が洩れることはない。そこに冷たい水が満たされている。男は手のひらに水を少し取り、子どもを洗い始めた。小さな体のあらゆるところに水を注ぎ、優しく、しかも同時に力強い身振りで、体を汚している漿液をぬぐいとった。そしてまもなく身づくろいは終った[*24]。

『グアヤキ年代記』はしばらくその名を明かさないのだが、この二人目の男が、実はチャチュブタワチュギである。そして、彼は、新生児のジュワレ（代父）の役を担っている。

女性は赤ん坊を支え続け、いまでは赤ん坊の体は温かくなっている。そのときジュワレ、先ほど水浴を行なった男が、新たに作業を始めた。強く力を入れて赤ん坊の頭にマッサージを施し始めたのである。右手の大きく開いた手のひらで赤ん坊の頭蓋を強く押す[25]。

クラストルは、新生児誕生のときの儀礼として、女たちの歌について記載した後で、夜になって、それがジュワレとしてなすべき儀礼であるかどうか定かにしないまま、言いかえるなら、それが女たちの歌であるのか男たちの歌であるかを曖昧にしたまま、チャチュブタワチュギが独りで歌う場面を叙述している[26]。

数時間後、まだ真夜中に、私は馴染みの物音で目覚めた。男が一人歌っているのだ。チャチュブタワチュギ――分厚い髭をたくわえた〈大きなアメリカ猪〉――である。彼はひざまずき、しゃがみこんで、自分の声に強く力を込めて歌い、闇に挑んでいるように見えた。〔……〕チャチュブタワチュギは、前夜からすぐれた役割を演じてきた。彼は子どものジュワレであったし、午後には清めを行なった二人の男の一方だったからである。いまや彼は独りで歌いながら見張っているのである。ところで、彼の歌はまさに挑戦である。夜の住人たち、とりわけクレイ〈死をもたらす幽霊〉に対する勝利の挑戦である。クレイの使命は新生児を絞殺することである。だがクレイはいま近づくことができない。なぜなら儀礼によって赤ん坊はクレイの力の及ばないところに置かれているからである。したがって歌は子どものまわりに防御の壁を打ち立てているのである。声の音は幽霊たちをたじろがせ、彼らを暗闇のなかに追い返す。〔……〕チャチュブタワチュギは、何時間も絶え間なく空と大地に向かって絶叫し、夜の闇はその叫びを反響させていた。――死すべき者たちは、神々のまなざしのもとで、生存する権利をもう一度勝ち取ったのである、と[27]。

独身男は、新生児の「生存する権利」を勝ち取ることを通して、おのれの「生存の権利」を勝ち取っているかのようなのである。クラストルは、「弓と籠」においては、通常の男たちの歌は「社会的人間から自らを分離する運動」を表現するとしているが[28]、それに対して、『グアヤキ年代記』においては、新生児による「非婚の男に対する象徴的な抵抗」に対しておのれを社会へ参入させんとする独身男の「悲しい」闘争を描いているのである。

*1 W・V・O・クワイン『論理的観点から』(飯田隆訳、勁草書房、一九九二年) Willard van Orman Quine, *From a Logical Point of View* (Harvard University Press, 1953).
*2 Lee Edelman, *No Future: Queer Theory and the Death Drive* (Duke University Press, 2004).「生殖未来主義」の原語は reproductive futurism であるが、これは「再生産未来主義」とも訳しうる。また、-ism が「症」の語義を持つことを考慮するなら、「生殖＝再生産をめぐる未来症候群」と解することができる。
*3 *Ibid.*, p.3.
*4 *Ibid.*, p.14.
*5 ピエール・クラストル『国家に抗する社会――政治人類学研究』(渡辺公三訳、水声社、一九八七年)

Pierre Clastres, *La société contre l'État* (Minuit, 1974 / La Collection Reprise, 2011)、一四一頁 (p.100)。

*6 次に所収されている。Pierre Clastres, « Entretien avec *l'Anti-mythes* », dans Miguel Abensour et Amme Kuplec dir. *Cahier Pierre Clastres* (Sens & Tonka, 2011).

*7 *Ibid.*, p.13.

*8 *Ibid.*, p.16.

*9 ジル・ドゥルーズ／フェリックス・ガタリなどの理解するところとは違って、クラストルにおいて「国家に抗する」機構は複数ある。あるいは、クラストルの見解は揺れている。Pierre Clastres, « Les Sauvages sont-ils heureux ? », et « La civilisation guayaki : archaïsme ou régression ? », dans Miguel Abensour et Amme Kuplec dir. *Cahier Pierre Clastres* (Sens&Tonka, 2011). とくに、ここでのクラストルは、自ら明らかにした「退行」、すなわち、準-国家化する集団から逃れるために農業を放棄して「退行」する選択のことをあげておらず不十分である。この論点については、次のものも参照せよ。ジェームズ・C・スコット『ゾミア――脱国家の世界史』（佐藤仁監訳、みすず書房、二〇一三年）James C. Scott, *The Art of Not Being Governed: An Anarchist History of Upland Southeast Asia* (Yale University Press, 2009)、小川了『可能性としての国家誌――現代アフリカ国家の人と宗教』（世界思想社、一九九八年）。また、Hélène Clastres, *La terre sans mal : le prophétisme tupi-guarani* (Seuil, 1975).

*10 政治人類学の基本論点であるが、共同体を超越する次元に関与する首長や戦士やシャーマンの権力と労働の評価も問題となる。古典的なものとして次をあげておく。Georges Balandier, *Anthropologie politique* (PUF : Quadrige, 1967 / 2013).

*11 二人ではなく一人であり、これは質問者の誤認である。

*12 « Entretien avec *l'Anti-mythes* », p.18.

*13 *Ibid.*, p.18.

*14 *Ibid.*, pp.18-19.

*15 *Ibid*., p.19. これに続き、クラストルは国家権力と家長権力を区別していく。これは当時の論争に関わるが、クラストルの見解は原始社会研究に由来するとは言えないであろう。

*16 *Ibid*., pp. 19-21. 質問者は、原始社会に男の空間と女の空間の分割が存在することについて問うているが、それに対し、クラストルは、その空間分割は規範的であるだけでなく正常であると応じている。クラストルにあっては、規範は正常性へと滑り込んでいく。また、質問者は、魔法使いやシャーマンについて、そこに権力関係はないのかと問うているが、クラストルはその問いには反応していない。

*17 *Ibid*., p. 22.

*18 クラストルは、大筋では原始社会を平等なデモクラシー社会と捉えている。次を見よ。Claude Lefort, « L'œuvre de Clastres », dans Miguel Abensour dir., *L'esprit des lois sauvages : Pierre Clastres ou une nouvelle anthlopologie politique* (Seuil, 1987), Samuel Moyn, "Of Savagery and Civil Society: Pierre Clastres and the Transformation of French Political Thought," *Modern Intellectual History*, 1-1, 2004.

*19 『国家に抗する社会』、一三〇－一三一頁 (pp. 92-93)。

*20 同書、一三二頁 (p. 94)。

*21 クレンベギについては、次の専論がある。Matteo Meschiari, "Life of Krembegi according to Pierre Clastres," Gabriella D'Agostino et al., dir., *Histoires de vie, témoignages, autobiographies de terrain* (Lit Verlag, 2010).

*22 『国家に抗する社会』、一三一頁 (p. 93)。

*23 同書、一三四頁 (p. 95)。

*24 ピエール・クラストル『グアヤキ年代記——遊動狩人アチェの世界』(毬藻充訳、現代企画室、二〇〇七年) Pierre Clastres, *Chronique des Indiens Guayaki : Ce que savent les Aché, chasseurs nomades du Paraguay* (Plon, 1972)、一〇－一一頁 (p. 13)。

*25 同書、一四頁 (p. 16)。子どもの側からのジュワレの意味については、Pierre Clastres et Lucien Sebag, « Cannibalisme et mort chez les Guayakis (Achén) », *Gradhiva* [En ligne] 2, 2005.

*26「弓と籠」では、「チャチュブタワチュギは子どもの誕生といった自分も直接に関わりを持つ儀式のとき以外には歌わない」とある。『国家に抗する社会』、二九〇頁（p.97）。

*27『グアヤキ年代記』、五〇－五二頁（pp.41-42）。

*28『国家に抗する社会』、一五〇頁（p.107）。

最後のダーク・ツーリズム

『少女終末旅行』を読む

『少女終末旅行』における二つの否定

冒頭から、襟を正される。『少女終末旅行』の主人公は、二人の少女である。何か大破局が起きたその後の、人類が絶滅しかけている終末論的な世界において行動の主体となっているのは、二人の少女だけなのである。

この物語が冒頭から告げているのは、次のようなことである。すなわち、二人の人間がいるからといって、二人に性愛が芽生え生殖して子供を産んで、その子供に未来を託すといったことを期待してはならない。その二人の人間は、ともに女である。あるいはまた、二人の女がいるからといって、二人が生殖技術を利用して男無しで単性生殖して子供を産んでといったことを期待してもならない。その二人の女は、ともに少女である。それゆえ、人類が絶滅に瀕しながらも子供を産んで守り育てること、それだけが未来への希望であるといった物語は端から退けられている。つまり、映画の『トゥモロー・ワールド』(二〇〇六年)や『マッドマックス——怒りのデス・ロード』(二〇一五年)に見られるような筋立ては、この物語では最初から拒まれている。このことは『少女終末旅行』において性的なものに一切触れられていないことにも示されている。

作中、二人の少女、チトとユーリは旅の途上で、カナザワとイシイという二人の若い男に出会うが、そのとき、性的なものはまったく問題にならない。男にしても、少女たちと共同体を作るようなことには何の関心も抱かない。おのれの孤立した生活を、当然で自然なことと捉えている。カナザワは、廃墟と化した都市の地図を作成することに専念している。終末の世界を俯瞰して地理的に把握することに生きる意味を見出そうとしているかのようだ。しかし、その地図は風に飛ばされ散乱してしまう。徒労である。そうではあるが、他にやることも無いので、それを繰り返す。終わりは見えているが、終わり無き日常を繰り返す。カナザワにおいて、それは希望の代替でも絶望の隠蔽でもない。そのような意味は端的に無い。カナザワは、ただ行動しているだけだ。

一方のイシイは、都市の「外」を見るために飛行機を自作している。廃墟都市の外部へと逃走すること、それが死への旅立ちになろうとも、むしろそうであるからこそ、そこに生きる意味を見出そうとしているかのようだ。しかし、その「人類最後」の飛行はあえなく失敗する。生命を賭けることさえ、ままならない。お笑いであり、現に笑えてくる。少女は、イシイが「絶望と仲よくなった」と評する。そもそもイシイとて、世界に何の希望も無いことはわかっている。イシイは、希望の無いことを思い知らされて絶望したというのではなく、絶望は希望が無いこと以上ではないことを自覚しただけだ。このようにして『少女終末旅行』は、希望と絶望をめぐる現代思想にお馴染みの構図、すなわち、生の欲動と死の欲動を性的なものに関係させながら欲望のドラマを語りたがる精神分析的な構図を退けていく。

以下、『少女終末旅行』が示す二つの否定について考えたいと思う。一つは、未来の人類の子供といった表象の否定であり、もう一つは、欲動と欲望のドラマの否定である。先ず、前者の否定から論じていこう。

クィアは生殖未来主義を退ける

9・11や3・11を経て、すでに破局や災厄が起こった後の世界を想像する「ポスト・アポカリプス」と呼ばれるジャンルの作品が流行っている。また、これに関連して知識人の間では、人類の未来に関して、人類の子供だけが希望のよすがであると言いたげな議論が蔓延している。これは、倫理的責任の根源を絶対的他者性に求めるエマニュエル・レヴィナス、他者を無条件の歓待の対象とするジャック・デリダ、あるいは排除され差別された悲惨な他者のために利他主義や人道主義を高唱する各種の通俗道徳の流行を受けて、そこで語られてきた他者を、未来の子供へと投影する議論である。

このような思潮は、人文社会系の知識人に限らず、自然科学系の知識人にも、意想外の仕方で影響を及ぼしており、そこでは、アンドロイドやサイボーグや人工知能やロボットが、人間の本質を再現したり代替したり縮約したりするものとして、人類の後を継ぐべき子供であるかのように見なされている。同時に、かつての他者論における他者が善人であるだけではなく悪人でもありうると見なされていたように、自然科学的な語りにおいては、それら人類の子供は天使的でも悪魔的でもありうるものと見なされている。このような思潮の影響が、さまざまな文化に現われていることは指摘するまでもないだろう。

『少女終末旅行』は、そのような思潮に対してきっぱりと否を発している。リー・エーデルマンは、未来の子供に希望を託す主張、言いかえるなら、未来を子供と同一視する主張を「生殖未来主義（reproductive futurism）」と呼び、これに対して、生殖未来主義を断固として拒絶する立場を「クィア（Queer）」と再定義しているが[*1]、『少女終末旅行』はその意味でまさしくクィアな作品になっている[*2]。生殖未来主義については、そのヴァージョンをいたるところに見出せるが、ここでは二人の論者を例にとっておく。澤野雅樹は、『絶滅の地球誌』（二〇一六年）で次のように書いている。

> 新たに提案されるべきなのは、未来の視点を、暴力の贄に選ばれた第三者の位置から救出し、司法的な第三者、すなわち利害関心が最小であるがゆえに我々の行動を左右する力を付与された者の位置に固定することである。〔……〕その者は、原理的にまだいないが、モデル化することは可能である——例えば、必死に泣きじゃくる赤ん坊や、どうしても笑顔を見たい憧れの人など、対称的な関係項を占めていないにもかかわらず、私たちを行動に駆り立てずにはおかない存在をモデルにして築かれるべきだろう[*3]。

はっきりしているのは、まだゲームが許されており、それが可能なのは、私たち人間だけだ、ということである。未来から招喚すべき者たちの姿——それもまた、今や人間に限らない。利害関係の外部に置かれたがゆえに滅びようとしている者たち、例えば残り三頭になったキタシロサイがアフリカの平原で群れをなして暮らしている光景でもいいし、絶滅を宣告されたニホンカワウソが水辺で子育てに精を出している様子でもいい。かれらの姿を準拠フレームに招喚できれば、未来を生きる者たちの肖像は限りなく過去の死者たちの遺影に似てくるだろう――生まれることができなかった者たち以上に死者に近い者たちは他にいない……。／ありうべき投機（投企）の行方は、それゆえ利害の第三項に「かれら」を呼び出し、思考の構図に変更を迫ることから始まるだろう[*4]。

ここで示されている未来＝子供は、「赤ん坊」、「憧れの人」、「キタシロサイ」、「ニホンカワウソ」などであり、存在しないものの「肖像」であり、過去の死者の「遺影」であって、そのような未来＝子供（だけ）が、「我々の行動を左右」し、「私たちを行動へ駆り立て」、「思考の構図に変更を迫る」というのだ。大澤真幸の『可能なる革命』（二〇一六年）においても、より世俗化された形で、まったく同様の議論が語られている。

何らかの意味で、〈未来の他者〉を「われわれ」の意志決定に参加させなくてはならない。「われわれ」の意志決定が、〈未来の他者〉の希望を（も）反映している、〈未来の他者〉からの要請に応答している、と見なしうるものでなくてはならない。このような意味において、現在のわれわれは〈未来の他者〉と連帯できなくてはならない。／どうしてなのか。そう考える理由は簡単である。われわれが現在、何ごとかを政治的に決定したとすると、そこから利益や幸福を得るのも、そこから不利益や苦難がもたらされるのも、現在の「われわれ」自身だけではなく、それ以上に、〈未来の他者〉、未だ生まれてはいない将来の他者たちだからである。要するに、われわれの決定は、われわれ自身よりも〈未来の他者〉の幸福／不幸や生存を規定しているのだ。原発の建設のことを思えば、このことはただちに理解できるだろう。地球温暖化への対策や人口をめぐる政策（少子化対策）にも、もちろん同じことが言える*5。

澤野や大澤によれば、未来＝子供は存在していないにもかかわらず、それは「希望」を所有し、「要請」を発し、「幸福」になったり「不幸」になったりするというのだ。そして、『少女終末旅行』が退けるのは、まさにこのような生殖未来主義なのである。

未来に対する責任は無い

現在、こうした議論は、きわめて説得力のあるものとして受け止められている。しかし、遠い将来であれ近い将来であれ、人類や生物や環境の絶滅の可能性を回避するための根拠が、いまだ存在しないものの名をもって与えられるしかないというのは、どこか頽廃してはいないだろうか。未来の他者は、存在していない。それは、端的な無である。そのような無に与えられているにすぎない名でもって、現生人類を断罪し、現生人類の責任を問い、現生人類を拘束したがる多数派はどこか病んでいる。それはまさに、存在しない（であろう）ものに与えられた名にすぎない「神」という名でもって、現生人類を支配し統御したがる神政政治の聖職者の振る舞いそのものである。未来の子供の名を出せば現在の争点を統制できると思うこと自体がどうかしている[*6]。どうしてそれほどまでに未来の子供にすがりたいのか[*7]。そこには、子供一般に対する過剰な思い入れも働いているだろう。

現実にはまったくそうはなっていないのに、誰もが新生児の誕生を喜ぶのが自然であり当然であると見なされている。また、現実にはまったくそうはなっていないのに、新生児は絶対的他者のモデルであり無条件に歓待すべきであり、そこに倫理の源泉があるとまで語られている。しかし、それらは語の精確な意味において、虚偽意識である。リー・エーデルマンは、そのような生殖未来主義について次のように書いている。

政治は、たとえ特定の選挙民がより望ましい社会秩序をラディカルな仕方で望んでいるとしても、その核心は保守的である。ある構造を肯定し、社会秩序を真正なものとする点で保守的なのである。政治は、その構造や社会秩序を未来に引き渡そうとする。その未来は、内なる〈子供〉(inner Child) の形態をとる未来である。〈子供〉は、いかなる公認の政治にとってもその永続的な地平となっており、いかなる政治的な介入にとってもその幻想的な受益者となっている。中絶の権利論者でさえ、生殖するか否かの選択を通して自身の身体をコントロールする自由を促進しようとしながら、その敵である反中絶論者とまったく同じように、「われわれの子供のための闘い、われわれの娘や息子のための闘い」として、また、未来のための闘いとして、自分の政治的闘争を繰り返し枠付けてきた[*8]。

エーデルマンによるなら、ラディカルな論者でさえも生殖未来主義に陥るほどに、この虚偽意識は強力である。しかし、それはあくまで虚偽であるからには、別に真理があるに違いない。エーデルマンは、こう問いを立てている。「その場合、「子供のために闘う」のではないということは、どのような意味になるのだろうか。いかにして別の「サイド」に立てるのだろうか」と。そしてエーデルマンは、その別のサイドこそがクィアであると主張する。すなわち、「クィアネスは、「子供のために闘うこと」のない者のサイドを、生殖未来主義の絶対的価値を認める政治のコンセンサスの外のサイドを名指すのである」[*9]。続けてエーデルマンは、そのクィアな者は「より完全な社会を作り出す」ためにも闘わないのであって、そのようなクィアな否定性は「思考不可能で無責任で非人間的」と見なされるであろうと認めていく[*10]。

ポスト・アポカリプスものの大半は、その核心では「保守的」である。いかに破局が進もうとも、いかに絶滅が迫ろうとも、守るべき何かがあるとして、その真正なるものを維持し、継承しようとする筋立てになっている。言いかえるなら、ポスト・アポカリプスものの大半は、現在の社会において、いかなる犠牲を払ってでも守るべきものがあると説教し、教育しているのである。キリスト教において「黙示」を意味する「アポカリプス（Apocalypse）」は、現世的な善悪や正不正の区分とは無関係に何でも破壊し尽くす出来事でありうるにもかかわらず、秘かにそのアポカリプスの破壊的力に制限をかけ、現世的に後生大事に守られているものだけは存続させ、それを今度は、ポスト・アポカリプス的状況においても、いかなる犠牲を払ってでも守るべきものであると教え諭しているのである。そして、ポスト・アポカリプスものでそのように守られるべきものとして差し出されているのは、ファミリーであり、リベラル・デモクラシーであり、LGBTなどを包摂する性的秩序であり、人間の食料をめぐる制度である。

『少女終末旅行』は、そこにも否定の刃を向けている。次に、『少女終末旅行』の核心にある筋立てを見ていこう。

未来の人類の子供としての「ヌコ」

カナザワの話すところによると、『少女終末旅行』の世界では、昔の「戦争」で人間がほとんど全滅し、「100年以上前」に自分たちの「祖先」が、「古代人」の作った「階層型の都市」の廃墟に住み着いたようである。「古代人」は黙示的な終末をもたらし、「祖先」はポスト・アポカリプスの時代を生き始め、その果てに、ポスト・アポカリプス時代そのものが終焉を迎えかけている。

チトとユーリは、「保存食」と「燃料」を探しながら、廃墟都市を移動していく。その途上で、さまざまな廃墟を――「古代人」が作った寺院、軍事基地、食料生産設備、集合住宅、ロッカー式の墓、宇宙ロケット発射基地などの廃墟を巡っていく。ダーク・ツーリズムである。もともと、この階層都市は、居住不可能で棲息不可能となった地球生態系から独立して、環境的に閉鎖系をなすように作られていたようであり、各階層の基盤にあたる場所では、高度な科学技術の所産である「自律機械」が都市環境の維持や管理を行っていたようである。「古代人」の戦争によって地球環境は極度に寒冷化し[*11]、人間以外の生物は全滅し[*12]、人類もほとんどが死滅しながらも、おそらくは専制的で賢明な小集団が、その科学技術の知と権力を駆使して、要塞でもある閉鎖都市を建設したわけだが、今度は、それら要塞都市間の戦争によってほとんどが破壊され、終に廃墟都市が一つしか残らなかったようである。

ところが、不透明なのは、その廃墟都市に住み着いた「祖先」が、階層社会に分かたれていたとはいえ、基本的に同胞であり味方であったはずなのに、どうして絶滅しかけているのかということである。破壊を免れて残った「自律機械」は人間に対してフレンドリーであり、それらが暴走したわけでもなさそうである。では、何のために「祖先」は戦争へ走ったのか。他にやることが無くなって、殺し合いに生きる意味でも見出したのか。

謎を解く鍵は、チトとユーリが遭遇する生き物らしきものに隠されている。それは「ヌコ」と呼ばれるが、人間の言葉を理解することができるだけでなく、人間の脳にダイレクトに作用して言葉を送信することもできる。そして、任意の機械を操作することができるので、都市の基盤を維持する機械群を管理するものであったのかもしれない。あるいはむしろ、残された映像から推測するに、「祖先」は機械群の内部に機械そのものが「進化」するための機構を導入していたようであり、ヌコはその最終進化形態であるのかもしれない。おそらく「祖先」は、人類の絶滅を予期して、未来を託すべき人類の子供として、人類の全能力を用いて高等生体‐機械を「生殖」しようとしたのである。ヌコは、人類に残された最後の希望であったはずである。実際、ヌコは都市の彼方此方に立てられている石像、とくに巨大な墓の空間に据えられた石像と同じ形をしている。ヌコは、人類の信仰の対象であった。それだけではない。ヌコは、人間が死ぬときに口から吐き出される魂と同じ形をしている。ヌコは、人類の魂であり、人類の亡霊であり、都市の霊魂である。生殖未来主義の象徴なのである。

ところが、問題はヌコの食べ物である。ヌコは機械を食べる。精確な事情には読み取り難いところがあるが、ヌコは、高エネルギー状態で不安定な状態にある機械——安定的に作動していない機械、廃物と化しつつある機械を「処理」、つまりは食べることで、おのれのエネルギーとしているようである。実際、ヌコはそのような機械をすべて処理し終えた後には、みずからも「眠る」と語っている。つまりヌコは、死滅を予定されている生体‐機械、絶滅を運命づけられている機械圏の最終進化形態、終末を迎えつつある人類の子供なのである。そのヌコが呟く。「ニンゲンハ……コワイ」と。これは何事なのか。

「ニンゲンハ……コワイ」

廃墟都市には、死体が一つも見当たらない。骨の欠片も落ちてはいない。あの墓には、小物が遺物として収納されているだけで、骨も灰も無い。大戦争が繰り広げられたはずなのに、人間の死体は跡形も無くなっている。廃墟都市には魚の死体が凍り漬けになって残っていたのに、人間の影すら無いのである。死人も含めて、「めったに人に会うこともない世界」になっているのは、どうしてなのか。

「古代人」の戦争の後に生き残って生き延びた「祖先」も、互いに争った。その原因は、「古代人」由来の保存食以外に食料が無くなり、人間を食料とせざるをえない状況になったからに違いない。食べるために殺したのである。生の欲動が、殺す欲望として現われる死の欲動と一致したのである。しかし、共食いだけが生存戦略となってしまえば、人類の絶滅を加速するだけになる。生の欲動は、死の欲動へと雪崩れ込む。だからであろうか、絶望の時が来るのはわかっていても、それを遅らせることに希望を見出したくなったのであろうか、そのとき、それが人間による計画か「自律機械」による計画かは定かでないが、ヌコが人類の子供の位置を占めて、死んだ人間を不安定な廃物として「処理」するようになったのであろう。それは、人間の共食いを抑止するためでもあったはずである。実際、ヌコがユーリを呑み込んで吐き出した後に語っているように、「我々は生きている人間を食べたりはしない……」のだが、死んだ人間は食べるのである。そして残った人間は、カナザワやイシイがそうしたように、共食いを避けて、他人からできるだけ離れて孤絶して生き延びているが、死の時が来たらヌコに「処理」され、その魂は、亡霊的な生体－機械に吸収されて、しばらくは存続するだろう。このようにヌコは、人間の生の欲動と死の欲動の絡み合いを超越しているのである。

この推測には傍証がある。それは、ユーリが空腹のまま眠っているときに、チトの腕を呑み込もうとしているエピソードである。ユーリは「そもそも何も覚えないので、忘れることもない」のだが、その生存能力には「祖先」の記憶が刻み込まれているのだ。

生の欲動と死の欲動

エーデルマンは、精神分析的構図に従って、生の欲動と死の欲動の対概念によって、人間の振る舞いを分析している。エーデルマンによるなら、生殖未来主義を衝き動かしているのは生の欲動である。ポスト・アポカリプスものに即して言うなら、危機の只中にあって、各人がおのれの生命を守らんとする欲望、各人は死を免れないがゆえにということで次世代の生命を守らんとする欲望がドラマを駆動しており、その根底で生の欲動と死の欲動が働いているということになる。そして、そこに性的な欲望も絡まることになる。

これに対してエーデルマンは、生殖未来主義の否定を、純粋な死の欲動に割り振っている。しかも、未来の子供を決して産みようのない性的なもの、その意味で不毛である性的なものが、次世代の生存よりは次世代の無化を望んでいると言える限りにおいて、また、そのような性的なものを生きることが、人間の一人であるおのれの死も望んでいると言える限りにおいて、クィアな性の根底では、純粋な死の欲動が働いているとする。

いまは、エーデルマンの議論における男性同性愛をめぐる立論は捨象して単純化しおくが、そのエーデルマンの構図を用いるなら、ポスト・アポカリプスものにおいて、生き残って生き延びて性を介して生を引き継ごうとするヒーローやヒロインたちは生の欲動と死の欲動の絡み合いによって動かされているのに対し、そのような営為を拒絶したり妨害したりするアンチ・ヒーローやアンチ・ヒロインたちは純粋な死の欲動によって動かされているということになる。前者が天使的なら後者は悪魔的であり、前者が建設的であるなら後者は破壊的であるということになる。つまり、エーデルマンの構図はすっぽりとポスト・アポカリプスものの枠内に収まっている。むしろ、私の見るところ、エーデルマン自身がポスト・アポカリプスものの文化表象に囚われて、生と死と性について思考している。

この構図に従えば、『少女終末旅行』は、少女たちが純粋な死の欲動に突き動かされるようになるドラマであるようにも見える。しかし、そうではなかろう。

「もう落ちてくるものもない」

チトとユーリは、いずれ食料が途切れることを知っている。そして、一方が他方を食えば、しばらくは生き延びられることも暗に諒解している。しかし、最後の人間がそのようにして生き延びたところで、いや、そのようにしなかったところで、何の違いも無いこともわかっている。それでも、どうしたわけか、二人は最上層を目指して移動してきた。何を目指していたのか。何も目指すべきものは無いので、ともかく俯瞰できそうな高所を目指しておくということだったのだろうか。「私たちって、どうして上に向かってるんだっけ?」。

二人の少女を育てていた男は、戦場から逃れて塔を上へ登れ、ともかく下には行くなと指示したようだ。おそらく、共食いが下層から始まったから、そのように指示したのであろう。ところが、いまやヌコの告げるところでは、最上層以外で、人間は少女二人だけとなった。カナザワもイシイも死んだのである。二人の少女は、もはや他人から逃れる必要も無くなった。

二人の少女は、最後の人間である。最上層を目指す途上で、宇宙ロケット一機が宇宙空間に出たとの記録が残っていたが、そのロケットは大きくはなく、乗り組んだ人間はすでに滅んだことであろう。そして、車両にも「寿命」が来る。機械圏も静まり始める。

二人の少女は、暗く長い階段を歩いて昇っていく。書物も日記も、雪を溶かして水にするために燃やされる[*13]。「歩く、燃やす、眠る、歩く」の繰り返し。そして、最上階へ。最後の人間の死に場所へ。

「もう落ちてくるものもないか……」。天上に星は見えるが、落ちてはこないだろう。もはや災厄も救済も降りてこないだろう。もはや絶望も希望も到来しないだろう。そして、ヌコが昇ってきて、その使命を果たし、やがてヌコも「眠る」だろう。そして、「地球は終わる」。

真のポスト・アポカリプスは、本当に地球を終わらせる。最後の人間は、終末の途上におけるダーク・ツーリズムに多少の感慨を覚えるかもしれないが、性的に振る舞おうとする欲望も、生きようとする欲望も、死のうとする欲望も、すでに虚しいことを知っている。人間として、また、人類として死を迎えることには、何の意味も無い。保存し、継続するべきものを破壊するという意味すら無い。現代思想的な思い入れも、精神分析的な分析も、まったく意味が無い。その世界は端的に無意味であり、徹底したニヒリズムがあるだけである。『少女終末旅行』は、世の凡庸なポスト・アポカリプスものや未来論に対して、その厳粛な事実を突きつけているのである。

とするなら、その徹底的な無の場からあえて反転して、終末論的な破局や災厄を振り返ってみるなら、『少女終末旅行』から二つほどの教えを引き出すことができそうである。一つは、地球が終わろうとも天界は存続するということ、その意味で、天界は守るべきものではないということ、それに対して、守るべきものとしては、少女にあっては二人でいること、男たちにあっては互いに孤立していることであり、そして、人間は人間以外のものを食べ物とするべきであるということである。そして、もう一つの教えは、仮に徹底的な無を避けたいというのであれば、「古代人」と「祖先」の戦争や破壊の進め方がうまくなかったということである。

アポカリプスものにせよポスト・アポカリプスものにせよ、大災厄や大破局の恐るべき破壊的な力の魅力を、ときに倒錯的に描き出していると見られがちであるが、私はまったくそのようには捉えていない。そこで描き出される暴力像はあまりに通俗的であって、保存されるべきものと破壊されるべきものの区分にしても、あまりに保守的である。つまり、何を壊すべきか、何を守るべきかを考え抜いていないのである。『少女終末旅行』もこの難点を免れていないが、それでも、その否定の力は、最後のダーク・ツーリズムを微かに楽しみながら、死へと向かっていくその道行きの静謐な外見に反して、強烈なのである。

*1 Lee Edelman, *No Future: Queer Theory and the Death Drive* (Duke Univerdity Press, 2004).

*2 クィアな子供の作品になっていると言ってもよい。そのジャンルの作品については、Steven Bruhm ed., *Curiouser: On the Queerness of Children* (University of Minnesota Press, 2004), Kathryn Bond Stockton, *The Queer Child: or Growing Sideways in the Twentieth Century* (Duke Univerdity Press, 2009).

*3 澤野雅樹『絶滅の地球誌』（二〇一六年、講談社）、三四六頁。

*4 同書、三五三頁。

*5 大澤真幸『可能なる革命』（二〇一六年、太田出版）、一九六頁。大澤は未来の他者論の弱点を補うために前未来論を援用しているが、議論を少しばかり錯綜させるにとどまっている。

*6 このような宗教性は、世代間倫理にも見て取ることができる。結局は生殖未来主義に安直に屈している点で私は賛同できないが、世代間倫理の構成については、次のものがよい案内になる。佐野亘「人類絶滅を許容・肯定する議論について」『人間環境論集』（五号、二〇〇六年）、吉良貴之「世代間正義論——将来世代配慮責務の根拠と範囲」『国家学会雑誌』（一一九巻五‐六号、二〇〇六年）。

*7 最大限譲歩して言うとして、希望を賭けるべき未来の他者は、子供ではなくむしろ大人であろう。にもかかわらず子供が好まれるのは、非力な弱者への同情道徳に耽溺しているからである。私自身は同情道徳はさほどわるいことではないと考えているが、それが向けられるべきは先ずは現在の人間である。

*8 Lee Edelman, *No Future: Queer Theory and the Death Drive* (Duke Univerdity Press, 2004), pp. 2-3.

*9 *Ibid.*, p. 3.

*10 *Ibid.*, p. 4

*11「短期」的には温暖化しながらも、「長期」的には地球は寒冷化しているという知見がある。多田隆治『気候変動を理学する——古気候学が変える地球環境観』（二〇一三年、みすず書房）を参照。この意味では、産業主義は寒冷化を阻止し、産業主義の終焉は寒冷化を加速すると言えなくもないわけである。

*12 精確には、廃墟都市で唯一機能している水槽に、機械による管理の下で一匹だけ魚が生き残っている。しか

し、あくまでも一匹だけであり、その種の絶滅は確定している。

*13 書き言葉には遺言めいたところがあり、書き手の死後に誰かがそれを読むことを当てにしているものだが、いまやチトの言葉を拾い上げて読み上げる人間も機械も存在しない。この点で、『少女終末旅行』においては映画『ザ・ウォーカー』(二〇一〇年)に見られるような筋立ては退けられている。

類としての人間の生殖　婚姻と子供の聖化について

一　異性愛批判の行方

　少数派が声を上げるとき、多数派は告発されていると受け止めるのが常であった。一般に少数派は被抑圧者であるから、多数派は抑圧者であると糾弾されていると受け止めるのが常であった。そして、往々にして両者の関係は平等や正義に反するから、多数派の側は、再分配の行政、承認の政治、文化の産業などで応答してきたが、それでも多数派は何か罪に似たものを負っており、それは容易くは赦されないと思われていた。多数派でさえも、そのような精神に影響された時代があった。

　性的少数派についても、同じようなことが起こっていた。異性愛者は告発され糾弾されていると受け止めるのが常であったし、異性愛者は、差別者や抑圧者であることを自己批判するだけでは足りず、そもそも異性愛者として生活すること、異性愛者として存在すること、まさに異性愛者であることそのことに何らかの罪があると思われていた。だからこそ、平等で正義に適った異性愛関係を構築するだけでは足りず、同性愛が自然に反し汚辱に塗《まみ》れた愛と見なされたからには、今度は異性愛こそが自然に反し汚辱に塗れた愛でしかないと見なされるべきであり、異性愛者が同性愛者の側に立つことができるのは、異性愛者であることを自己否定すること以外にはありえないと考えられていた。

もとより、このように考え詰めた者は、ごく僅かであった。僅かではあったが、その否定性は強烈であり、その強度によってそれなりの影響を及ぼしていた。ところが、いつの間にか、詰まって疲れたのだろうが、多数派の罪科の意識は、抑圧者意識や加害者意識が亢進して疚しき良心が過剰になった状態にすぎないと見なされるようになった。しかも、再分配や承認でもって正しい社会に向かって歩んでいる限り、病理的な意識のことなど顧みなくてもよいと見なされるようになった。いつの間にか、多数派は、良心的であるにしても決して疚しくはならずに済ませられるようになり、臆することなく共生を語れるようになった。そのうち、異性愛を否定する声も小さくなり、異性愛者は自信を取り戻したのである[*1]。

しかし、注意しておくべきだが、異性愛批判の声が完全に途絶えたわけではない。しかも、その批判は、必ずしも少数派から発せられているのではなく、多数派の内的な抗争から生じてきた。そのときの主題は、わけても生殖であった。不妊治療技術の適用対象をめぐる議論を想起してみよう。多数派は、不妊を定義しなければならなかった。そして、不妊と見なされうる異性愛カップルを定義しなければならなかった。さらに、自然に生殖できないカップルに対してその生殖を支援することを正当化しなければならなかった。そのとき、多数派は、異性愛カップルの中に分割線を引いて適用対象を定めなければならなかったが、まさにそのことによって、非‐異性愛カップルの一部を適用対象として出現させることになった。また、種々の生殖技術の適用対象をめぐる議論を想起してみよう。そこでも、多数派は、異性愛者の中に分割線を引いて、その一部に生殖技術の適用を認めた途端に、その適用基準を満たしてしまう非‐異性愛者を出現させることになった。同じことは、養子を得て養親となる者の資格をめぐる議論でも起こってきた。多数派は、異性愛カップルなら誰にでも養親の資格があるとはしておらず、異性愛者を適格な者と不適格な者に分割してきたが、そのとき、非‐異性愛者にも適格者を出現させることになった。これまで多数派は、多数派内部での任務分担に従って、一方で、それまでの異性愛批判も流用しながら、適格な異性愛者と不適格な異性愛者をさまざまな仕方で分割してきたが、他方で、正しい異性愛者の適格性を満たすような非‐異性愛者を選り分けて光を当ててきたのである。

この間の推移は、一見したところ、性的少数派である非‐異性愛者の主導で進んできたように見える。しかし、控え目に言っても、そのような見方は一面的である。例えば、非‐異性愛の男性が切迫する病死の定めに抗して立ち上がることによって、薬物の治験基準が変更されたと見なされている。しかし、多数派は、それ以前から実質的に治験基準を緩和し始めており、少数派の異議申し立てを取り込む形で、治験を中心とする医薬産業を一挙に拡大したと捉え直すべきである。また、例えば、非‐異性愛の女性カップルが人工授精技術の適用を求め始めたために、多数派は適用範囲の拡大を考え始めたように見えている。しかし、多数派が、法的な婚姻関係にある異性愛カップルだけに人工授精技術の適用を限定する理由を見出せなくなっていただけではなく、その市場を拡大しようとしていたがために、そのような非‐異性愛者の要求が可能とされてきたと捉え直すべきである。同じことは、他の種々の事例についても指摘することができるだろう。

新奇に見える事態を作り出すのを主導してきたのは、多数派の異性愛者なのである。

現在の多数派は、異性愛一般を否定することもなく自信に溢れているが、異性愛者の一部に数々の問題があることは大いに認めている。しかも、異性愛者の一部を非難する声をますます強めている。そして、多数派が、悪しき異性愛者を排除しようとして何らかの分割線を引こうとするや否や、政治的にも道徳的にも正しいと認めざるをえない非‐異性愛者が現われ出てくる次第となっている。このとき、多数派が、正しい性と生殖の秩序を設立して維持しようとするなら、一方で異性愛者の中に分割線を引いて悪しき異性愛者を排除しながら、他方で正しき異性愛者と正しき非‐異性愛者の協同を確立しなければならなくなっている。その焦点をなすのが婚姻と生殖であるが、いささか驚くべきことに、そこで多数派の主流派が戦略としているのは婚姻と生殖を聖化することである。多数派に対していかなる態度をとるにせよ、現在の主流派の婚姻観と生殖観は、世俗化されているとはいえ実は宗教的であることを認知しておく必要がある。

二　婚姻の聖化

二〇一五年六月二六日、米国連邦最高裁判所は、婚姻制度にアクセスする権利を同性カップルに認めない州法を違憲無効であると判示したが、アンソニー・ケネディ判事は、高揚した口調で、法廷意見を次のように締め括っている。

婚姻以上に深遠な結合はない。それは、婚姻が、愛・忠誠・献身・犠牲・家族の最高の理想を体現するからである。婚姻結合をなすとき、二人は、それまでより偉大なものになる。ある原告が示しているように、婚姻は過去の死をも越えて続くような愛を体現している。原告の男性や女性が婚姻の理念を尊重していないと語るとしたら、誤解になるであろう。原告が申し立てていることは、婚姻の理念を尊重しているということ、とても深く尊重しているので自らそれを実現したいと願っているということである。原告が希望していることは、文明の最古の制度の一つから排除されて、孤独な人生を宣告されないということである。原告は、法の眼から見ての平等な尊厳を求めている。合衆国憲法は、原告にその権利を認める[*2]。

法廷意見によるなら、婚姻は「深遠」であり「最高の理想」を体現し、「二人」を「偉大」にする。婚姻は現象的には二人の相互の愛であるが、そのことを反省的に捉え返すなら、婚姻は本質的には、二人の死別を乗り越え個体の死を超越するものへの愛、「孤独な人生」を超越するものへの愛、孤独な死を超越して生き延びるものへの愛である。まさしく婚姻は聖化されているわけであるが、松田和樹によるなら[*3]、この判決にも見られる同性婚承認の論理は、一九九〇年代からの同性婚合法化運動の主張と通底しており、それによるなら、異性間か同性間かを問わず「二者間の性愛に基づく結合」は崇高な理想を体現するから、法はその関係を保護しなければならないとするものである。この論理に対して、松田和樹は、崇高な理想を体現する結合とそうではない結合を公権力が分類するのは間違えていると批判を向ける。そのように法的に分割線が引かれるなら、「三者以上で性愛関係を営む人々、近親婚をしたいと望む人々、他者と性愛関係を取り結ぶことに価値を見出さない人々、離婚者、シングル・ペアレント、独身者」などに加えられてきたスティグマが解消されないからであるというのである。ここで標本のごとく列挙される事例を個別に考えれば明らかだが、その多くは崇高な理想を求める結合ではないので、公権力による分類で排されるものの事例としては不適当である。事は同性の二人の分類に関わっているのであるが、その場合も、同性婚の法的認可は同性愛に加えられたスティグマの解消を目的としているわけではないし、法的認可がその契機になるか否かという以前に、法的認可を一つの契機とする婚姻観の変容をそれとして認知しておく必要がある。松田和樹は、同性婚の法的承認の論理にも見出される婚姻観ついても、次のような評価を行っている。

婚姻と結び付いてきたのは、単なる性差別（sexism）でもなく、単なる異性愛規範（heteronormativity）でもなく、そして単なる性別二元制でもなく、或る種の二元的で異性愛的なセクシュアリティ——即ち、終身的単婚のもとで次世代再生産を目標とする家庭内のセクシュアリティ——を「善」や「正常」などとし、それ以外のセクシュアリティを「悪」や「異常」、「不完全」などとするような意味秩序、即ち〈ヘテロ〉セクシズムなのである[*4]。

通例の婚姻観の核心にヘテロセクシズムがあることは確かであるが、私の見るところ、同性婚の法的認可の論理に、「終身的単婚のもとで次世代再生産を目標とする家庭内のセクシュアリティ」の規範化を見出すのは、少なくとも引用した結語の文言の限りでは当たっていない。また、次世代再生産についても、法廷意見全体を通して別の意味が与えられているのであって、それをヘテロセクシュアリズムと評価するのは当たってはいない。事態は、紋切り型の批判が空振りする仕方で進んでいるのである。法廷意見は、原告が「婚姻の重要性」と「婚姻の権利と責任」を尊重し必要としていることを説得的に説明するために、とくに三人の原告の事情を取り上げている。

オハイオ州での訴訟の原告であるジェイムズ・オーバーグフェルは、二十年以上前にジョン・アーサーに出会って愛し合い共に暮らし始め、その関係を継続すると契ってきた。しかし、二〇一一年に、アーサーが筋萎縮性側索硬化症（ALS）と診断された。この疾病による衰弱は進行性であり、治療法は知られていない。二年前に、オーバーグフェルとアーサーは互いに契って、アーサーが死ぬ前に結婚する決意をした。その約束を実行するため、二人は、オハイオ州から、同性婚が合法であるメリーランド州へと旅した。アーサーは移動が困難だったので、そのカップルは、バルティモアの飛行場に着いた医療用飛行機の中で結婚式を挙げた。その三か月後、アーサーは亡くなっている。オハイオ州法では、アーサーの死亡証明書の配偶者欄にオーバーグフェルの名を記載することは許されていない。その法令のせいで、二人は死に際しても無縁のままでいなければならないのである。オーバーグフェルは、州に強いられた分離によって「残る人生が傷つけられた」と捉えている。〔……〕エイプリル・デブールとジェイン・

ロウズは、ミシガン州での裁判の原告である。二人は、二〇〇七年に、その永続的関係を契る儀式を行った。二人とも看護師であり、デブールは新生児部門で、ロウズは救急部門で働いている。二〇〇九年に、二人は、男の子を養育し、次いで養子とした。その後、同じ年に、もう一人の男児を家族に迎えた。その子は早産で生まれたが、母親が育児を放棄したため、二四時間体制のケアを必要とした。翌年には、特別なニーズを持つ女子が家族に加えられた。〔……〕しかし、デブールかロウズに万一のことが起こったなら、残りの一人には養親資格が認められていないために子供への法的権利を持てない。このカップルが求めているのは、未婚状態によって引き起こされるこのような人生上の不確実性からの救済である。〔……〕テネシー州での訴訟の原告である陸軍予備軍一等軍曹アイプ・デコーと彼のパートナーであるトマス・コストゥラは愛し合っていたが、二〇一一年に、デコーがアフガニスタンへの配属命令を受けた。出発の前に、二人は、ニューヨークで結婚した。一週間後にデコーは配属され、約一年を経て帰還後、二人はテネシー州に住み、デコーは陸軍予備軍でフルタイムで働き始めた。二人の婚姻の合法性は、テネシー州にいると剝奪され、州境を越えると戻ったり消えたりする。デコーは、この国に仕えて、憲法が保護する自由のために尽くしているのに、過重な負担を強いられている。〔……〕原告のストーリに示されているように、原告が求めるのは、婚姻を汚すこと(denigrate)ではなく、婚姻の絆によって結び付けられた自分の人生を生きることであり、婚姻の絆によって結び付けられた配偶者の記憶に敬意を払うことである[*5]。

読まれるように、法廷意見で典型として差し出されているのは、第一に、難病と死別を越えて互いの愛の繋がりを守ろうとするカップルであり、第二に、困難や障害を有する子供を育てようとするカップルであり、第三に、国家のために犠牲を厭わないカップルである。法廷意見は、そのような人間としても市民としても尊敬に値する人物が、その価値ある人生を維持するために婚姻を求めていると語っている。そして、法廷意見は、模範的同性カップルを梃子にして婚姻を聖化していく。

法廷意見は、婚姻の要諦を四つ列挙している。第一に、婚姻は、個人の自律の範囲にあり、その選択は憲法によって保護されている。婚姻は、「安全と安心」を保証し、「共通の人間性」を表現する関係である。婚姻は永続する絆であり、このことは性的指向が何であろうと、万人にとって「真」である。第二に、婚姻は他に類例のないほど重要な絆である。囚人にも婚姻の権利が認められてきたが、その理由は、婚姻が、孤独な人が呼びかけても誰も答えてくれないという恐怖を取り除き、二人が生きている限り誰かケアしてくれる人がいるという希望を与えるからである。第三に、婚姻は、子供と家族を守る点で、育児・生殖・教育に関する派生的権利を伴っている。婚姻は、永続的で安定的である点で、子供の最善の利益に適ってもいる。多くの同性カップルは、子供に対して優れた家庭をもたらしており、多くの州はそのことを法的にも認可している。しかし、だからといって、「婚姻は、子供を持たない者や持てない者にはあまり意義がない」と言っているのではない。そもそも「生殖する能力や欲望や約束は、婚姻の正統性の要件ではない」。第四に、伝統的に、婚姻は、社会秩序の要石である。この点で、異性婚にも同性婚にも変わりはない。

このように物語られ想像されている性と生殖の社会秩序を、セクシズムやヘテロセクシズムと形容することはできない。とくに法廷意見は、婚姻はそもそも生殖と切り離された結合であることを再認しながら、異性婚か同性婚かを問わず、婚姻は子供に「家庭」をもたらすとしており、その次世代再生産についての見地はヘテロセクシュアリズムを脱していると見るべきである。しかも、多くの場合に性行為が予定されていない囚人の婚姻を引き合いに出すことによって、法廷意見は、婚姻の要諦からセクシュアリティをも捨象しているのであり、その限りでセクシズムを免れていると見るべきである。もちろん同性婚の法的認可をめぐる争いは、世俗的な次元における異性婚の特権をめぐる争いであり、その限りで、世俗的な批評が加えられるべきであるが、ここで強調しておきたいのは、同性婚の法的認可を契機として婚姻の聖化が推し進められていることである。したがって、法廷意見に対して批判が加えられるべきであるとするなら、それは宗教批判や信仰批判として進められなければならないのである。

婚姻の聖化による分割線は、異性愛と同性愛の間に引かれているのではない。その分割線は、別のところに引かれている。その様子を確認していこう。

三　根源としての性的差異

シルヴィアンヌ・アガサンスキーは、同性婚制度そのものには反対していない。むしろ賛成しているが、今度は、そのことでかえって婚姻と生殖の結合に新たな意義が賦与されるかのような議論を構成している。まさにそこに、ヘテロセクシュアリズムを見出すことができるが、しかし、その異性愛主義は子供の聖化を通して理念化されていることを見ないわけにはいかない[*6]。さて、アガサンスキーは、パリテやパックスの制度化を通して、男と女の性的差異が公的に認可されるようになった次第について、よくある議論を提出する。

女が女として権利を有するという考え方は自然への野蛮な回帰であると批判され、男が男として維持してきた伝統的特権は、男の性に何も負ってはいないように見えた。共和国の守護者たちは、驚くべき無邪気さで、（中性的？）文化と性別化された自然の違いを尊重するよう訴えかけていた。まるで文化・法・政治がこれまで性別を無視してきたかのように……。〔……〕国における女の位置がついに承認されるためには、民主主義や市民権についての性的に中立的な構想を越えなければならなかった[*7]。

中立性の名の下に、男の女に対する支配関係が維持されてきたとの指摘はその通りであろうが、このとき、正されるべきは支配関係であって、必ずしも中立性のイデオロギーではない。にもかかわらず、女の地位を向上させる施策が女を名宛人としていることが、性的差異を強い意味で認めることであるかのように語られる。この議論を「無邪気」に認め難いことは、他の支配関係を念頭に置けば直ぐに気づかれるはずである。例えば、抑圧民族が被抑圧民族を支配していて、それを正そうとするとき、両者の差異を何であれ一律に認める必要があるはずがない。その際の正義概念が平等概念であるなら、両者の差異を前提としながら平等に処遇すべきであることになるが、その際には支配・被支配に由来する差異を言えば十分に足りるはずである。ところが、近年の新たなアファーマティヴ・アクションやポジティヴ・アクションを通して、性的差異を何としてでも強く肯定し、返す刀で、男女の関係を豊かに描き出したがる傾向が強まっている。アガサンスキーは、このような観点から性的差異を肯定するべく、中立性の主張があたかも性的差異の無化を主張してきたかのように想定して、次のような恫喝をかけている。

差異の解消という理想や、かつて言われていた「ジェンダーの消滅」という理想は、個体の画一化を目指しており、全体主義的な幻想を構成していると言えるだろう。類似性によって葛藤から解放された同類たちの社会の夢ほど悪しきものはない[*8]。

性的差異に由来する葛藤から逃れようとするのは、それが個体を画一化する全体主義かどうかは措くとしても、あまり意味のない夢であると言えるかもしれない。しかし、ここで注目しておきたいのは、アガサンスキーが、『創世記』神話を想起するかのようにして、性的差異の消滅の理想を、人間の堕罪以前の状態を夢想することであると語ってみせることである。

ある意味で、性的差異は、欠如の論理から発する。別の意味では、性的差異は、二重の去勢という観念を示唆する。男も女も「全的な人間」ではないのである。〔……〕男女の二択は万人に適用されることを考慮して、男女二択を否認する形而上学的主体の側に欠如を置くこともできるかもしれない。それは〈中性的な主体〉であり、いわば天使的で性別の外にある堕落以前の存在者であるが、このような形像は、哲学的でも宗教的でもある「純粋性」の夢を示している。こうした夢は混在の不安でもあるが、それによっては人間の分割を乗り越えられないので、常に最後には、二重ではなく単一な人類という幻想に固着する。しかし、この単一性の夢にはモデルがないから、その夢は片方の性によってしか表象されえないのである*9。

アガサンスキーは、『創世記』では人類の堕落以前に男と女が区別されて創造されていることをまったく無視して、堕落以前の「男女」は天使的で中性的な存在者であると解釈している。そして、堕落以前の性的差異の存立の可能性を、それは幻想であるとしてまったく認めず、性的差異は堕落以後のものでしかないと解している。とすると、アガサンスキーにとって、「純粋性」を欠いており葛藤や分裂や混成から免れない性的差異を、それでも肯定するにはどうすればよいのかという問いが立てられてくる。まさにこの論脈で、アガサンスキーは、異性愛以外の性愛をすべてセクシュアリティに還元しながら、親子関係を持ち出してくる。

性的指向は実はセクシュアリティに関わるが、性的差異は常に生殖や親子関係と関連して定義されてきた。パックスによる同性愛の（合）法化は、家族や婚姻と直接の関係はない。婚姻は異性愛を（合）法化するために制度化されたと彼方此方で書かれているが、そうではなくて、親子関係を規制するために制度化されたのである[*10]。

パックスの目的は、ひいては同性婚の法的認可の目的は、婚姻の適用範囲の拡張にあるのではなく、親子関係の安定化にあるというのである。そして、この論脈で、異性愛カップルだけではなく、単身者や非‐異性愛者が親子関係を担っている経験的事実が持ち出され、その法的な追認のためにパックスや同性婚が制度化されたとアガサンスキーは主張する。そして、このことは非‐異性愛者を含む万人にとって歓迎されるべきことであると示唆しながら、その種々の親子関係の核心には男女による生殖があると主張していく。「生殖の領界における性の二分法の必然性を消去することはできない」[*11]というわけである。ここで注意しなければならないが、このことは、単なる生物的事実として差し出されているのではない。それは単なる生物学的な本質主義ではないのであって、男女の標準的な親子関係から外れている種々の親子関係を可能にする歴史的なアプリオリとして、あるいはまた、種々の親子関係の経験を可能にする超越論的な条件として差し出されている。さらに付け加えるなら、同性婚を含む婚姻関係そのものの可能性の存在論的な条件としても差し出されている。そのようにして性的差異は根源化され理念化されているのである。それはヘテロセクシュアリズムであるにしても、超越論的で存在論的なヘテロセクシュアリズムである。だからこそ、アガサンスキーのような人は、自信をもって、「セクシュアリティの多様性は、最終的には性的差異とは無関係である。〔……〕異性愛中心主義や同性愛嫌悪を否定すると同時に、性的差異を否定するのは理に反している」[*12]と語ることができる。このようにして異性愛者の一部は、一方で、性的差異の根源性を語って自信を取り戻し、他方で、非－異性愛をセクシュアリティに還元しその多様性を平板化する。そして、アガサンスキーは、途方もない仕方で生殖を聖化していく。

有限性の哲学は、生殖について再考するべきであり、いかに生殖は人類にとって倫理の源泉であるのか、いかに生殖が時間と超越性の体験を構成するのかを考察するべきである[*13]。

ここにおいて、有限性とは個体の死の代名詞である。個体の死を重視するなら、そして、個体の死を時間的に超越したいのなら、しかも、それを倫理として考えたいのなら、どうしたわけか、生殖のことを考えるべきであるというのである。そして、持ち出されるのは、「死すべき存在である人間が先祖や子孫ともつ関係」、類としての人間を維持するものと見なされる血統である[*14]。そして、アガサンスキーは、度し難い人間本質論を臆面もなく主張していく。

石を投げたときに落下しないように石を習慣づけることはできないだろう。それ以上に、自分が性別化されていることを忘れるように人間を習慣づけることはできないし、また、一般に、相互に欲望を持たないように習慣づけたり、自分の死後を生き延びる存在者を後に残したいと願わないように習慣づけたりすることはおそらくできない。〔……〕人間が選んだのではない条件によって、人間は愛し子供をなし死んでいくように定められている。婚姻・葬儀・親子関係規則はそうした人間の条件を思考して生きる様式である。愛・生殖・死という三つの運命は不可分であり、われわれの性別化された自然本性に由来している*15。

この類の物語をどう受け止めるべきであろうか。人間個体のほとんどが性別化されることは自然的で社会的な事実であることは認めてもよいだろうが、だからといって、ここで物語られることすべてが追認されるわけではない。その程度の注意深さすらもかき消すほど、アガサンスキーは高揚している。「自分の死後を生き延びる存在者」といった措辞は、死後の「生」、彼岸の「生」、天上の「生」を望む宗教的な願望にほかならない。人間個体が死ぬことはもちろん運命であり、人間個体が愛することも、何らかの愛なくして人間個体は生まれて生き延びていけないという意味において運命かもしれないが、いかなる意味でも、人間個体が子供を生むことは、子供を生まなくとも生きていけるからには運命などと言えるはずがない。にもかかわらず、アガサンスキーのような人にあって、死の運命や愛の運命と無媒介的に生殖が繋がって想像されてしまうのは、人間ということで個体としての人間ではなく類としての人間のことが考えられているからである。類としての人間は、個体としての人間の死を越えて生き延びる実体にして主体である。これからも、「いのち」をリレーしておそらく生き延びるであろう実体にして主体である*16。アガサンスキーの用語では、「全的な人間」「形而上学的主体」である。類としての人間の観点に立つなら、男女の差異も男女間の愛も、類としての人間の諸能力の発揮であり、そうであるからこそ、性的差異と愛に基づく生殖は、人間個体に潜在する類的人間の本質の発揮に見えてくる。そこから発して、アガサンスキーは人間の責任を紡ぎ出していく。

生命を与えるという事実は、一面では自然な出来事であり、両性の愛の結合の帰結である。しかし、同時に、人はそれに応答し、それに意味と価値を与えなければならない。〔……〕それはまた責任への呼びかけである[*17]。

子供を他者の典型として捉えて、子供に対する関係を倫理の起源に据えて、あれこれの徳目を説くような言説は、少なくとも私には驚くべきことだが、知識人の間に大いに流通している。「他の投企以上に、子供の到着によって各人はその小さな個人性を超越し、その生命の持続の彼方の未来に配慮するようになる」[*18]というのである。子供によって、子供の導きによって、子供からの恩寵によって、人間個体はおのれの死を乗り越えて類的人間として生き延びる、そのような未来を思考するようになり、人間としての責任を行使できるようになるというのである。類としての人間から生まれる子供、それは要するに、「神の子、人の子」の世俗版であるが、そのような絶対的他者たる子供からの光に照らされて、性的差異も異性愛も同性愛も聖化されるのである。その果てが、次のような信仰告白である。

繁殖性は、私を超越し、私を到来する生命の他者性へ開く出来事である（その生命は私と別の他者から到来するのだが、その生命とともに自由な実存が絶対的に始まる）。それ故に、繁殖性は他者についての特権的な経験である。〔……〕そこで他者の超越性が啓示されうる。〔……〕肝要なのは、男と女が相互に責任を負い、双方を超越するものが何かを知ることである。男女の相互依存性の原因となり、男女の葛藤に賭けられたものとなるのは、男女を超越するもの、言いかえるなら、男女の子孫なのである[*19]。

すでに、父親や母親といった概念を脱性化して親であることを性差に無関係なものにするべきであるとする主張は出されてきたが、檜垣立哉は、そのような親子関係について、非 - 異性愛者一般も関与しうると述べていく。子供を「自分の」子供として所有概念に結び付けて語るのは正当ではないとし、また、子供への愛は「未来」の「他者」への愛に相当すると主張した上で[*20]、そのような改変された親子関係を念頭に置きながら、「クィア」について、次のように書いている。

クィア性やそこでの「愛」を考えれば、妊娠という問題設定がネックになることはよく理解できる。だが、同性愛カップルを例にとっても、養子などさまざまな仕方で子どもをもとうとするケースもある。それが何故かということの核心は、いわゆる括弧つきの「通常で」「自然な」生殖行為によって産まれてきた子どもをもつことと、実はそんなに「対立的」でもないのではないか（むしろ欲望としてははっきり同型的ではないか）。そこでは、未来の他者への「愛」がきわだっていることにかわりがないのではないか。〔……〕クィアのひとはクィアのひととして、自己の生を肯定するのと同時に、他者の生を肯定する独自の様式をもっていると考える。〔……〕そうであるならば、クィアという「生の様式」をどこかで「未来の生」につないでいく議論もあるべきだろう。それは、遺伝子的な「私の子供」によってである必要などまったくない。だが逆に、クィアにとって、「未来の他者」とそこでの「生の様式」の継承については、どう考えられるのか。そのケースでも、やはりどこかで誰かが妊娠することが、すべての鍵になっているとはいえないのだろうか。これをいかにとらえるのかは、欠かしえない問いではないか[*21]。

ここで、同性愛カップルの一部の欲望が異性愛者の大部分の欲望と同型であるとの指摘は正当であろう。しかし、クィアは、未来を子どもの他者性と同一視し、その性の様式の継承を願っているとされているが[*22]、そのような中立化の前提をも足払いするクィアネスがあるとしたならどうであろうか。

四　神学＝人間学批判の行方

ルードヴィッヒ・フォイエルバッハは、『キリスト教の本質』において、神学の秘密は人間学に存するとしていた。その意味するところは、神的なものについて語られていることは、実は、人間的なものについて語られるべきであるということである。したがって、例えば、神に無限の知性が述語付けられ、そのようにして神が超越的で理想的なものと見なされているとするなら、実は、その無限の知性を述語付けられるべきは、個別の個体としての人間ではないとしても、類としての人間であって、その類的人間こそが、過去と未来に存在する無数の人間の合算として無限の知性を有していると想像されなければならないことになる。この意味において、フォイエルバッハは、「神学を人間学まで引き下げることによって、むしろ人間学を神学に高めている」[*23]。神的なものを人間的なものに還元することによって人間の類的本質を神化し聖化しながら、それに対して人間個体が抱くべき新たな信仰を打ち立てようというのである。ところが、そのような構図では明快には処理できていないように見える主題がある。それが、性と生殖である。生殖の主題について、フォイエルバッハはこう総括している。

第一部で私は、宗教における神の子(Sohn)は現実の子であること、人間が人間の子であると同じ意味で神の子であることを証明している。そして私は、このことに、宗教は深く人間的な関係を神的な関係として捉えて肯定するという宗教の真理、宗教の本質を見出すのである。これに対して、第二部で私は、神の子は、自然的人間的な意味での子ではなくて、自然や理性に矛盾する全く別な仕方で、したがって無意味で反知性的な仕方で子であることを証明する。直接に宗教そのものにおいてはたしかに神の子は自然的人間的な意味での子であるが、宗教の自己反省においてはそうではない。そして私はこのような人間的意味や知性の否定に、宗教における非真理と否定的なものを見出すのである[*24]。

フォイエルバッハによるなら、神がその子を産む生殖は、一方では、自然的で人間的な関係であり、自然にも理性にも反してはいない。しかし、他方では、神の生殖の方式は、人間的意味に反しており非真理で否定的になっている。これはどういうことか。言うまでもなく、問題の核心はマリアの意味に関わっている。

神の家族を、父と子の愛の絆を補完するために、第三の女性的な位格が天上に取り入れられた。というのも、聖霊の位格性は、あまりに不分明・不安定に、露骨なほど詩的に、父と子の相互的な愛を人格化したものなので、この第三の補完する本質ではありえなかったのである。マリアが父と子の間に置かれたのは、あたかも父がマリアを介して子を産んだかのようなことではない。キリスト教にとっては、男と女の交合（Vermishung）は非神聖なものであり罪深いものだからである。そうではなくて、母的な存在者が父と子との傍に置かれたということで充分なのである。〔……〕たとえ父が自然な生殖という意味での父ではなく、神の生殖はむしろ自然的で人間的な生殖とは別な生殖であるべきだとしても、神は依然として父であり、子に対する関係でいわば比喩的な父なのではなくて、現実の父である。〔……〕マリアは、三位一体関係の範疇にまったく適合している。マリアは、父が女なしに産む子を、男なしに受胎するからである[*25]。

神は、子に対して父である。しかし、男女の性交は神聖ではなく罪科であるから、神は、男として女と性交したのではない。その意味において、神は「女なしに」子を産む。その際には、母が「父と子の傍に置かれる」ことで充分である。このような事態は、一見すると、自然的で人間的な関係ではないように見えるかもしれないが、実はそうではない。神の生殖方式は自然的な生殖とは別の方式であるとしても、それでも神はやはり「現実の」父である。どうしてか。母としての女は「三位一体という関係」に適合して、神と子の間の関係を取り持つ聖霊の機能を果たしているからである。その際、母としての女は「男なしに」受胎し出産する。女の機能に定位するなら、神の生殖方式は自然的で人間的であることになる。しかし、どうしてそうなるのか。

フォイエルバッハの構図によれば、神の生殖と人間の生殖の対立は幻想的なものであるが、その対立は、類としての人間と個体としての人間の対立として解明されなければならない。神学的生殖は人間学的に解明されなければならないのである。神は、男として、女と性交することなく、女の胎内に聖霊を吹き込んだ。そして、神は、父として、女が産んだ子を認知した。この神の生殖の方式は、二人の個体としての男と女には一般に不可能であるが、しかし、例えば、不妊治療を行う医療者を介するなら、あるいは、別の女による代理出産を介するなら、端的に可能であるし現に実行されている。二人だけの男と女に新たに別の人間が加わることによって、神の生殖方式は類的人間の生殖方式へ降臨する。その意味において、生殖においても、「新しい人間はいわば人類の新しい述語であり新しい才能である。人間が多ければ多いほど、それだけ人類は多くの力や多くの特性を持つ」[*26]。そして、この類的人間の生殖方式が今度は聖化される。男が「女なしに」産む子の父となること、女が「男なしに」産む子の母となることが聖化されるのである。それは、カップルの二人の営みが聖化されるというのではなく、カップルの二人が類的本質を体現するということで聖化されるのである。「類の概念と類生活の意義は、キリスト教が起こるや消滅した」[*27]が、いまや新たな類的人間の生殖方式において復活していることになる。では、性の差異はどうなるのであろうか。フォイエルバッハは、「性の区別は本質的な区別である」[*28]としており、まさにそのことを論拠として、キリスト教宗教者の反‐自然的で反‐人間的な姿を一応は問題視している。

修道士は、神的存在者に純潔を誓った。修道士は、異性愛自体を抑止した。しかし、修道士は、その代わりに、天の内で、神の内で、処女マリアにおいて女の形像を、そして愛の形像を持っていた。表象された理想的な女が彼らにとって現実の愛の対象になればなるほど、彼らは現実の女なしで済ますことができた。〔……〕修道女は神と結婚する。修道女は天上の花婿を持ち、修道士は天上の花嫁を持つ[*29]。

ところが、修道士は男として女のマリアを愛し、修道女は女として男の神を愛している。天国の中では性の差異は消滅するかもしれないが、少なくとも地上から天上へ向かう愛においては、性の差異は消えていないし、むしろ、罪科を免れる性愛関係として聖化されている。もちろん、このような性愛の聖化は、自然的で人間的な性欲に対する抑圧として機能してきた。そのことをフォイエルバッハは敢然と指摘している。

キリスト教徒は類を直接に個体と同一化する。それ故に、キリスト教徒は性の区別を厄介で偶然的な付属物として拭い去る。男と女は一緒になって始めて現実の人間を形成する。男と女は一緒になって類の実存である。男と女の結合が多数性の源泉であり他の人間の源泉だからである。それ故に、自分の男性性を否認しない人間、自分を男として感じ、この感情を自然と法則に適った感情として承認する人間は、自己を、真の人類という全体を産出するためには他方の部分的存在者を必要とする一方の部分的存在者として知り感ずるのである。これに反して、キリスト教徒は、自己の過度に超自然的な主観性をただそれだけで完全な存在者として捉えている。しかし、性欲は、この見解に反対した。性欲は、キリスト教徒の理想、キリスト教徒の最高の本質に矛盾した。それ故に、キリスト教徒はこの欲望を抑圧しなければならなかった[*30]。

したがって、フォイエルバッハにとって、キリスト教における婚姻の聖化はどう見ても欺瞞的なものであった。「天上の性は必ず性なき性であり、単に見せかけの性 (scheinbares Geschlecht) にすぎない」[*31]というわけである。しかし、ここでもフォイエルバッハの構図に従うなら、その「見せかけの性」こそが、類としての人間において現に実現しているし、そうでなければ未来に実現されるべきであることになる。そして、まさにその「見せかけの性」こそが聖化されることになるはずである。その際には、個体としての人間が必ず死ぬということが、「見せかけの性」

を聖化し、類としての人間を聖化することにおいて決定的な契機となる。

キリスト教徒は〔……〕死に、自然の限界に躓き、それ故に、自然の限界を奇跡の力によって取り除いた。それと同じように、キリスト教徒は生殖という自然過程に躓き、その自然過程を奇跡の力によって廃棄し(aufheben)なければならなかった[*32]。

廃棄されたものは、高次の形態をとって、回帰してくる。いまや、死に躓く人間個体は、高次の生殖によって類的人間として救済されるのである。そして、異性愛者も非-異性愛者も「見せかけの性」を持つ親として、類的人間の子供に関与するカップルとして救済されるのである[*33]。現在、性と生殖をめぐって語られていることは、フォイエルバッハの神学と人間学の現代版であり、堕落以後の前史が終わって、新たな救済史が始まっていると信じられていることになろう。では、現在、そのような神学=人間学に対してどのような批判が遂行されているだろうか。

さて、現実にはまったくそうはなっていないのに、誰もが新生児の誕生を喜ぶのが自然であり当然であると見なされている。また、現実にはまったくそうはなっていないのに、新生児は絶対的他者のモデルであり無条件に歓待すべき他者であり、そこに倫理の源泉があると語られている。しかし、それらは、語の精確な意味において、虚偽意識である。そのような虚偽意識においては、子どもを産み育てること、子どもの誕生を歓迎し子どもの成長を支援することが、政治的にも倫理的にも正しい未来を創造することの条件となるだけではなく、それと過不足なく一致するものと見なされている。われわれの未来は、言いかえるなら、われわれの死後の未来は、われわれが子どもを歓待し子どもを育成すること以上でも以下でもないと深く信じられている。リー・エーデルマンは、そのような虚偽意識のことを「生殖未来主義（reproductive futurism）」と呼んで、次のように書いている。

政治は、たとえ特定の選挙民がより望ましい社会秩序をラディカルな仕方で望んでいるとしても、その核心は保守的である。ある構造を肯定し、社会秩序を真正なものとする点で保守的なのである。政治は、その構造や社会秩序を未来に引き渡そうとする。その未来は、内なる〈子供〉（inner Child）の形態をとる未来である。〈子供〉は、いかなる公認の政治にとってもその永続的な地平となっており、いかなる政治的な介入にとってもその幻想的な受益者となっている。中絶の権利論者でさえ、生殖するか否かの選択を通して自身の身体をコントロールする自由を促進しようとしながら、その敵である反中絶論者とまったく同じように、「われわれの子供のための闘い、われわれの娘や息子のための闘い」として、また、未来のための闘いとして、自分の政治的闘争を繰り返し枠付けてきた[*34]。

生殖未来主義においては、未来のための闘いは、われわれの子どものための闘いとして想像される。それは、われわれの社会秩序を子どもに引き渡すための闘いでもある。エーデルマンによるなら、ラディカルな論者でさえも生殖未来主義に陥るほどに[*35]、この虚偽意識は強力である。

しかし、それはあくまで虚偽であるからには、別に真理があるに違いない。エーデルマンは、こう問いを立てている。「その場合、「子供のために闘う」のではないということは、どのような意味になるのだろうか。いかにして別の「サイド」に立てるのだろうか」とである。そして、エーデルマンは、その別のサイドこそがクィアであると主張する。「クィアネスは、「子供のために闘うこと」のない者のサイドを、生殖未来主義の絶対的価値を認める政治のコンセンサスの外のサイドを名指すのである」[*36]。

続けて、エーデルマンは、そのクィアな者は「より完全な社会を作り出す」ためにも闘わないのであって、そのようなクィアな否定性は「思考不可能で無責任で非人間的」と見なされるであろうと認めていく[*37]。そして、エーデルマンは、そのクィアな否定性を「死の欲動」に関連付けていく。言いかえるなら、生殖未来主義を生の欲動の側に位置付けてから、それに対する否定性として死の欲動を対抗させるのである。しかし、虚偽意識にも死の欲動が働いているからには、その二項対立は、一方にノーマルが配置され他方にクィアが配置するといった単純な形式をとるはずがない。それ故に、エーデルマンは、次のような書き方をする。

> 欲動、より正確には、死の欲動が、本書では特権的な位置を占めている。死の欲動は、象徴界の論理に対して疎遠でありながらも内的である恒常的な圧力であり、主体を内部から分解するような分節化不可能な余剰であって、そうであるがために、一切の社会的生存可能性の形式に対立するような否定性を、社会的なものの秩序の中でそれとして体現するようにとクィアが呼

び出されるとき、そのクィアが体現するものの死の欲動と名指されるのである[*38]。

死の欲動は、虚偽意識の主体にとっても疎遠かつ内的であって、虚偽意識の主体をも解体しかねない余剰のはずである。そして、社会秩序の側は、まさに社会秩序の内部に、社会的生存可能性を否定するような反社会性や非社会性を体現するものを呼び出しては、それを追い祓う具合になっているはずである。クィアな者とは、虚偽意識の主体の死と社会の死へと向かう傾向性を体現する者として社会の内部へと呼び出されながらも、社会に取り憑く悪魔的な者と見なされては社会から追い祓われる者であるということになる。これを性的に言いかえるなら、死の欲動は、性の主体に内的でありながらも性の主体を解体しかねない欲動であり、同時に、死の欲動に動かされる限りでの性的なものは主体を解体し、ひいては社会を解体しかねない反社会的で非社会的な欲動であるからこそ、性的多数派は、死と性に取り憑かれた悪魔的な者を呼び出しては追い祓ってその性の秩序を存続させているということになる。そのとき、生殖未来主義に対する闘争は、主体の死と社会の死を呼び込む死の欲動、それに動かされる限りでの性的なもの、そのような悪魔的なものと契りを結んで、神的で天使的なものを絶滅に至らしめるものとなろう[*39]。

しかし、そのように性的なものについて語ることができることを認めるとしても、多数派の虚偽意識は、まさに個体の死を否認するための幻想であることを考慮に入れるとき、多数派に対する批判としてはどこか的を射抜いていないと思わざるをえなくなってくる。こう問うてみたい。性的なものの反社会性や非社会性、とりわけ非－異性愛の反社会性や非社会性を語ることができるとして、そのことを、婚姻関係を形成しないことや生殖に関与しないことに還元して捉えてもよいのだろうか。もとより、多数派の側がそのように語ってきたし、いまでも語っており、それをいわば逆手にとって、その限りでの反社会性や非社会性を引き受けることによって多数派に抗する道はそれなりに有効であり、それを非難する謂われはまったくないのだが、それだけでは多数派は微動だにしない状況がすでに作り出されているように見えるのである。しかも、私の見るところ、生殖未来主義とクィア的な否定性は、互いに否定し合いながらも共存しているように見えるのである。神学＝人間学内部の争いに見えるのである。生殖未来主義に対する批判は意外に難しいのである。

一方で、生殖未来主義が虚偽でしかないことを経験的に指摘することは容易であろう。実際、われわれが子どもを産み育てる理由や動機はさまざまであり、概ねあまりに世俗的であり、ほとんどは動物的でもあるだろう。また、未来の観念に子孫の観念が関連する場合が多いのは認められるにしても、われわれが維持するものを継承してほしいと願っている未来の他者は、将来の子どもではなく、あくまで来たるべき大人のことであろう。また、類的人間の死滅が予想されるとニヒリズムに陥るのでそれを回避する使命が課せられるのはその通りかもしれないが、われわれはその未来の死滅までの遠近を必ずや考慮に入れるのであって、この文脈で、死の欲動の切迫性を持ち出されても空振りになるだろう。他方で、生殖未来主義が信仰としては弱すぎると神学的に指摘することも容易であろう。実際、子どもを倫理の源泉として語るのであるなら、倫理の源泉を過去や現在に置きたくはないと宣言すべきであるし、倫理の源泉はまさに子どもだけであると強く信ずるべきであると指摘することはできるが、そのような真摯な信仰者はいない。また、生殖未来主義者が聖化された婚姻や根源化された性的差異を真摯に生きるというのであればそれはそれとして感心させられるであろうが、もちろん現実はそのようになっていない。クィアの側が敵視するような天使的な者も、多数派を恐れ慄かせるような悪魔的な者も、現実には見当たらないのである。

このように、それは常にそうであったとも言えようが、神学＝人間学もそれに対する批判もどうしても中途半端な水準にとどまらざるをえない。それでも確かに言いうることは、生殖未来主義が、類的人間の本質を引き合いに出すことによって、異性愛者と非‐異性愛者に現に引かれているさまざまな分割を隠蔽しようとする虚偽意識でしかないということである。現実の分裂を無視して人間愛や人類愛を語るなど、恥ずべきことではないだろうか。

*1 バックラッシュはその様相の一つである。そして、異性愛者の側では、女性性・母親性の肯定が目立つようになる。Cf. Naomi Mezey and Cornelia T. Pillard, "Against the New Maternalism," *Michigan Journal of Gender & Law* 18, 2012. 異性愛男性の側は、その反射的効果を享受している。

*2 Obergefell v. Hodges, 576U.S.(2015).

*3 松田和樹「同性婚か？　あるいは婚姻制度廃止か？——正義と承認をめぐるアポリア」『国家学会雑誌』（第一三一巻五・六号、二〇一八年）。

*4 同、三七一頁。

*5 Obergefell v. Hodges, 576U.S. (2015).

*6 シルヴィアンヌ・アガサンスキーは、婚姻や生殖技術をめぐる論点で、「右派」の代表たるカトリック教会と並んで、「左派」の代表として扱われることがある。次のものに言及がある。Darren Rosenblum, "Unsex Mothering: Toward a New Culture of Parenting," *Harvard Journal of Law & Gender*, 35, 2012、小門穂「生殖補助医療における「子を持つという欲望」——フランス生命倫理法二〇一一年改正から」『生命倫理』(第二三巻一号、二〇一三年)。

*7 シルヴィアンヌ・アガサンスキー『性の政治学』(丸岡高弘訳、産業図書、二〇〇八年):Sylviane Agacinski, *Politique des sexes* (Seuil, 1998 / 2001)、六頁:p.11。ただし、訳文は変更してある。

*8 同、六九頁:p.60。そのように主張した者はごく僅かであった。主張したとしてもほとんどが転向した。そのごく僅かな例外を主要敵に仕立て上げて、性的差異を称揚する議論が繰り返されてきた。精神分析的なセクシュアリティ論がその一例になる。性的差異を前提とする(性)愛とは別の愛を、まさに性的差異を前提とする男女の間で実現しようとする動向があって、そこには性的差異の否認が含まれているとの勘繰りは常に可能だが、しかし現に、そのような愛は、軍事組織や宗教組織や政治組織で成立していると認めるべきであろう。そして、大学や大企業でも求められているわけであり、アガサンスキーもその類の中立性は承認しているはずである。にもかかわらず、いまになっても仮想敵を仕立てたがる理由が問われるのである。

*9 同、八二-八三頁:pp.71-72。

*10 同、八頁:p.13。

*11 同、一一頁:p.16。

*12 同、一三頁:p.17。この議論は、同性愛などの非-異性愛の多くが性的差異の成立を前提とするという議論とは主旨が違っていることに注意されたい。だから、アガサンスキーは、「性的差異を廃止しなければならないと想像しなくとも、同性愛嫌悪や異性愛中心主義と闘うことはできる」(二四頁:p.25)と自信をもっ

て中立的立場を宣言することができる。

*13 同、二〇頁：p. 22。

*14 この血統は、血縁関係であるというよりは、類的人間の本質を継承する限りでの遺伝関係である。人間であることや生きていることが伝わることである。

*15 同、六一頁：pp. 54-55。

*16 このような「いのち」を語る最近のものとしては、Eugene Thacker, *After Life* (The University of Chicago Press, 2010)。

*17 アガサンスキー、上掲書、一〇三頁：pp. 87-88。さらに女の母としての責任について語られていくが、そこは取り上げない。

*18 同、一〇六頁：p. 90。

*19 同、一九三頁：pp. 163-164。

*20 檜垣立哉『子供の哲学――産まれるものとしての身体』（講談社、二〇一二年）、一八六－一八七頁。

*21 同、二〇八頁。

*22 そのようにして、子どもの他者性がそもそもクィアであることを取り出す議論も多い。よく知られているのは、セジウィックの次の論考である。Eve Kosofsky Sedgwick, "How to Bring Your Kids Up Gay: The War on Effeminate Boys," *Social Text* 29, 1991. この線での文献を二つあげておく。Steven Bruhm and Natasha Hurley eds., *Curiouser: On the Queerness of Children* (University of Minnesota Press, 2004). Kathryn Bond Stockton, *The Queer Child, or Growing Sideways in the Twentieth* Century (Duke University Press, 2009).

*23 フォイエルバッハ『キリスト教の本質（上）』（船山信一訳、岩波文庫、一九六五年［改版］）：Ludwig Feuerbach, *Das Wesen des Christentums* (Anaconda, 1841/2014)、三二頁：S. 32。ただし、訳文は変更してある。

*24 同、二九－三〇頁：S. 30。

*25同、一六九－一七〇頁：S. 156-157。
*26同、八五頁：S. 80-81。
*27同、三二四頁：S. 294。
*28同、二〇六頁：S. 189。
*29同、九一－九二頁：S. 85-86。
*30同、三三九－三四〇頁：S. 305-306。
*31同、三四三頁：S. 308。
*32同、二八六頁：S. 259。
*33本稿では論及しないが、その類的人間の「子ども」とは、「サイボーグ」、「アンドロイド」、「人工知能」、「超人類」などでもある。
*34 Lee Edelman, *No Future: Queer Theory and the Death Drive* (Duke University Press, 2004), pp. 2-3.
*35それ故に、エーデルマンに対する批判も各方面から出されている。例えば、Teresa de Lauretis, "Queer Texts, Bad Habits, and the Issue of a Future," *GLQ: A Journal of Lesbian and Gay Studies*, 17 (2-3), 2011, 243-263.
*36 Edelman, *op. cit.*, p.3.
*37 *Ibid.*, p.4.
*38 *Ibid.*, p.9.
*39このようなエーデルマンの構図は、レオ・ベルサーニが提起した「反社会テーゼ」を引き継ぐものと見なされている。Cf. "Forum: The Antisocial Thesis in Queer Theory," *PMLA* 121 (3), 2006.

性差別についての考え方

はじめに

性差別について男性が論ずる際には、守るべき責務が男性にはあると思う。第一に、自己批判や自己吟味抜きでは論じないということであり、第二に、議論は性差別の実践的解決を目的とするということである。

このことをあらためて確認するために、仏教の女人往生論をめぐる論争を簡単に回顧した上で男性の自己批判の必要性について考える。そして、男性がその差別性を脱却する道について、理論的な考察を行う。それをふまえて最後に、近年の性差別研究の動向を批判しながら、性差別を論ずる際の志を再確認する。

一　性から降りる場所

仏教が女人五障説や女人三従説というきわめて女性差別的な思想をふくんでいることは、早くから指摘されていた。しかしこれに対して、仏教の女人往生論だけは、女性差別性をふくんでいない思想であると信じられたことがあった。たとえば笠原一男の研究である。笠原一男によれば、古代仏教が徹底的に女性を救済の対象から排除していたのに対して、中世仏教、とくに鎌倉新仏教は、女性も往生できるとする女人往生論を唱えて、女性も救済の対象とした。鎌倉新仏教は、その悪人正機説とあわせて、すべての人間を救済の対象とする画期的な宗教であったとされたのである。たとえば、法然も親鸞も大略こう論じていた。阿弥陀仏の第十八願は、悪人も女人も往生させると誓っているのに、第三十五願では、ことさらに女性だけについて往生させると誓っているのはなぜかと言えば、女性には五障・三従の障りがあって容易には往生できないからこそ、第三十五願が立てられているのである。そして女人は、その障りを棄てるためには一度男子に変成しなければならないし、そのように女性性を棄ててはじめて往生できるのである。『梁塵秘抄』にはこう歌われている。「女人五つの障あり、無垢の浄土は疎けれど、蓮花、濁りに開くれば、竜女も仏になりにけり」。女性には五障があるがために往生は難しいが、蓮の花が濁った泥水から咲き出すように、また、竜の娘でさえ『法華経』の力で成仏したように、女性でさえも往生できるというのである。

しかしその後、笠原一男の研究は、実証的にも思想的にも決定的な批判にさらされることになる。第一に、古代仏教の評価についてである。高木豊や牛山佳幸によれば、古代仏教は、尼寺を設けるなどして女性にも関与していたし、むしろ古代仏教のほうが、ある意味では性差を問題にしていなかったと評価された。第二に、中世仏教の評価についてである。勝浦令子や西口順子は、中世の仏教教団が、徹底的に性別分業を成立させており、そこには家父長的な支配関係も成立していたことを示した。そして第三に、女人往生論そのものの評価についてである。細川涼一や平雅行は、女人往生論は鎌倉新仏教にだけ特有の思想なのではなく、中世仏教に共通の通念であることを示して、中世仏教の中で新仏教だけを特別視する歴史観を突き崩した。そして以上のような笠原一男批判の背景にあった了解事項は、女人往生論は、必ず女人五障説とセットになっていて、〈女性は悲惨であるが、そんな女性ですら成仏できる〉という差別と一体となった救済の思想にすぎないという批判である。女人五障説・女人往生論とは、そもそも何の罪もないところに、救済されるべき罪や悲惨さを捏造しておいて、それを男性宗教者だけが救済できると再び捏造するわけであるから、およそどうしようもない差別的思想であることは明白である。差別の影も差別の根拠もないところに差別を捏造して、そんな差別を解消すると称する思想など、およそ評価に値しないことも明白である。そしてそのような女人往生論が、長い間にわたって、女性救済思想であると信じられてきたところに問題の根深さがあると言ってもよい。

以上のような女人往生論批判は正しいのであるが、かすかな違和感がどうしても残ってしまう。何か重要なことが見失われていると感じられる。女人往生論は、女性一般が悲惨で罪があるのだが、それでも幸福になれるという主張として受けとめられていたはずである。もちろんそんな主張は妄想にすぎないと無信仰者は言えるのであるが、そこにリアリティを感じた女性信仰者たちがいたのも厳然たる事実である。その表現はどうであれ、自己の境遇を負の価値でしか評価できない者たちが、たとえ妄想であるとわかってはいても、あるいは、妄想であるとわかっているからこそ、劣位におかれる者たちを救済すると称する思想に出会ったときには、それに惹かれても当然であるし、そしてその思想を自ら血肉化することを通して、価値概念と救済概念を鍛え直したと考えられるはずである。そのような女性信仰者たちの記録は残されてはいないにしても、救いようのない女人往生論そのものを、それを真摯に批判的に信仰することによって、その内側から差別性を打破していた女性信仰者たちが、必ず存在していたし現に存在していると私は信じている。もちろん私は無信仰者であるから、そのような女性信仰者たちも思想的には批判するべきであると考えてはいるが、そのときには、宗教的罪科とは何か、宗教的悲惨さとは何か、また宗教的救済とは何かという信仰者にとっては切実な問いを、非宗教的に言いかえて非宗教的に答える責務が、宗教を批判しようとする無信仰者には課せられるはずである。それが批判の作法である。ところが、近年の女人往生論批判は、そのような責務にまったく考えが及んでいない。宗教の教典や制度を批判するだけの、きわめて表面的な批判にとどまっていて、真摯に祈り拝む女性信仰者たちに付き従って、そこに学ぼうとする姿勢が失われているし、その上でそこを乗り越えようとする志が欠けているのである。無信仰者が宗教を研究しようとする動機はさまざまであろうが、少なくとも宗教批判の目的は、最高の宗教性を非宗教的に摑み直すことに置かれるべきである。

まず、こう論じ直すべきであろう。女人往生論には、女性が男性に変身することによって救済への道が開かれるとする変成男子説がふくまれているが、これはどう考えても差別的である。だから宗教的には、救済においては性別はまったく意味をもたないと主張するか、それとも、女性は女性のままで男性は男性のままで救済されると主張するしかないはずである。この境地に天台本覚論が迫っていたとしたのが、山本ひろ子である。

山本ひろ子によれば、叡山の黒谷慈眼房光宗《こうじょう》は、『渓嵐拾葉集』において大略次のように論じている。『法華経』「提婆達多品」の竜女成仏の話が示していることは、竜女の〈三毒や煩悩〉がそのままで〈般若〉に転ずるということであり、竜女の〈業や苦〉がそのままで〈解脱〉に転ずるということである。要するに、竜女はその身を捨てることなく、まさに竜として女として、即身成仏するということが示されているのである。その際に光宗は、竜女が救済の対象となるのは、女性であることにおいてではなく、劣位におかれていることにおいてであると読みかえていく。つまり『法華経』に描かれている女性性を脱落させて、性差を無意味にするような地点で語ろうとするのである。だからその限りでは、女人往生論を乗り越えていると言ってもよい。ところが『法華経』には、変成男子説が明示されている。光宗などの中世天台の学僧はここをどう捌いたであろうか。彼らは、性差を成仏後の心臓の生理学的な差異の表現として読みかえていく。変成男子説とは、心臓の弁の向きが変化することにすぎないとして、性差をほとんど無意味な差異にまで縮小還元してしまうのである。このように、救済においては性差は意味をもたないという即身成仏論の観点から、女人往生論の典拠である竜女伝説を読みかえる試みは、中世天台においてリミットに達していたと言ってよいであろう。山本ひろ子は書いている。「もちろん「提婆品」龍女成仏の文言がありていに告げるものは、女人成仏という説相であろう。けれども中世の宗教思惟と切り結んでいったとき、龍女成仏というテーゼは、経文のくびきを離れ、女人救済というモメントを超出して、とある途方もない世界を開示していった」。この世界をどのように評価すればよいであろうか。宗教者が到達するリミットを、無信仰者はどのように評価すればよいであろうか。

大越愛子は、仏教における性の否定が、実際には女性の性の否定としてしか機能してこなかったと批判している。たとえば、禁欲の思想である。仏教は、家とは性的に男女が結合する場所であるから、出家するためには性を否定して禁欲しなければならないとする。男性の性欲は、禁じられなければならない罪であることになる。ところが仏教は、男性の性欲が罪であると語る際に、その罪は女性の誘惑によって喚起されるかのように、すなわち、女性だけがその罪の根元であるかのように語るのである。男性が自己を批判克服して性を捨てるという仕方によってではなく、罪の根元とされる女性を遠ざけ排除するという仕方で、男性の問題を解決してみせるのである。これは明らかに女性差別である。

この大越愛子による批判は正当である。仏教における性の否定は、レイプやセク・ハラの責任や原因を女性に押しつける言説と同じような差別性をはらんでいる。しかし、彼女はこう続けるのである。仏教における性の否定は、人間本来の性的関係を肯定しない点で、女性の性の否定であるだけではなく、女性と男性の関係性の否定であるから、禁欲という思想そのものが過っている、と。大越愛子個人がそのような批判を放つことは、おそらく不当ではない。それが彼女の人間観なのだから。しかし、男性の一人であり無信仰者である私は、別の仕方で批判を進めたい。

女人三従説は論ずる値もないので、まず女人五障説について触れておく。それはさまざまな語り方によって表現されているが、二つだけ取り上げる。一つは、「あらゆる三千界の男子のもろもろの煩悩をあわせあつめて一人の女人の罪障となす」というような語り方である。私は、このような語り方は漫画的な冗談としか解せないと思う。かりに男性宗教者がこれを本当に信じていて、なおかつ実践しているとしたら、それは呆れるほどにすごいことであると思う。ただし、このような語り方から一歩踏み出して、「女人の罪障」の過剰性の両義性などという出来の悪い冗談を引き出さない限りにおいてではあるが。これに対して、「女は地獄の使いなり、ながく仏の種をたつ、ほかのおもては菩薩ににたり、うちの心は夜叉なり」というような語り方は、男性の性意識の通俗的な表現にすぎないし、まさに性暴力の可能性をはらんだ差別的語り方でしかない。それを冗談と解してやれる余地は一つもない。このように女人五障説にもさまざまなニュアンスの違いがあって、それを一律に批判すると、かえって的を外すことがあると思う。

さて、仏教が性の否定を出家の条件とするのであれば、男性は自らの男性性を女性を参照することなく徹底的に否定するべきである。そして無信仰者として付け加えれば、仏教の禁欲の思想を、世俗的に言いかえることはとても重要なことである。男性が自らの性を自ら否定したほうがよい場合は、世俗的にはいくらでもあるからである。この観点から言えば、女人結界や女人禁制という制度は、何ら性差別的ではないと主張しておきたい。この制度が性差別的であると言えるためには、そこから排除されることが女性の被害や不幸に直結するという前提を必要とする。さらに言えば、古代・中世においては、仏教でしか救済は可能ではなかったという前提を、また、女人結界や女人禁制の場所の内部においてしか救済は可能でなかったという前提を必要とする。しかしそんな前提を承認するのは、信仰者のごく一部でしかないことは自明である。そもそも、比叡山や高野山や社寺の中に入れない程度のことが、被害や不幸を招くと考えるほうが間違えている。もちろん男性仏教者が本当に性を否定したと標榜するなら、男性性も女性性も乗り越えているはずだから、女性として分類される人間を入れないというのは卑怯である。しかし男性仏教者が、男性性を捨てきれない弱さを自覚しているがために女性の立ち入りを禁じたとして、一体それが他の男性や女性に何の関係があろうか。彼らは勝手に引きこもっただけなのである。もとより実際の制度はこれほど単純でなかったことは私も承知している。しかし理念の水準においてだけ言うならば、女人結界や女人禁制そのものが性差別的であるわけがない。かくて仏教に対する内在的批判は、仏教が真に出家主義を貫いていないところに、あるいは、真に性差別を乗り越えるために性から降りていないところに、向けられるべきである。

では、女人往生論については、どのように考え直すべきであろうか。女人往生論は次のようなステップを踏んでいる。第一に、男性を優位に、女性を劣位におく価値秩序を捏造する。第二に、優位の男性が、劣位の女性を保護・援助・支配する。第三に、優位の男性が、価値秩序を逆転して見せる。劣位の女性も同等であるとか、女性こそが別の価値規準では優位にあると語って見せる。第四に、優位の男性が、捏造した価値秩序を否定して見せる。ここが中世天台の到達点である。こうしたステップは明らかに差別的である。最後のステップにしても、そこが女人往生論からの到達点である限りは、差別的であるという批判をかわせないと思う。このような事態は差別論にはしばしば起こることである。何の価値秩序もありえぬ場所に、優劣の差を捏造しておいて、優位に立つ側がそれを解消して見せるという段取りである。かくて中世天台の到達点は実は最高点ではないと言わなければならない。このことに関連して阿部泰郎の議論に触れておきたい。光明皇后湯施行の物語についての画期的な論考において、阿部泰郎は次のような思想的結論を導き出している。「物語の核心である〈穢れ（賤）〉が〈聖〉に転換されることを、王権の神秘的特権であるというならば、その物語は逆説的に、当時の現実の差別観や身分の秩序を、ひいては国家や王権というものを成り立たしむる神話としても機能していた、ともいえるのだ」。しかし、と阿部泰郎は続ける。「しかしながら、物語とはつねに、いま描いたような予定調和的な祭政一致の構図を提供しながらも、それを裏切るのだ。〔……〕かの女の行為は、反秩序そのものであり、その階級を超越し逸脱したふるまいは、あやういどころか、もはや決定的に天秤を傾けたものといえよう」。ここにおいて超越や逸脱性は、秩序に反することや、天秤を傾けることを通して到達できるような場所として捉えられている。それでは、中世天台と似たような到達点にとどまるし、それを最高の到達点と評することはできない。それはまさに、光明皇后湯施行物語のような思想にとっての本質的限界点である。

これに対して私は、第一に、端的に最後のステップから始め直したいと考えている。そのことを性差別についてはどのように遂行できるのかということが、私にとっての課題になる。第二に、女人往生論を女性が内在的に突破していく方式に、男性が学ぶべきであると考えている。この点については、最後に立ち帰ることにしたい。

ところで、日本仏教学会は、「仏教と女性」というテーマでシンポジウムを開いたことがある。参加者は梶山雄一・古橋エツ子・源淳子・前田恵学・西村恵信である。仏教の性否定は、男性性への性の一元化をはらんでいるし、女性性を男性性の劣位において否定するという差別性を払拭できていないという批判に対して、仏教の出世間は性そのものの否定を意味しているから男性性も否定しているという教理解釈が提示されて、それ以上の進展が見られないままにシンポジウムは時間切れとなっているが、最後の男性司会者の発言はこう記録されている。「もう充分、予測されていたことですが（笑い）、全然結論も出ませんし、喧嘩にもならない。とにかくこういう状況でございます。〔……〕丁度うまいぐあいに、時間も来ましたので（笑い）〔……〕本当にふつつかな司会でございましたけれども、御陰様を持ちまして、乱闘騒ぎになるまえに（笑い）終わりました」。

「乱闘」を仕掛けたとしても、わからない男性が多すぎるから「乱闘」を仕掛けないだけだということを、わからない男性が多すぎる。ここで「笑い」に参じた男性たちは、出世間の意義と出世間の世間的意義をまるでわかっていない。これが日本仏教学会の情景なのである。シンポジウムの内容は明らかに「喧嘩」になっている。この間の仏教史研究の流れを回顧しただけでわかるように、問題は、男性仏教者の出世間が真の出世間になってはいないがために性差別批判をかわせていないという点にまで煮詰まってきたし、まさに今度は男性仏教者がおのれの実存を賭けて答えるべき番なのである。「喧嘩」になっていることにすら気づかず、「喧嘩」に応ずることを放棄して逃走しているのは男性宗教者のほうである。シンポジウムでは古橋エツ子も源淳子もその点についての批判を展開しているわけではないが、それは彼女たちが為すべきことでもないし為す必要のあることでもない。問題はあげて男性仏教者の無知と愚かさに存しているからである。

上述のような「笑い」によって日常的な性差別を繰り返し、真摯に思考するという姿勢が失われていくことに、研究上の最大の問題があるということだけを指摘しておきたい。

こうして性差別に関して、男性はいかなる姿勢で論ずるべきかということについて、あらためて考えざるをえない。

二　男性の自己批判

かりに男性の総体が女性の総体を不当に差別しているのだとしよう。そのとき、男性の一員が為しうること為すべきことは二つしかない。一つは、差別する側に属している自己の思想や行動についての自己批判である。一つは、自己が男性総体から区別される存在者であることを、自らの思想と行動によって示すことであるが、それは具体的には自己の男性性の徹底的な否定として実行されよう。いずれにしても男性が為すべきことは、自己批判以外にはありえないはずである。では、女性差別は、男性の総体によって引き起こされるのではなく、ローカルな形で男性の一部によって引き起こされているとしたらどうであろうか。同じことである。男性の一員が為すべきことは、一つは、自己がそのローカルな差別事象から離れた外部にいることを示すこと、すなわち、自己の男性性はその限りでは無実であると示すことであるし、一つは、ローカルな差別事象を担っている男性を批判することである。そこにおいて女性を救済・保護・援助するなどということは、およそ男性である限りでの男性の為すべきことではない。それは女性たちの闘争の課題であるし、その支援者たちの課題であるからだ。いずれにしても、ここでも男性が為すことは、自己批判や自己吟味以外にはありえない。一般に、差別事象が具体的な被害や不幸をもたらしているとすれば、あるいはむしろ、具体的な被害や不幸をもたらしていることだけが差別事象なのであるからには、差別する側がそのことを中性的中立的に論じようとすること自体が不当である。たとえば、日本国家が総体として、ある個人に被害をもたらしたとしよう。そのとき、日本国家に所属する日本国民には、二つの道しかない。一つは、被害をもたらした国家や国民と自己は無縁であることを示し、その責任を負う必要のないことを示すことである。このときには、中立的局外的立場をとって論じても許される。もう一つは、日本国民である限り、その被害をどう見積もるにせよ、その解決方向を示すことである。どちらにしても、ある個人の被害を論ずる者には、その被害をいかに解決するかを示すという責務がある。ここにおいて「事実」の客観的叙述や中立的叙述は不可能である。事実をどのように叙述するかということは、責任をどのように果たすかということと切り離せないからである。こんな自明なことが、性差別事象をめぐっては実にたやすく忘れられてしまう。幾つかの事例をあげておこう。

小浜逸郎は、ポルノ批判の言説に対して大略以下のような反論をおこなっている。第一に、公共的空間に展示されているポルノ文化が、すべての女性に対して一律に圧力をかけているわけではないから、ポルノを見たら震え上がるような感性が女性一般にあると想定して、そこから出発するような批判は無効である。第二に、ポルノ文化は、たしかに男性の性欲処理のために発生したが、それが常に男性に快感をもたらすわけではないのだから、男性に対する一律の批判は無効である。第三に、かりにポルノ文化が女性差別の産物であるとしても、それを見ることで快感を感ずる女性もいるのだから、ポルノ文化が男性の性意識だけによって支えられているとは言えない。第四に、以上のような事情があるのだから、ポルノは性差別的だから悪だという批判の仕方は単純すぎる。多様な魅力をもつ一方で男性にも女性にも嫌悪感をもたらすことがありうるという実情をふまえて、ポルノ批判をおこなうべきである。そして、ポルノを見る男性を悪と決めつける批判は、男性の大多数の性意識に対する抑圧であるし、男性の大多数がもついかがわしさを容認しないのは過剰攻撃である。

このように反論を述べた上で、小浜逸郎は男性の性意識について次のように記述する。男性の性衝動は、外から到来するかのように感受される点に特徴がある。ところで、そのように男性の性衝動を把握するならば、女性が男性の性衝動を引き起こす原因であるかのように語られてしまう点で、また、女性が男性の性衝動を挑発し誘発していると語られてしまう点で、まさにレイプの責任を女性に押しつける議論と同質であるという批判がなされるはずであるが、小浜逸郎はこう論じていく。女性の顔立ちや姿態が男性にとって誘惑的な力、呼び込みの力になっていること自体は何ら不当なことではないし、そのような状況は二者関係においてだけではなく社会全般に及んでいる。もちろんそうであるからこそ、差別や暴力という形で性衝動が顕現する場合もあるのだが、批判はそのような事件に向けられるべきであって、男性の性衝動が女性の魅力によって誘発されるということ自体に向けられるべきではない。男性は女性を性的対象として見ざるをえないし、男性と女性のエロス的接触の初発的なあり方は、見る・見られるという非対称的関係であらざるをえない。そして女性もまた無意識にであれそのことを弁えている。まさにそのような性の磁場がいたるところで成立していて、そこからたとえばポルノ文化も発生しているのである。さらには、男性の思春期においては、エロスの問題は、人間関係の問題としてではなく、性的器官の問題として体験されてしまう。特定の女性を恋しく思う問題としてよりは、女性一般という非関係的・汎対象的なものに到達したいという問題として提起されてしまう。かくてポルノ文化は男性の欲望の必然的表現となっている。だからこそ、ポルノ批判を中核とした男性性意識批判は、男性にとっては受け入れ難くなるのである。

私は、差別や暴力についてはその具体的顕現を批判するべきであるという論点には賛成する。差別による被害とは、現に誰かが痛んだり苦しんだりすることなのだから、そのような具体的顕現こそを批判するべきだからである。しかし、小浜逸郎の他の言説はたんなるお喋りとしか思えない。このような言説によって自己了解している男性が多いのは予想がつくが、そのことがどの程度当たっているのか、そしてそれをどのように決めるのか、まったく見当がつかないのである。たとえば、男性の思春期の記述は、男性なら誰でも〈思い当たる節〉があると言えば言えるにしても、よく考え直せば、それと同じくらい〈思い当たらない節〉もあるのだ。小浜逸郎は、性的器官の問題として体験されるエロスということで、ポルノを見ながらのオナニーを想定しているのだろうが、それにしても彼が叙述するような体験であるかは実に疑わしい。フロイトのようにであれ、金塚貞文のようにであれ、解釈次第でどうにでも記述できるのである。いずれにせよ、書き言葉が体験を描写しきるには限度があるという問題ではなく、書き言葉が体験を捏造しているという問題である。さらに言えば、〈思春期〉なるものは、いわば捏造度のきわめて高い妄想であるし、掛札悠子が教えてくれたように、場合によっては誰かに対してきわめて抑圧的に働く妄想であるから、そんな言葉は使用しないで考え直したほうがよいと思う。そしてそもそも、男性一般について論ずる一般論が、どうして差別や暴力の顕現を批判する上で有効な言説たりうるのかがまったく不明である。小浜逸郎は、女性によって誘発される男性の性衝動を次のように記述して見せているが、それは有効どころか、きわめて反動的な言説である。

「たとえば私が街を歩いて行くとする。すると、朝シャンと枝毛のケアを入念に施した長い美しい黒髪をなびかせてボディコン・スーツに身を包んだセクシーな若い女が前を歩いていくのが目につく。そういう女性を私のまなざしはたちまち見つけ出している。私は欲望を感じ〔……〕赤の他人として許される限りで対象へのエロス的接近をほとんど抗い難く行ってしまう」。「あらゆるエロス的場面の発端」はこのようにはじまる。「相手の身体的雰囲気を通して相手の全体を見通してゆく」という具合にはじまる。

小浜逸郎は、「あらゆる」性的関係の「発端」がこんな具合にはじまると書いている。しかしそんな「発端」は、まさにポルノ文化の中でしか実現していない。現実の発端は、少し考えればわかるように決してそのようなものではない。小浜逸郎は、結局のところ男性の性的欲望と性的関係の発端を、ポルノ的にしか思考していないし記述していないのである。問題はまさにここにある。彼自身の性的体験やエロス的関係にしてもおそらくそのようなことではなかったはずなのに、性差を論ずる文脈でそれを記述しようとすると途端にポルノ的で俗物的になってしまうのだ。

そこにこそ、性差別の根があると批判されてきたのではないのか。上の文章に続けて小浜逸郎は、「カミサンのことを考えてしまう」ので、それ以上接近する「勇気も実力」も自分にはないと書きつけている。このような「勇気と実力」こそがポルノ的なのであり、まさにそれこそが差別と暴力の源泉となっているのだ。

私は、小浜逸郎が語るのとは違った意味で、ポルノ文化は男性の日常的性意識に根ざしてはいると思うし、男性と女性の間には非対称的関係が成立する磁場が働いているとも思う。しかしそこを記述しようとすると、男性たちは途端に俗物的ポルノ的になってしまう。問題の思想的核心は、男性が自分の性的欲望をよく知りよく記述するにはどうすべきかというところに置かれるべきである。問題は、男性のいかがわしさを容認するか否かなどというところにはない。いかがわしさは、男性を堕落させることもあるし、男性を救済することもある。そのような細々とした現実に問題があるのではない。そうではなくて、いかがわしさについて語るときのいかがわしい妄想に問題があるのだ。だからこそ、男性が自己批判や自己吟味をしなければ、あるいは、男性が自己陶冶をしなければ、性差別批判に対してまともには答えられないということを男性は自覚しなければならない。これは、〈n個の性〉とか〈ユニ・セックス〉という符丁を使いまわすだけの言説によって果たされるような課題ではない。ポルノ批判の言説を言論において批判する資格は、まだ男性にはないのだと思う。

もう一点、小浜逸郎の言説で気になるのは、彼があっさりと性的関係が社会全体を覆っていると認めていることである。あらゆる社会関係やあらゆる人間関係が性的にも解釈されうるということは、今世紀の公準の一つであると言えるが、しかし考えられるべきは、そのように解釈学的に発見された性的なるもののリアリティの度合いである。それは払拭できないほどに強固なリアリティなのか、それとも透けて見えるような薄いリアリティなのかが考えられるべきだと思う。たとえば、一日の内、私はどれほど男性として過ごしていたかを問うてみる。その男性概念はジェンダーであってもセクシュアリティであってもよいが、私は一日のかなりの時間において男性を捨てて活動していると思う。そもそも眠っているときの大半は、男性としてではなく人間として眠っている。しかしながら、このような平明な事実を言説として、とりわけ性差別論の文脈における言説として差し出すためには、少なくとも、私が男性として過ごす数時間において無実であるということを同時に立証するような具合でなければならないであろう。ここまでくると、もはや言説の問題というよりは実践の問題としか言いようがない。そしてそのように考えられるべきだし、そのようにしか考えられないのではないだろうか。

男性としての自己批判を欠いた言説として、河合隼雄のそれを取り上げておく。彼は、いわゆる援助交際について次のような論じ方をしている。「自分の娘ほどの」高校生や中学生が、「中年の男性」を相手に援助交際をしているが、これは「日本人の心の問題」である。そして「売春という問題である。中高校生は何の「罪悪感」もいだいてはいないし、彼女たちには「荒みも崩れ」もないように見えるし、彼女たちの家にも何の「歪み」も「困窮」もないように見える。このことに「心ある大人は憂鬱になる」。そして河合隼雄はこう続ける。彼女たちの心も体も傷ついているわけではないが、そのたましいは「傷つけられ」ているし、たましいには「悪い」のである。だから、たましいに届くような臨床心理療法がのぞましいというわけである。

このような言説に重大な欠落があることに、「心ある大人」たちはどうして気づけないのだろうか。つまるところ河合隼雄は、罪悪感・荒み・崩れ・歪み・困窮・傷・悪を、女性たちだけに帰すばかりで、「買」春する男性たちは放置しているのである。最初に非難されるべきは男性たちであるし、それだけではなく、癒されるべき者が存在するとしたら、最初に癒されるべきなのも男性たちなのである。男性としての河合隼雄が最初に為すべきことは、男性の自己批判や自己陶冶以外ではないはずだ。にもかかわらず、心の男性専門家たちは、女性たちに新たな罪科を捏造して、女性たちを保護する家父長的後見的権力をふるうのである。このように書くと、「自分の娘」ほどの女性たちの奥深いところで生じている被害を放っておくのかと反論されるであろう。そのような反論そのものが不潔で卑しい言説であることに気づかないような大人の男性が多すぎるのだと答えておこう。

三　個人のいる場所

差別の問題にかぎらず、社会問題や政治問題はいつも一般論として語られる。そのために、現実に個人がかかえている困難や、個人がこうむっている被害が十全に言い表されていないという疑念をいだかざるをえない。一般論の水準で論じ続けるかぎり、一体誰のことについて語っているのか、一体誰が誰を傷つけたことを問題にしているのかが見当がつかなくなり、そのうちには、問題を論ずること自体が自己目的化しているように見えてくるのだ。この事情を二、三の仕方で説明した上で、性差別論に立ち帰ることにする。

論理学において、主語（S）と述語（P）からなる命題は、四種類に分類されることがある。第一に、「SはPである」という形式の一般（general）命題である。一般論はこの形式の文によって語られている。たとえば「日本人は劣悪である」「女性はやさしい」である。第二に、「あらゆるSはPである」という形式の全称（universal）命題である。これは、Sであるすべての個体に言及して、それらがすべてPであると主張しているから、普遍的（universal）な命題でもある。正確に言えば、外延的に普遍的な命題である。たとえば「あらゆる人間は動物である」である。第三に、「あるSはPである」という形式の特称（particular）命題である。これは、少なくとも一つのSであるような個体について、言いかえれば、S全体の特殊で特別な（particular）一部について、Pであると主張する。たとえば「ある日本人は劣悪である」「ある女性はやさしい」である。第四に、名aを主語に立てる、「aはPである」という形式の単称（singular）命題である。ここに単称命題の主語である名はいかなる存在者を指し示しているのかという厄介な論点がある。ここではとりあえず、その存在者を人間という一般的なものの一例として考えているので、名は単独者（singular）を指し示すのではなく、個人・個体（individual）を指し示していると解しておく。たとえば「小泉義之は劣悪である」である。そして次のように問いを提起したい。一般論にすぎない言説を積み重ねることによって、個人について的確に語ることができるか、また、個人についての言説を積み重ねることによって、単独者について的確に語ることができるか。私は、できないと考えている。さらに私は、単独者についての的確な語り方だけが何か希望に似たものを与えてくれると信じているので、一般論的な言説と個人についての言説を捨てなければならないとも考えている。その次第を簡単に論じておきたい。

さて、一般論は一般命題の形式を使用して語られるから、その中において個人を指し示す語り方を実現しようとすると、ある種の困難におそわれることになる。とくに、差別意識を表現するような一般命題は、奇妙な変容をこうむって精神に固着しているので、その困難は倍増する。「女性はPである」という一般命題を例にとる。ここに述語Pは差別的な言辞だと考えておく。「女性はPである」と思い込んでいる人は、実は、「あらゆる女性がPである」と思い込んでいるわけでもないし、「ある女性はPである」と思い込んでいるのでもない。実際、Pではないような女性が少なくとも一人実在していて、そのことを知っていたとしても、「女性はPである」と思い込んでいる人は、決して「ある女性はPである、かつ、ある女性はPではない」という理解には達しないからである。「女性はPである」と思い込んでいる人は、いかにそれに反する実例を見聞しようとも、「女性はPである」という思い込みに固執し続ける。ここには明らかに社会的政治的力が作用しているが、今は、その一般命題の性格だけに焦点を絞って論ずる。その一般命題は、「SなるものはPである」という本質命題の形式に、ないしは内包的普遍命題の形式に変容していると考えることができる。女性なるものは、本質的に必然的にPであると思い込まれているのである。そのために、Pでないような女性は、女性の本来の姿から逸脱しただけの偶発的で例外的な異常例としてしか見なされないことになる。だからこそ、「ある女性はPではない」という反例をいくら積み重ねても、「女性はPである」という思い込みを突き崩すことはできないのである。

では、このような差別意識に対して、どのような戦略が有効であろうか。反例をあげることは、身をもって反例があることを示すという実践の困難さを考えるなら簡単な断定は避けたいが、少なくとも思想的にはまったく有効ではない。もちろん、たまたま「いかなる女性もPではない」のであれば、「女性なるものはPである」という思い込みはたんなる妄想にすぎないと示せるだろうが、大抵の場合、Pであるような女性は少なくとも一人はいるものである。したがって、「女性なるものはPである」という思い込みに対抗する道は、思想的には、Pであるような女性なるものを肯定的に評価し直してしまうか、あるいは、〈女性〉という用語を使用しないで語ること以外にはないだろう。しかし前者の道は、別の場面で似たような困難をかかえることになるから、初めから個人aを表示する用語として〈女性〉を使用しないという道しか残らないように思われる。ここで私は、「aは女性でない」と主張せよと言いたいのではなく、「aは女性なるものではない」と主張せよと言いたいのである。この差異は、理論的には明確であると思うが、それを実践的に示すにはどうすればよいのだろうか。その前に、類・種・個体の系列において同様の議論をしておきたい。

生物種の分類方式にはさまざまな方式があるが、アリストテレス『動物誌』の分類法を、ポルフィリウスはものの分類に適用して、実体（もの）を最高類において、それを有形なものと無形なものに分類し、前者を有生なものと無生なものに分類し、以下同様に続けて、最低種に個体をおいた。この分類法によれば、人間とは、理性的で感覚的で有生で有形なものであるという具合に、その本質が定義されることになる。ところが、このような分類体系の中において種差を用いて本質を定義する方式は、まさに最高類と最低種において破綻することになる。人間とは何かという問いに対しては定義による答えが与えられるのだが、最低種である個人としてのソクラテスとは何かという問いにはそのような答えは与えられないからである。ソクラテスは一人の人間である」とか、「ソクラテスはある人間である」は答えにならない。人間の一人であるソクラテスとは何かが問われているからだ。そして「ソクラテスはPである」も答えにはならない。人間であってPであるようなものは、複数存在しうると考えられるから、そのような答え方は、「ソクラテス」を個人の名でなく、人間の中の特殊な種の名にしているからである。述語Pはいわゆる「個性」に相当するが、個性とはたかだか新種のタイプの定義にすぎず、それをいくら積み重ねたところで、個人が何であるかをつかむことはできない。あるいは、「ソクラテスはPである」という答え方は、ただ一つの個体しかもたない種を定義していると解されるかもしれない。ちょうど、絶滅寸前の種の最後の個体や、種が一つしか個体を含まない天使のように、ソクラテスを定義していると解されるかもしれない。しかし、個体が一つしかないような種は、生物としては絶滅を予定されているのだから、それを種と呼ぶことには無理があろう。いずれにしても、類種の分類体系の中で、ソクラテスという個人を定義することは不可能である。ソクラテスを〈男の中の男〉と言おうが、〈男の中の美男〉と言おうが、〈AB型で粘着気質〉と言おうが、ソクラテスが何であるかを言ったことにはならないのである。一般に、新種の出現と個体の出現との関係をいかに理解するかなど、種と個体の関係はきわめて錯綜しているが、類種の分類体系の中で個体についての的確な語り方を成立させることは不可能である。

ロックは、怪物が存在しうるかどうかという問題を、豚と人間の境界領域に位置するような個体を例にとって考察している。その個体の名をａとしておく。それが何から生まれたのか、また繁殖力はあるのかということはロックとともに不問にしておく。ａは豚かつ人間であるとすると、分類体系においては、ａは豚と人間という二つの種において二度カウントされることになる。ということは、分類体系の中では、ａを同じ一つの個体とは言い難いことになる。では、ａを新種の個体として認定するとどうか。ａの怪物性は除去されてしまうし、一つの種に一つの個体だけという事態を招いてしまう。ここからいかなる教訓を導き出すべきか。怪物性は、分類体系が安定していると想定しているからこそ成立する。しかも、怪物的な個体を、分類体系の中で定義することはできない。故に、そもそも個体の本質を分類体系の中で定義しようとすることに無理がある。理論が怪物を飼い慣らすことはできない。飼い慣らしたときには、飼い殺している。そしてうまくすると、理論は野生の怪物に脅かされるだろう。

以上のように、各種の理論において、個人・個体は必ず理論上のスキャンダルを引き起こす。女性や男性という一般的な名辞をいかに駆使しようとも、個人の特質を的確に言い表すことは無理である。一般論が個人の体験や感情を捉え損なうという不満には、理論的な根拠があるのだ。とすれば、実践的にはどのように考えればよいのだろうか。一般論からなる言説が個人を捉え損ないながらも、個人を一般的なるものに包摂しようとしているとすれば、また、分類体系を前提としている言説が個体の怪物性を捉え損ないながらも、個体をどこかの種の一サンプルとして包摂しようとしているとすれば、個人・個体のいる場所をいかにして確保すればよいであろうか。

四　単独者のいる場所

たとえば、母乳がよいかミルクがよいかという論争をとってみよう。この論争が繰り返されるのには商売上の理由がある。母乳の化学成分が一つ特定されるたびに、一度は母乳の優位性が宣伝されて、その後で当の成分を人工的に製造して生産したミルクが宣伝されるといった具合だからである。そしてこのことを背景として、母性や勤務といった一般名辞が駆使されて、ひとしきり論争が繰り返されることになる。こうして「母乳は子どもによい」という命題と、「ミルクは子どもによい」という命題をめぐる論争は、手を変え品を変えて飽きることなく繰り返される。そしてたとえば、子どもを分類する病名が一つ発明されるたびに、子育てにさかのぼって、母乳かミルクかという論争として繰り返される。

これに対して、こんな風に考えることはできないだろうか。「ミルク（母乳）を子どもに与える」という言葉は、実は二つの仕方で行為を表していると解することができる。一つは、行為タイプ（type）であり、これは一般的抽象的な行為の型のことである。そして一つは、行為トークン（token）であり、これは単独的具体的な出来事のことである。「ミルクを子どもに与える」とだけ書くのであれば、それは行為タイプを表示するが、たとえば「（一九八五年一月六日に宇都宮市某所でａがｂに）ミルクを与える」と書けば、それは行為トークンを指し示している。行為について語るとき、この違いは絶対にゆるがせにはできない。私は何千回とミルクを子どもに与えてきたが、私は、「ミルクを子どもに与える」という同じ一つの行為タイプを何千回と繰り返したのではない。そうではなくて、何千回もの〈何者かが何者かにミルクを与える〉という行為トークンが反復されてきたのである。ほとんどの行為理論は、行為タイプについてしか論じていないために、行為トークンを取り逃がして排除しているから、ここでは行為トークンである〈出来事〉に集中して考えることにしよう。ａは何千回となくｂにミルクを与えてきた。それら何千回のミルクを与える出来事たちの差異について考えてみよう。ある時は、深夜にかなり不機嫌にひどく乱暴にミルクを与えたであろうし、またある時は、気持ちのよい朝に落ちついて顔を見ながらミルクを与えたであろう。そしてある時は、食事の順番からしても、夫婦のスケジュールからしても、ミルクを与えることが母乳の代わりとしてとても有益だったであろうし、またある時は、夫婦関係のかすかなきしみもあって、ミルクを与えることに少しの罪悪感を感じたであろう。このように、ミルクを与えるという幾千回もの出来事たちは、さまざまな様相の違いによって彩られている。ミルクを与える出来事たちは、そんな差異を通して反復してきたわけだが、決して同じ一つの行為タイプが繰り返されたわけではない。その都度、よいと思ったり、わるいと思ったり、疑念を感じたり、何も考えなかったりしたわけだが、そんな思考や感情のさまざまな様相の違いによって出来事たちは彩られている。そしてそのとき、ａやｂという個体も、さまざまな様相の違いによって彩られた単独者へと変成する。このとき、ａを一人の親として、ｂを一人の子どもとして把握するということが、どうしようもなく粗雑な思考法であるかがわかってくる。aとは誰か、aとは何かと問うならば、そして私とは何かと問うならば、ある夜荒々しく薄いミルクを与えたものであるし、ある朝清々しく温かなミルクを与えたものであると答えることになる。こうして、個人・個体は解体して、単独者へと変成する。別に難しいことを言っているのではない。私たちは現にそのように生活して生きているのである。そして、こんな風に出来事たちについて考えると、母乳がよいかミルクがよいかという一般論が、また、行為タイプをめぐる論争が、いかに粗雑で乱暴なことかがわかってくる。母乳論争や母性論争が、庶民の感情とはずれていると言われるときに、その基礎にあるのはこのような事情である。

このように行為トークンとしての出来事たちは、微分的な差異において反復してきたと考えられるわけだが、他方において、それらを積分することによって、行為タイプが成立すると考えてみることができるかもしれない。そして、総括的に行為タイプを評価することによって、行為トークンの一つ一つに対する評価も定まると考えてみることができるかもしれない。男性のaが女性を見るという行為を例にとる。aは何千回何万回と女性たちをまなざしてきた。ある時は無関心に、ある時は何気なく、ある時は覗き込むように、ある時はいかがわしく、まなざしてきた。それらの出来事たちは、さまざまな度合いの欲情や罪責感や感情や利害によって彩られていたはずである。ある時ある場所でaがbをまなざすという出来事は、bにさまざまな影響を及ぼし、さまざまな情動を引き起こす。この側面をより的確に言えば、その出来事とは、bがさまざまな度合いの情動になるというそのことである。だからその限りでaはbに対して、微視的で微分的な力や権力を行使していると言うことができる。出来事における関係とは常にそのようなものであり、現実はまさにそのように実現している。

では、男性が女性をまなざす行為は姦淫に等しいという判断は、このような出来事たちと、どのように関連しているのであろうか。その判断は、男性が女性をまなざすという行為タイプが、姦淫するという行為タイプの一種であるとしている判断であるから、それは、微視的微分的出来事たちを総括的に積分して下されている判断なのではない。そうであるかのように判断は装われるものだが、実はそうではなくて、行為タイプをめぐる判断を、出来事たちに適用しようとしている判断なのである。姦淫が何千回何万回と生じていると判断しているのではなく、姦淫という行為タイプを何千回何万回と適用することが可能だと判断しているのである。だから、男性が女性をまなざすことは姦淫であるという告発は、微視的で微分的な出来事たちを告発しているのではなく、それらの中にはタイプに適合するサンプルがあると告発しているのである。今やこう言っていいと思う。微視的で微分的な権力が積分されて粗視的権力が成立するのではない。そうではなくて、粗視的権力を解体しようとする志に発して、粗視的権力の一例を微視的で微分的な権力の内からピック・アップしているのである。別の形で言い直す。男性が女性をまなざすことによって生ずると語られている〈被害〉は、不満がたまると語られるような被害の考察は別にして、何千回何万回とaが女性たちをまなざすことで生じた被害の総計なのではない。そんな総計としての被害をこうむる者は、どこにも存在しないからである。被害はいつでも誰かと誰かのあいだで発生するのであって、被害者たちの被害の総計によって誰も被害をこうむりはしない。だから、先の〈被害〉とは、ａがまなざすことによって引き起こす情動に制約をかけるための統制的理念であると考えるべきである。要するに、男性が女性をまなざすことは姦淫であると語られる際の行為概念は、まさに刑法的な概念であるし、それでかまわないし、そうであるのが正しいのである。性差別的行為批判は、本質的に刑法的であって、その意味では、行為トークンの批判ではないし、その批判を目指してもいないし目指す必要もない。これに対して、ａが制約を越えた不快な情動をｂに引き起こすとしたら、その場で反撃の行為トークンを繰り出せば済むし、済むようにならなければならない。かくて、フーコー流の微視的権力論は思想的にも実践的にも過っていると結論しておきたい。〈父の娘〉のフェミニズムを押しつける父権性であるとか、近代主義とセットになった個人主義と言われるであろう。一体、それ以上の何が必要なのか。書き言葉による批判は、いつでも刑法的だと割り切ったほうがよい。

「個人的なものは政治的である」という名高いテーゼについても触れておきたい。個人的なもの・個体的なものは、一般論的理論の中でタイプ化されているから、それはまさに政治的なものである。両者はまったく同じレベルに位置していて、両者のあいだには、何の落差も何の異質性もない。異質なのは、単独的な出来事たちだけである。たとえば、ある時ある場所で実現した出来事を、一女性の体験として把握することが、すでに政治的なのである。だから逆に言えば、出来事を一女性の体験として把握した途端に、出来事の単独性は見失われる。この点を強調したいのである。金井淑子によれば、リン・シーガルは次のように書いている。「女性の身体がもはや生殖によって定義されず、男のための受け身的な商品に貶められることもなく、男の身体がもはやファルスによって定義されず、女性にとって威圧的で抑制的なシンボルとして使われることがないような形に、欲望は再形成されなければならない。そうなって初めて、男と女は、欲望の主体であり、かつ客体であることからくる、あの幼年期の快楽へと再び戻ることができるのかもしれない。そして、拘束的で強制的な性的オブセッションから逃れて、もっと相互的な性的出会いへと導かれるかもしれない」。

違うと思う。現に「欲望は再形成」されているし、現に「欲望の主体、かつ客体」は実現しているし、現に「快楽」は享受されているし、現に「出会い」は生じている。単独的な出来事たちとして現実化している。一体、そこ以外のどこで成立すると言うのか。成立の場所を、あの世的な生に求めてどうなると言うのか。それこそ制度宗教の妄想だったのではないのか。もちろん、現実の出来事たちは豊かどころではなく、ひどく貧しいかもしれない。しかし、いかに貧しくとも、いかにかすかでも、欲望は欲望であり、快楽は快楽であり、出会いは出会いなのである。このような世界を信じないで、一体何を信仰せよと言うのか。単独的な出来事たちの現実、ここに「生殖」「身体」「ファルス」「幼年期」「相互的」などの粗視的で個体的一般的なカテゴリーがかぶせられるとき、まさに「威圧」「強制」「拘束」などの政治的刑法的カテゴリーが適用されることになる。あれはあれで、これはこれである。実際、単独的に微視的に事態を見るなら、どこにも「身体」も「拘束」も見えてくるはずはない。微視的に見るなら、「健康」も「病気」も「器官」も見えてこないのと同断である。「健康」や「病気」という粗視的用語を使用して実践できることはたくさんある。しかしそのことは一つも、単独的微視的なものの変化に寄与しないことを思い知るべきである。

とまれ、一般論を振りかざしている人たちは、タイプとトークンの違いや、一般的個人的なものと単独的なものの違いをもっと考慮に入れて、しなやかに、かつ、したたかに考え直してほしいと思う。そのことは、少なくとも男性の自己陶冶には必要なことだと思う。

こうして、近年の性差別研究の動向の一つであるエスノメソドロジーを評価する地点にたどりつけたことになる。山崎敬一・山崎晶子の研究を見ることにする。筆者たちは性別カテゴリーがはらむ問題性を的確に指摘することから始めている。第一に、「他のカテゴリーではなく、「性別」というカテゴリーを、ある人間をカテゴリー化する時に、選択した(あるいは選択させられた)こと自体が、権力の問題として生じうる」。第二に、「性別カテゴリーには、さまざまな知識や推論が付随している」ために、「男あるいは女というカテゴリー化自体が、差別的なものや不当なものとして感じられる場合がある」。第三に、「カテゴリー化は、カテゴリー化される人間を、そのカテゴリーの代表としてカテゴリー化するという性格をもっている」。そして主として第三の点を具体的に実証すべく、「埼玉大学で行った男女会話」の分析が進められる。その会話分析の成果は、いかなる発言者も、いかなる一人称言明も二人称言明も、性別カテゴリーによって分類された者の発言として了解されてしまうということである。そして場合によっては、性別カテゴリーの下位カテゴリーである「美人」や「オバサンでないもの」によって分類された者の発言として了解されるということである。つまり、「男女会話」は、類種の分類体系から逃れられないというわけである。

問題は、このような事態が発生することに対する思想的実践的態度にある。そこで「男女会話」から、「チカン」をめぐる会話を取り上げてみる。「チカン」の体験の有無をめぐる男女間の会話がどのように進むかは予想されるだろうから、その再現はしないが、要するに、ある男性が、ある女性に「美人だから云々」と発言した後で、それが愚かな物言いであることにいくらか気づいて、「セクハラ云々」と言い訳をした気になった後で、言われた女性が「美人だと言われたらやっぱりうれしいから、あんまりセクハラだと私は感じない」と受けて終わるというシークエンスである。

まず、思うところを幾つか指摘しておく。第一に、この会話は愚劣であるし明らかに差別的である。この点は絶対に動かない。第二に、このような会話は幾度となくいたるところで繰り返されているが、それらをトークンとしての出来事たちであると言うことは絶対にできない。もちろん、この会話には恋愛誘惑的側面があるから、その限りではトークンとしての出来事であると言うことはできるが、この種の会話は本質的には一般論的通念のたんなる再現にすぎないと言うべきである。いわゆる駄話が、同じ一つのタイプの繰り返しであるのと同じことである。「お受験」や「住宅ローン」や「野球」をテーマにした会話の展開がどうなるかは、やる前から誰にでも予想がつくのはそのためである。だから、この会話分析から得られる帰結を、ただちに「美人」や「セクハラ」という言葉を使用して遂行されるかもしれないトークンに適用するわけにはいかない。第三に、この会話が人工的人為的であることを見逃すわけにはいかない。それは研究用にしつられた舞台で演じられたシークエンスなのである。出来合いの台詞をなどって再現しただけのシークエンスにすぎないと解したほうが妥当である。

筆者たちは、女性の「セクハラだと私は感じない」という発言についてこう評価を加えている。それは「単に一人の人間の解釈を示しただけのものではない。それは一人の「女」としての解釈の提示である」。ここに「一人の人間の解釈」とは、「脱性別化する効果」をねらう解釈であるが、まさにそれが「性別に基づいて達成される」という点に、この会話の特質が存している。「性別カテゴリーから生まれる潜在的な対立や葛藤の回避や解消が、まさに性別カテゴリーに基づいて場面的に達成されている」ということは会話参加者には見えてはいないが、そのような見えない事態にこそ「性別カテゴリーのリアリティ」は存している。

この分析はあまりにも自明ではないだろうか。男性と女性の会話という人工的な環境に投げ込まれた参加者の発言は、いかなる発言であれ性別カテゴリーの支配の下で解釈可能なはずである。そのことは、男性と女性の会話が常に性的に解釈可能なのと変わりはない。問題は、これも分析以前に予期される事象だが、「潜在的な対立や葛藤」の責任が一方的に女性に押しつけられるという差別的な事象について、この会話分析の方法からいかなる教訓を導き出せるのかという点にある。たかだか、「男女会話」の参加者に対して会話分析結果を提示して理解させるという道しか出てこないだろう。そのとき参加者はどのように変革されるのであろうか。私はほとんど何も期待できないような気がする。なぜなら、参加した男女が、行為トークンとしての出来事に生かすための知恵は与えられようがないからである。たかだか、あのような「男女会話」は決して繰り返さないという帰結しか出てこないはずだ。私はこの帰結は正しいと考えているが、だからこそ差別的会話を人為的に再現させる会話分析という方法に強い違和感を覚えるのである。

別の例で言いかえてみる。私は哲学が不当な仕方で軽んじられていると考えている。そしてそのことが、各種の社会問題や大学問題の思想的な原因になっていると考えている。しかもそのことを大半の研究者はわかっていないと思っている。そこで、「哲学」をテーマにした「研究者会話」を主催して、それを録音して文字に起こして分析を加えるとする。きっと、哲学者と非哲学者との葛藤は、哲学者の責任によって解消されるような圧力が働くはずである。そのことは私自身が日常的に感じているし、そのような会話を研究者たちに繰り返させるのはたやすいことである。では、そんな「研究者会話」の分析は、哲学に対する研究者の偏見を改めることに寄与するだろうか。そしてその偏見に由来する問題を解決することに寄与するだろうか。もちろん、この程度の疑念はエスノメソドロジー研究者は承知しているだろう。そもそもエスノメソドロジーは差別の実践的変革に対する失望から出発したとも言えるからだ。それでも違和感は拭えない。一体、どう考えればよいのだろうか。

五　変革の志

日常的な差別は、一般論的な語り方として現れる。それを批判していくという点においては、私はエスノメソドロジーに学ぶことがある。しかし、そこからの帰結の引き出し方に大きな違いを感ずる。そこを明確にするために、エスノメソドロジーを標榜する二つの論文を検討していくことにする。

江原由美子・好井裕明・山崎敬一は、性差別の分析視角を以下のように定めている。「顕在化された制度的な差別」は「日常性のなかの性差別」によって「成立・維持」されている。後者は具体的には、「社会成員」がもっている「常識」であり、それは「女性 - 男性の類型化やコミュニケーション規則をめぐる知識」から成り立っている。これが女性に「位置」をあてがい、「性別役割」を強いている。かかる「常識」こそが、「微細な権力」を発揮していて、そこから「社会的相互作用」が生じて、性差別をはらむ「社会組織」を「再生産」している。さらに筆者たちは続ける。「日常的な微細な権力構造を明示したとしても」、社会成員は「とるにたらないささいなこと」と見なすだろうし、研究者は差別は「もっとマクロな社会経済構造や制度の問題」だとして無視するだろう。かれらのそのような態度こそが、日常的権力を覆い隠して延命させている。その上で筆者たちは、大学学部学生男女各一六名の「協力」をえて、「大学のサークル活動」と「女性問題」をテーマにして、「いっさい干渉」しないで「自由にまかせ」て話し合ってもらって、その約一六時間分の会話を分析している。

幾つかの疑念を提示しておく。「常識」という観念ないしは言葉が、差別的社会組織を再生産しているという図式は観念論的である。社会成員のイデオロギーこそが、物質的制度をもたらしているという図式は、実践的には社会成員の自覚を促しさえすれば制度変革につながるという見解をはらんでいるからである。もちろん、イデオロギーと物質的制度の関係は複雑に錯綜しているから、イデオロギーの変革は観念論にとどまるという批判は粗雑すぎる。しかし、会話分析は会話の中の輻輳した差別性を解剖することを目指しているのだから、その会話が輻輳しているというそのことが、まさに性差別的制度を再生産しているという経路を示さなければならないはずである。さらにはその輻輳したもつれを自覚することが、性差別制度の変革の主体形成に寄与するという展望を示さなければならないはずである。この要求に対して、資源などの制約のために当面は会話分析の場面で研究を進めざるをえないと応ずることはできない。エスノメソドロジーを標榜する研究者は、性差別の解消という実践的課題に有効であるという看板を掲げているからである。

第二の疑念はこうである。筆者たちの言う「微視的」は、その思い込みに反して、およそ「微分的」ではないし、むしろ「粗視的」「個人的」と同等である。筆者たちの言う微視的権力は、粗視的個人的権力と同等・同質の解像度レベルにある。もっと言ってしまえば、今日の差別論の到達点から言っても、余計な論争をやめて事態をスッキリさせるためにも、微視的権力という用語は廃棄したほうがよいと思う。「常識」は一般論的言説であるが、それは粗視的権力と支え合っている。一般論的言説は、個人的なもの・個体的なものを形成し、政治的なもの・法的なものの適用を可能にする。まさにこのようなレベルにおいて、イデオロギーのリアリティと、物質的制度のリアリティは支え合っている。実践的に言い直せば、個人を変えることと、制度を変えることは同等・同質の課題であるからには、前者を微視的と形容し、後者を粗視的と形容して、そこに異質性があるかのように語ることはまったく無意味である。

第三の疑念はこうである。この研究は、研究を名目にして日常的性差別を発生させていることになる。その日常的性差別は会話において発生している。会話による性差別とは、会話の中で男性によって女性が不当に精神的性的に被害をこうむるということである。ところが、この会話では被害は発生していないように見えるし、筆者たちも会話による被害に注意を向けてはいない。実際、会話による性差別が検出されるのであれば、実践的解決方向は、その場で謝るとか、そのような会話を慎むとか、会話の作法や礼儀を守るとか、そもそも会話をしないということしか帰結しないからである。これは筆者たちの方法にそぐわない帰結である。筆者たちは、会話が性差別的であることが会話そのものによって隠蔽されていることを第三者の観察分析によって明るみに出した上で、まさにそのように性差別が当事者において隠蔽されてしまうということが性差別的社会組織を再生産するということを示さなければならないからである。要するに、会話参加者に自覚されては困るのである。ここには何か奇妙な事態が起こってはいないだろうか。どこかでボタンをかけ違えたとは、言えないであろうか。

たとえば会社の就職差別を考えてみる。この性差別的社会組織は、諸個人の活動から独立して成立しているわけではなく、企業の採用人事を担当する諸個人や労働省の担当部局の諸個人の思想や行動によって再生産されている。だから就職差別を解消するためには、これらの主として男性たちが変わらなければ何も変わらないのは明らかである。性差別の原因は制度にあるが、まさにそうであるが故に、責任は諸個人にある。よって、制度を再生産する男たちの、制度を再生産する限りでの「常識」は徹底的に批判されなければならない。しかしその「常識」の内に潜む性差別性については、大抵の場合、制度を再生産する男たちは無自覚であったり軽視したりしているだろう。では、そのような男たちをどのようにして変革主体に形成するべきであろうか。そのような男たちの「常識」批判はどのように遂行されるべきであろうか。私はそこで逸してはならない条件が一つあると思う。当の男たちが、制度の変革をサボることを正当化するために持ち出す「常識」を批判すること、これである。たとえば、特定の企業が新入社員の半数を女性にすることを拒む「理由」や、企業の男たちが新採用の半数を女性にするために闘わない「理由」を問い質すこと、これである。差別事象が何であるかはずいぶんと指摘されてきた。今や課題の中心は、それを変革する立場を男たちが取らないことを正当化する「理由」や「常識」を根こそぎにすることにあるはずだ。女性が会社を早く辞めることは困るという感性、女性を多く取ってやったとする保護者的発想、人件費削減を当然視する経済観念、企業は女性を常勤にしたのではやっていけないという思い込み、こうしたイデオロギーを批判することが求められているはずだ。もちろん、そのようなイデオロギーは会話分析という方法によっても析出できるであろうが、干渉しないで自由に喋らせては駄目だと私は思う。現状の変革という要求を実体的に実力でもって突きつけられて初めて明るみに出るようなことだと思うからである。このように考えると、どうしてもエスノメソドロジーの会話分析には違和感を感ずるのだ。

好井裕明の研究の検討に移る。これは、ある大学の「学友会の人権推進委員会」の主催で、「学生たちが女性問題をテーマに討論したもの」のビデオの分析である。まず好井は、「端的にいって、このディスコース空間において、女性たちは、からかわれ、さらされ続けること、いわば〈からかい〉〈さらし〉という性差別的行為の対象となり続ける」と評価する。この評価に私も賛成であるし、好井が感じたであろう怒りを私も感ずる。次に好井は、討論内容について、「内容的にも浅薄であったり、もっとつめて論じていけば、核心にふれる討論が可能であるのにできていない、とか、性差別をめぐる基本的な情報が討論者は無知であり、これを知っていれば、と思うことはしばしばであった」として、「実質的な討論の展開」が為されなかったところに問題を見出していく。そして好井は、会話分析の方法は会話内容の批判に関与しないことを理由にして、討論の実質的内容の批判は行わないとしている。私はここに拘泥せざるをえない。学生の討論会が浅薄で無知であったことの原因を、好井は情報不足や討論進行の技術不足に見出しているようであるが、私には、討論の目的が性差別を解消するというところに置かれていないところに原因があるとしか考えられない。こう言いかえてもよい。討論の目的は一応は性差別の解消に置かれてはいたのだろうが、性差別事象とは具体的にはどのようなことであり、それを解消するためには男性たちが何を為すべきかについての知恵や見識を欠いているから、浅薄で無知な討論しかできないのである。決して、情報不足やディベート技術の不足が問題なのではない。そしてこのような知恵や見識の重要性を主張することは、討論内容の批判とは異なることにも注意しておきたい。知恵や見識に支えられているなら、討論内容などほとんどどうでもよいのであって、共同で討論したという事実だけが残れば充分なのである。

好井のそれ自体は精緻な会話分析から、一例を取り出してみる。「レイプ」をテーマにした討論において〈からかい〉や〈さらし〉が生ずることは予想できるので、その紹介は措く。その一連の会話の最後で一人の男子学生が「俺は男や、男や。俺は働く。レイプはしません。いいぃ？

それだけやん」と発言している。この男子学生の浅薄な無知はどのように解体されるのかと問いを立ててみよう。会話分析は、その点で、何を教えてくれるだろうか。何も無いように思われるのだ。そこで、この男子学生の浅薄な無知を解体する仕方について考えてみる。これがきちんとした討論会であったなら、その男子学生は自分の男性性がレイプを容認したり可能にしたりする常識によって形成されていることを自覚して、それを自己批判した上で、レイプをしないだけではなくレイプをしたくもないしレイプをできなくなってしまうような男性性を形成する方向で、〈俺は男だけれども、男だからこそ、男を捨てたからこそ、レイプをすることはない〉と語ることができるはずだと思う。その意味でまさに〈いいのだ、それだけでいいのだ〉と語ることができるはずだと思う。他方で、きちんとしていない討論会では愚かな発言しか出てこないのだから、そもそも討論会自体を解体するべきであるとも思う。私たちは討論に一体何を求めているのだろう。情報知識や常識的通念を得るためなら、書物や論文や雑誌を読めば済むことだ。一時間話し合うより、一時間読むほうが、はるかに効率的だ。それでも討論に意味があるとすれば、変革の志を共有するということ以外にはありえないはずである。かつては、真摯な学生なら誰でも承知していたことである。しかし今日の教員の大半は、何の志もいだかないままに、愚劣なディベートを繰り返し、愚劣な指導や研究を繰り返している。そしてそんな教員たちの傍らを、愚劣な学生たちが通り過ぎてゆく。おそらくかの男子学生は犯罪という行為タイプに相当するレイプはしないだろうし、働いて家庭をかまえるという生活タイプを選ぶだろうし、まさにそれで「いいぃ」のであるが、それは討論会をやらなくても同じだったろう。むしろ、討論会を経ることによって、男子学生の愚かさは度を深めただけである。

ここまで会話分析の方法を批判してきたが、冗談や皮肉ではなく、本当に幸いなことに、会話分析を進める研究者はまだ少数であるし、しかも知恵と見識を備えた研究者に限られている。ここに名をあげた研究者たちには、私はずっと教えられてきた。しかしそれでも、会話分析の方法は間違っていると考えざるをえなかった。解放や変革の志もないままに多数のディベートが開催され、そんなディベートの解剖だけが積み重ねられていくという情景は、どこか間違っているのではないだろうか。

おわりに

女人往生論の典拠となった『法華経』の竜女成仏の物語については、近年になって新たな視角からの研究成果が生まれている。たとえば田中貴子は、「竜女成仏がなぜ女人成仏に読み替えられるのかという素朴な疑問」を立てて次のように書いている。「ただ、女性の成仏を説くだけなら人間の女性を主人公とすれば充分であり、人間より劣位にある畜生身の竜という要素を付加する必要はなかろう。梁塵秘抄に見られる「竜畜の女性でも成仏を遂げた、従ってより高位の人間の女性が出来ないはずはない」という言説は、経典そのものの教えというより、竜女成仏を女人成仏の例証として戦略的に用いた人々の存在を物語るものと推測されるのである」。その上で、田中貴子は、「制度としての〈物語〉を超えて竜女の成仏はあり得るかという問い」を立てて、

『堤中納言物語』の「虫愛つる姫君」についてスリリングな読解を進めている。その核心は、竜女成仏の物語の筋立てを背景にして、竜に通ずる蛇を贈ろうとする右馬左を、姫君が拒絶するという場面にある。つまり、〈馬〉の男は、〈虫〉の女に〈竜〉に似た怪物性を認めたからこそ、〈蛇〉を贈って成仏させてやろうとするわけだが、〈虫〉の女は、まさにそのような物語的筋立てを拒むことによって、自己の怪物性を肯定するのである。

同じような女性の闘争は、『源氏物語』の浮舟にも認めることができる。自死を試みた浮舟を救った横川僧都は、その後で浮舟に対して竜女成仏に触れた話をしている。ところが浮舟は、「亡きものに身をも人をも思ひつつ棄ててし世をさらに棄てつる」として自らの意志でもう一度世間を棄てるのである。そしてついに『かげろう日記』は、自己の宗教的救済を主題としながらも、女人往生についても竜女成仏についても一言も触れない。

このような文学的思想的達成を前にするとき、女人往生論や竜女成仏物語を、性差別的だという理由だけで棄ててしまうのは、余りにも粗暴であると思われてくる。「竜女成仏を女人成仏の例証として戦略的に用いた」男性たちを擁護したいと言っているのではない。そのような「戦略」を文学的思想的に突破することができた女性たちに学びたいと考えているのである。男性においては、竜男成仏物語どころか、男人往生論すら書かれてはいない。だからこそ、男性が「世をさらに棄てつる」ことが虚妄になってしまうとも言えるのである。

実践的な示唆に富む文学研究の達成に比して、近年の性差別論は研究至上主義におちいっているように思われる。この点について幾つか論じてきたが、少し補足しておきたい。たとえば「ろう文化宣言」を読むことで、研究者としての私の視野は変わったし広がった。もはや「見る」という言葉だけではなく、「話す」という言葉も気合いを入れて使用しなければならないと考えるようになったし、従来の言語論を総点検しなければならないと考えるようになった。それは研究者の責務であると思う。「ろう文化宣言」以降、「言葉」の意味は一挙に変化したのである。そして先日も、デカルトに続いてマルブランシュも手話を独立した言語と見なしていたことを〈発見〉した。だから西洋近世においては、目に見える形でろう者のコミュニティが成立していたと推定できるし、当時の言語観を緊急に再点検しなければならないと考えている。そして同じことは当然、日本においても史料を読み直せばきっと〈発見〉できると思う。このような課題が課せられることは研究者の喜びである。ところが、研究者の課題の遂行は、決して、ろう者の課題の遂行に寄与しない。「ろう文化宣言」に学んで研究を進めることと、ろう者の現実的課題のために闘うことは、まったく異なることだからである。これは悲しむべきことではなく、むしろ喜ぶべきことである。言語を研究することと、ろう者の闘争は相互に妨害しないことになるからである。そして、両者が相互に援助し合うような幸福な事例はきわめて稀なことである。ところが、差別研究者においては、このような認識が欠けつつあるように思われる。差別を研究しているから、差別の解消に寄与していると安心しきっているように見える。だからこそ研究至上主義だと言いたいのである。もちろんその原因の一つは、その分野の研究者が多すぎるということにあるが、優れた研究者にもその傾向があると思われたのである。

コミュニスト宣言、水平社宣言、リブ宣言、青い芝の会宣言、ろう文化宣言を知ったときの胸騒ぎを大切にしたい。そのときいだいた志の高さに、研究が追いつくはずがないという思いを失いたくはない。

参考文献

阿部泰郎「湯屋の皇后（上）（下）」『文学』一九八六年一月号、一九八七年一月号
牛山佳幸『古代中世寺院組織の研究』吉川弘文館、一九九〇年
江原由美子・好井裕明・山崎敬一「性差別のエスノメソドロジー」（一九八四年）『リーディングス日本の社会学一』東京大学出版会、一九九七年
江原由美子・河野貴代美・小浜逸郎「女はどこにいるのか」『群像』一九九一年一〇月号
大越愛子・源淳子・山下明子『性差別する仏教――フェミニズムからの告発』法蔵館、一九九〇年
小浜逸郎『男はどこにいるのか』草思社、一九九〇年
掛札悠子『「レズビアン」である、ということ』河出書房新社、一九九二年
笠原一男『女人往生思想の系譜』吉川弘文館、一九七五年
勝浦令子「「洗濯と女」ノート」『月刊百科』一九八四年、no. 261
金井淑子『フェミニズム問題の転換』勁草書房、一九九二年
金塚貞文『オナニスト宣言』青弓社、一九九二年
河合隼雄「「援助交際」というムーブメント」『世界』一九九七年三月号
木村晴美・市田泰弘「ろう文化宣言」『現代思想』一九九五年三月号、一九九六年四月号

平雅行『日本中世の社会と仏教』塙書房、一九九二年
高木豊『仏教史のなかの女人』平凡社、一九八八年
田中貴子「古典文学にみる竜女成仏」『国文学　解釈と鑑賞』一九九一年五月号
西口順子『女の力——古代の女性と仏教』平凡社、一九八七年
西口順子「日本史上の女性と仏教」『国文学　解釈と鑑賞』一九九一年五月号
細川涼一『女の中世——小野小町・巴・その他』日本エディタースクール、一九八九年
山崎敬一・山崎晶子「虚構としての男と女」栗原彬（編）『日本社会の差別構造』弘文堂、一九九六年
山本ひろ子『変成譜』春秋社、一九九三年
好井裕明「からかわれ、さらされる「身体」と「論理」」『現代思想』一九九七年二月号
吉田一彦「竜女の成仏」大隅和雄・西口順子（編）『救いと教え』平凡社、一九八九年

暴力の性化と享楽化の此方（彼方）へ

サディズムとマゾヒズムは、個人内においてであれ個人間においてであれ、必ずと言ってよいほどカップリングされてきた。それは、対自関係と対他関係をどうしても関連させたがる通念と力関係をエロス化したがる慣習に由来している。ところで、平等主義的モラリズムの勝利の故であろうが、力関係のエロス化は色褪せてきた。また、対自と対他の関連性が信じられなくなってきたためであろうが、両者のカップリングもリアリティを失ってきた。そして、いまのところ、SMは「性的」倒錯であることを止めて、倒錯そのものとして享楽化されて立ち現われているように見える。正義や安全を目的とするかのごとくに行使されている捕虜・被疑者への拷問や市民へのピンポイント爆撃は、その一例と言えよう。ここでは、時代を遡りながら三つの論考を辿って、現状の認識について問題提起をしておきたい。

一九八〇年──ジュディス・バトラーの「反省」

ジュディス・バトラーには、「ジュディィ」・バトラーの名で書いたレズビアンSMについての論考があり、それはこう書き出されている[*1]。

一年前ほどになるが、初めて私はレズビアンSM運動体に出会った。ニューヨーク市でのボーヴォワール・カンフェランスでのことである。SM運動の活動家であるゲイル・ルービンが「性と文化」のセミナーを主催し、そこで彼女は、フェミニストによる反ポルノグラフィー運動は清教徒的で反-性的であるとして批判していた。彼女の考えによるなら、女たちがポルノグラフィーから学ぶことは多いのである。また、彼女は、ゲイ男性文化のSMの側面を破壊しようとする昨今のラディカル・レズビアン・フェミニストの傾向を批判していた。彼女の考えによるなら、そこから学ぶことも多いのである。〔……〕そのとき、ルービンは、ミシェル・フーコーの『性の歴史』を携えていた。以来、私は、フーコーがゲイSM運動を理論的に支えていることを知った[*2]。

ジュディ（ジュディス）・バトラーは、一旦はSMを詰問していく。〃レズビアンに対してイエスと言うことは、異性愛の力（権力・力関係）に対してノーと言うことだ。では、そのことは、新たな創造的な力にイエスと言っていることになるのか。そうはなっていない。フーコーたちは、ゲイのSMは支配と服従の力関係の表出であることを認めている。力関係なくして性はないというのだ。レズビアンSMにしても、ファロス中心的な力関係を別の形で引き継いでいる。性の現状を追認しているのだ。だからこそ、昨今のSM文献には、「諦観と幻滅」の調子が広まっている。それにしても、現在のポルノグラフィーやSMから学ぶことがあるとするなど、どうかしている〞。ところが、バトラーは、ＳＭの「諦観と幻滅」を共有している。〝たしかに、性のユートピア的幻想は潰えている。性が既存の力関係を免れることはありえない。現状の力関係はエロス化されるし、その類のエロス化がなければ性的快楽を経験できなくなっている。力と性は不可分になっており、そこを追認するしかない〞。そして、ＳＭへの詰問はわが身に跳ね返ってくる。〝私は二つの声に引き裂かれている。一方の声は、「こんなことをやるべきではない」と告げる。それはモラル・フェミニストの声だ。「あなたはそのように学習した。あなたの社会化の様式が変わるなら、あなたの欲望も変わる。ＳＭは家父長制の力関係の偽装でしかない。政治的に正しくない行動だ。個人的なものも政治的なものなのだ」。もう一方の声は、「しかし、私はやりたい」と告げる。それはＳＭの声だ。「欲望は根本的に正しい。道徳的な良心の方が間違えている。欲望を蔑視するユダヤ－キリスト教的倫理を退けるべきだ」。では、バトラーはどうしようというのか。バトラーは一方で、モラル・フェミニズムが指摘するほどの「道徳的な危険」がレズビアンＳＭにあるわけではないとしながら、他方で、レズビアンＳＭが「性的欲望」に対して「非－反省的態度」を保持することを批判していく。欲望に対する反省こそが重要であるというのだ。では、その反省なるものはどうなっていくのか。

バトラーの反省は、モラル・フェミニズムと変わらない態度をもたらしていく。すなわち、〝ＳＭは個人間の同意や契約に基づくからにはそれに対する道徳的非難は的外れであるとしても、だからといってＳＭが異性愛の力関係を乗り越えていることにはならない。仮にその力関係のファンタジーでもってパフォームしているとしても、だからといって歴史的・政治的な世界を無きものにしていることにはならない。そもそもSMに対する同意にしても複雑な仕方で構成されているのだから、その自己決定だけで非難をかわせるはずもない〟。ところが、論考の最後になって、バトラーは、「エロティックなものの力」を言挙げしてみせる。そして、エロス化される力関係は多様であって、それらを異性愛や家父長制の力関係に還元することはできないと述べてみせる。しかし、周知のごとく、その後、若きバトラーによるSM的欲望の反省的擁護でさえも、モラリズムによって吹き飛ばされてきた。では、性化を封印された欲動は何処へ行くのか。

一九六七年——ジル・ドゥルーズの「モンスター」

ドゥルーズ『マゾッホとサド』が、「サド＝マゾヒズム的単位」を設定する慣習に反対していることはよく知られているが、実はそのほとんどは両者をカップリングさせる仕方で書かれている。

ドゥルーズは、SMによる力関係のエロス化に加えて、SMでは言語の力もエロス化されていると指摘していく。サドの場合、その文学作品の言語そのものが暴力化しエロス化しているのであって、「犠牲者たちがこうむる暴力は、論証なるものが示す最大限の暴力の反映（image）にすぎない」[*3]というわけである。このとき、サド（マゾッホ）の文学言語は、ちょうどレズビアンSM運動におけるファンタジーの位置を占めることになる。「サドとマゾッホに援けられて、文学はものを名付けることに貢献する。すでに名付けられているのだから、世界をではなく、世界の暴力と過激性をうけとめる影（double）ともいうべきものを、名付けることに貢献しているのだ」[*4]。ＳＭにあっては、現実の過激な暴力の影＝分身としてのファンタジー＝文学言語、それがエロス化して「官能」に働きかけるというわけである。ところが、ドゥルーズは、その此方（彼方）に位置するサディズム（マゾヒズム）を取り出そうとしている。

手始めに、ドゥルーズはこう宣言する。「人は倒錯者となるのではない、倒錯者はどこまでも倒錯者である（On ne devient pas pervers,on le reste）」[*5]と。ドゥルーズによるなら、この倒錯者は、ジョフロワ・サン＝ティレールのいう「モンスター」に相当する。すなわち、個体発生の過程がどこかで停止し（「定型」発達の経路を辿ることなく）、それ以前へと退行した生き物であるというのである。だから、そのとき、一人の倒錯者は、別の倒錯（者）とカップリングされることなく、まさに一個のモンスターとして屹立する。こうして、サディズムの通例の見方は次々と退けられていく。モンスターとしての倒錯者について、「部分欲動」でもって分析しても駄目である。快楽と苦痛の二分法で分析してもやはり駄目である。そんな見方では、「特殊なタイプ」の「性的行動」をまるごと生きてしまっている生物類型をそれとして認めることができなくなってしまうからだ。そのとき、家父長制や異性愛の力関係をエロス化する程度のサディストなど問題ではなくなる。サディストにあって「父権的・家長的な主題が優勢（dominant）であることは確かである」にしても、サディスト的でモンスター的な「父」は、「家庭破壊者としての父親」になる。「彼」は、ＳＭそのものも破壊する。「彼」は、「無政府状態にある始源の力としての自然を体現する」ことになるはずだ[*6]。

このようなドゥルーズのヴィジョンは、法を超越する根源的自然力のダイレクトな発現を夢見るユートピア的幻想であって、バトラーからするなら「幻滅」を運命づけられているものであると言えるかもしれない。実際、ドゥルーズは、このモンスターとしてのサディストについて、制度という媒介を持ち込み、法なき制度化を続ける永続革命家に喩えていく。つまり、単なる改良主義者に近づけていく。そのとき、再びＳＭのカップリングを語り出すことにもなる。しかし、モンスターとしてのサディストは、単なる幻想なのか。むしろ、リアルに存在するのではないのか。

一九四三年――アブラハム・マズローの「サイコパス」

アブラハム・マズローは、第二次世界大戦時に書いたその論考「権威主義的性格構造」をこう書き出している。

この戦争では、友と敵を区別することが難しい。過去に使われてきた通常の基準は、いまでは間違いの元になる。ところが、それ以上に良い基準がないため、報道人や政府指導者は旧来の基準に立ち帰っている。しかし、ファシストをそれとして定義するものは、その地理的な居場所ではありえない。その国名でも国籍でも、その言説でも、その宗教でも、その皮膚色や人種的特徴でも、その経済的階級でも、その社会的身分でもない。これらの規定の幾つかは個別のファシストの事例にあてはまるかもしれないが、すべての事例にあてはまるわけではない。事態をさらに悪くしているのは、ファシストか否かを定める際に、その人の言葉や行為をあてにはできないことである。〔……〕さらに、主体が自己について抱く意識的信念も最終的にはまったくあてにならないと指摘できるだろう。というのも、無意識に権威主義的方向に傾いていく多くの人がいるからである[*7]。

これに対して、マズローに言わせるなら、心理学者は友と敵を区分するための手助けをすることができる。性格構造を見分ければよいのである。そこで、マズローは、権威主義的人格と民主主義的人格の二分法をセットする。言うまでもなく、前者が敵で後者が友である。そして、両者の差異を次々とあげていく。権威主義的人格にとっては、世界は危険や脅威に満ちた挑戦的なジャングルである。そのように世界を認知するからこそ、その行動のルールは、食うか食われるかの利己主義的なものとなる、等々。となると、権威主義的人格は、相互に対等に憎しみ合うことに終始しそうだが、そうはならないとマズローは論じていく。その際に、一個の権威主義的人格の内部に「サディスト的－マゾヒスト的な傾向」が内在しているとしてカップリングを導入していくのである。

われわれの社会において、人が権力を求めるということは容易く了解される。われわれにとって、ムッソリーニが権力を欲望するのを了解することは大して困難ではないが（われわれの権力への無意識の動機は違っているにしても）、ムッソリーニのためにおのれの命を差し出す人の動機を了解することはさほど容易ではない。従属的な地位にある権威主義者についてはどうであろうか。われわれは、これまで述べてきた傾向には二つの側面があり、両者は同一人物の内部に存在するということを明確に了解しなければならない。権威主義的性格は誰でも、サディスティックかつマゾヒスティックなのである。どちらの傾向が現われるかは概ね状況次第である。その人が優位の地位にいるなら残酷になりがちであり、劣位の地位にいるならマゾヒスティックになりがちである*8。

ところで、民主主義的人格も喜んで権力に服従し、劣位の地位に甘んじている。マズローは、そこをどう捌くか。マズローに言わせるなら、服従や従属を事とする人々一般を権威主義的性格と見てはいけない。「優しい主人を持つ奴隷、保護されるとともに支配されている人々、庇護されている人々」は服従し従属してはいるが、権威主義的でもマゾヒスティックでもない。そうした人々は、「羊飼い」の下にある「羊の群れ」と見なされるべきである。となると、ともに劣位に置かれる権威主義的人格と民主主義的人格の区分が怪しくなってくるはずであるが、まさにそのような嫌疑が出そうな局面にいたるや、マズローは、純粋に権威主義的な人格、純粋にサドーマゾ的な人格は少数にとどまると書き付けていく。そして、マズローに言わせるなら、ほとんどの権威主義的人間は、「特定の神経症的ないし心身症的な症状」を呈するものであって、それに対処するのはさほど難しくはない。ほとんどの敵は、治療可能で対処可能である。つまり、ほとんどの敵は、従属的な羊の群れと同様に扱いうるから、友にできるものである。そして、論考の最後にいたって、マズローは、その心理的な友／敵理論でも対処不可能な敵、純粋なＳＭ的人物のことを、カップリングのことなど忘れて「サイコパス的人格」と呼ぶ。それは、民主主義にとってだけではなく権威主義にとっても敵にあたる生き物である。

マズローの「サイコパス的人格」、ドゥルーズの「モンスター」は、バトラーの「反省」以降のモラリズムの席巻によって不可視化されてきたわけだが、それは享楽化され倒錯として現われているように見える。そして、いまのところ、民主主義的人格者たちは、その程度の「狂気」に出会って右往左往しているだけであるように見える。

*1 Judy Butler, "Lesbian S&M :The Politics of Dis-illusion," *Green Mountain Dyke News* Vol.1, No.4 (October,1980). これは次の論集に収録されている。Robin Rurth Linden et als., eds., *Against Sadomasochism: A Radical Feminist Analysis* (Frog in The Well, 1982). これの筆者紹介を訳出しておく。「ジュディ・バトラーはレズビアン－フェミニストであり有望な哲学者である。イェール大学とニューヘブン大学で哲学とフェミニズムを教えており、欲望についての学位論文を執筆中である」(p.210)。

*2 *ibid.*, p.169.

*3 ジル・ドゥルーズ『マゾッホとサド』（蓮實重彦訳、晶文社、一九七三年）:GIlles Deleuze, *Presentation* *de Sacher-Masoch : Le froid et le cruel* (Minuit, 1967)、二八頁：p. 19. ドゥルーズは、ＳＭに単純な「反転(renversement)」関係があるとは認めないが、両者の間に「逆説的」関係があることは認める。その論脈でユーモアとイロニーが導入され、マゾヒズムの「出口」にはユーモア的なサディズムがあり、サディズムの「出口」にはイロニー的なマゾヒズムがあるとし、極限でのカップリングを認める（五〇－五一頁：p. 35)。ユーモアとイロニーの二分法でもってＳＭを区分しているのではない。ＳＭは相互に影＝分身である。

*4 同、四七頁：p. 33。

*5 同、五七頁：p. 40。

*6 同、七七頁：p. 53。

*7 A.H. Maslow, "The Authoritarian Character Strucrure", *The Jotumal of Social Psychology* ,18, 1943, p. 401.

*8 *ibid.*, p. 408.

異性愛批判の行方

支配服従問題の消失と再興

一　再生産概念と〈学校‐家族〉批判

再生産（reproduction）は、経済的な意味での再生産と生物的な意味での生殖の二重の意味をもつ概念として使われることが、いまだに続いている。私は、そのように再生産概念のダブルミーニングに寄りかかる論法には多くの難点が潜んでいると考えている。そもそも再生産論は、既存の秩序や構造が安定的に維持されている外見を説明するために、当の秩序や構造がいかにして再生産されているのかを問うものであるにしても、そのように説明するという身振りでもって、既存の秩序や構造の外見的な安定性を追認し合理化する保守＝保存的な面を持たざるをえないことは指摘するまでもないし、同時に、再生産論は秩序や構造の発生や起源の歴史的な説明だけではなく理論的な説明をもあらかじめ放棄しており、そのことでもって、秩序や構造の発生や起源とその後の変化や過程の分析を、いわば前理論的で経験的な通念に丸投げしてしまうことになるとも指摘することができるが、私の見るところ、再生産論に潜む問題はもっと根深いところにある。本稿はそのことを見据えながら、また、再生産論とフェミニズムが結びつく経緯を念頭に置きながら、一九六〇年代後半から一九七〇年代にかけての異性愛批判を想起することを通して、それ以来、何が失われてきたのかを考え直すことを課題としたい。そこで、ルイ・アルチュセールの再生産論を検討することから始めてみる[*1]。

アルチュセールによるなら、社会構成体が存在するためには、生産諸力と生産諸関係が再生産されなければならない。すなわち、同じ一つのものが存在し存続するためには、その何かがそのものとして再生産されるというのではなく、言いかえるなら、その何かが自己生産し自己保存し自己によって存在するというのではなく、その何かを構成する諸力と諸関係が再生産されなければならないというのである。そして、それが何を「生産」する「力」「関係」であるかはとりあえず不問にふしたまま、その何かを生産するものが再生産されなければならないというのである。いまは、このような理論的端緒の構成については論じないが、注目すべきは、その端緒の次のステップで「労働力」が導入されることである。しかも、その労働力には二重の理論的な機能が課せられていく。第一に、労働力は「生産諸手段と生産諸力を区別するもの」と規定される[*2]。第二に、その労働力がいかにして再生産されるのかと問いが立てられる。すなわち、社会構成体の再生産の条件の問いは、生産諸関係の再生産のことを一旦は括弧に入れて、労働力の再生産の条件の問いへと転位されるのである。そして、問いはさらに限定される。労働力の再生産を「保証」するのは賃金であるとする通例の理解が追認された後に[*3]、「労働力の専門技能」の再生産はいかにして「保証」されるのかと問いが立て直されていく。では、それを「保証」するものは何であるのか。アルチュセールが出した解答は、「学校」であった。

この労働力の専門技能の再生産とは、「現場で」（生産そのものの内部における見習い）保証されるのではなく、次第に生産の外で、すなわち資本主義的な学校のシステムによって、またはそれ以外の諸機関と諸制度によって保証される傾向（ここでは傾向法則が問題である）にある[*4]。

では、学校（及び、学校的で学校化された諸機関や諸制度）では何が教えられるのか。アルチュセールによるなら、それは技術や知識だけではなく、分業に応じた礼儀作法の諸規則、フランス語で正しく命令することなどである。総じて、学校は、「専門技能の再生産」に加えて、「労働者に対しては支配的イデオロギーへの服従の再生産、さらには、搾取と抑圧の担い手たちに対しては、支配階級の支配を同じく「言葉によって」保証するために支配イデオロギーを使いこなす能力の再生産」を保証する傾向にある。要するに、学校とは、「支配的イデオロギーに対する服従の再生産」、あるいはこのイデオロギーの「実践」の「再生産」を保証する傾向にあるのである[*5]。

ここで少し、立ち止まろう。社会構成体の再生産の問いは、労働力の再生産の問いへと転位された。労働力の再生産の問いは、賃金による保証と学校による保証へと転換された。学校は労働者と支配階級を生産するわけではない。また、それぞれを再生産するわけでもない。そうではなくて、学校は、支配的イデオロギーに対する二種類の主体の差異や関係を再生産する。一方の主体である労働者は支配イデオロギーへの服従を学習し、他方の主体である支配階級は支配的イデオロギーの運用を学習する。そのことによって何が再生産されるかというのなら、支配階級と労働者の関係、支配と服従の関係が再生産されるというのである。ここまでの議論において生産諸関係の再生産のことは括弧に入れられている。ということは、生産諸関係と支配・服従の関係は区別されていると解さざるをえない。その区別の指標は、支配的イデオロギーの介在の有無である。そして、社会構成体が安定的に存在するためには、支配的イデオロギーを媒介とする支配階級と労働者の関係が再生産されなければならず、それを保証するのが学校であるということになる。

次いで、アルチュセールは、国家を導入し、国家権力と国家装置を区分する。後者の国家装置としては、「警察－裁判所－刑務所」だけではなく、「軍隊」「国家元首、政府や行政機関」があげられる。そして、プロレタリアートは、国家権力を奪取するだけでは足りず、国家装置を「利用」しながらそれを「解体」しなければならないとその使命を語ってから、「国家のイデオロギー装置」を導入する。

国家理論を前進させるためには、ただ単に国家権力と国家装置の区別を考えるだけではなく、同時に、明らかに国家（の抑圧）装置の傍らに存在するが、しかし国家（の抑圧）装置とは異なったまた別の現実を考慮に入れることがぜひとも必要である。われわれはその現実を、その概念にしたがって、国家のイデオロギー諸装置 appareils idéologiques d'État と呼ぶことにする[*6]。

この「国家のイデオロギー装置」としてあげられるのは、「専門化された諸制度」、例えば、教会、公的・私的な学校、政党、新聞、ラジオ・テレビ、文学・美術・スポーツである。とりわけ学校については、国家のイデオロギー諸装置のうちで「支配的な地位」を占めているともされる。

その後で、アルチュセールは、家族を主題化する。アルチュセールによるなら、家族もまた、国家のイデオロギー装置の一つであるが、それは特別なものである。というのも、「〈家族〉は明らかに国家のイデオロギー装置とは別の「機能」を果している。〈家族〉は労働力の再生産に介入する」*7からである。では、家族において、その労働力の再生産はどのように規定されるのであろうか。ここでは、労働者の維持という意味での労働力の再生産のことよりは、強調点は、支配的イデオロギーに服従する労働者の再生産に、あるいは、そのような労働者の生産に置かれる。その際、国家のイデオロギー装置がイデオロギー的に機能することに重点が置かれて、家族は、学校や教会と同様に、「賞罰、排除、選抜、等々の適当な方法によって、彼らの祭式執行者のみならず、信徒をも「調教」する」*8と規定される。

さて、問題は、社会構成体の再生産であった。そのための生産諸力と生産諸関係の再生産であった。そして、問題は、労働力の専門技能の再生産と、支配的イデオロギーへの労働者の服従と支配的イデオロギーの支配階級による運用の再生産であった。その再生産を果たす国家の装置が、かつての〈学校 - 教会〉に取って代わってきたところの〈学校 - 家族〉であるとされるのである*9。とするなら、〈学校 - 家族〉こそが、社会構成体を再生産するための核心的な機能を担うものであるということになる。しかし、本当だろうか。〈学校 - 家族〉にそれほどの機能があるとするなら、〈学校 - 家族〉の変容はただちに社会構成体の変容を引き起こすはずである。社会構成体の再生産を阻止するためには、〈学校‐家族〉による労働力の再生産を阻止すればよいことになる。しかし、そんなことが信じられるだろうか。そのようなことが信じられたとするなら、それはどうしてであったのだろうか。あるいはまた、当時、〈学校‐家族〉は、社会構成体を別の仕方で再生産されるように再編成されたのであろうか。これらの問いについては他日を期し、アルチュセールに戻ろう。

アルチュセールは、こう進めていく。支配階級が国家権力を掌握できているのは、その支配階級が国家のイデオロギー装置に「対して」、またはその「中で」、「ヘゲモニー」を行使しているからである。それ故に、国家のイデオロギー装置は「階級闘争の場」でもある[*10]。ということは、支配階級は、学校‐家族に対して、かつ、学校‐家族の中で、ヘゲモニーを行使しているということになる。しかも、学校‐家族そのものが階級闘争の場であるということになる。現在の支配階級と明日の労働日の労働者の階級闘争の場であるということになる。ここにきて初めて、アルチュセールは、生産諸関係の再生産を主題化する。生産諸関係と搾取諸関係を等置した上で、国家のイデオロギー装置の主要な役割は、搾取者と被搾取者のそれぞれに相応しい役割を身につけさせることである繰り返していく。言いかえるなら、〈学校‐家族〉は、労働力を再生産して生産諸力を再生産するだけではなく、支配的イデオロギーに服従する労働者を再生産することによって、実は生産諸関係をも再生産するのである。〈学校‐家族〉こそが、社会構成体そのものを再生産するのである。ただし、事態がさほど単純にならずに混濁していくのは、そこにイデオロギー概念が介在するからである。アルチュセール以降を見通すとき、この点が重要である。アルチュセールは、どのように抑圧者と被抑圧者の役割を身につけさせているのかということについて、こう書いている。

宗教装置は、〈説教〉や〈誕生〉、〈結婚〉、〈死〉などの大きな儀式において、人間は一方の頬を打った相手に他の頬を差し出すまでに彼の兄弟を愛することができなければ、単なる灰にすぎないのだということを思い出させることによって。家族装置は……。この程度でやめておこう[*11]。

宗教装置の機能を家族装置が引き継ぐのであるからには、家族における誕生・結婚・死の儀式こそが、被支配者・被抑圧者たる労働者を再生産するということになる。そして、その再生産は、「イデオロギー的な再認」の生産として規定される。

ある個人が、生まれる以前からでさえ、つねに‐すでに主体である（un individu soit toujours-déjà sujet）ということは、しかしながら誰にでも受け入れられるごくふつうの現実であって、少しも逆説ではない。〔……〕各人は生まれる子どもがどれほど、またどのように待たれているかを知っている。そして、このことは結局、きわめて散文的に言えば、もしここで「感情」を、すなわち生まれてくる子どもがそのなかで待たれている家族的な、つまり父性的／母性的／夫婦的／兄弟的なイデオロギーの諸形態を問題にしないことに同意するならば、この子どもが父の名前をもち、したがって身元をもち、かけがえのない存在になることはまえもって確定している、ということである。それゆえこの子どもは、生まれる前から、つねに－すでに主体であり、懐妊以後、子どもが「待たれて」いる種差的な家族的イデオロギー的な布置のなかで、またこの布置によって主体であることを割り当てられているのである。この家族的イデオロギー的な布置は、その単一性において強度に構造化されており、またかつての未来－主体（l'ancien futur-sujet）が「自己の」場所を「見出さ」なければならない、すなわち彼がすでにまえもってそうである性的主体（男の子あるいは女の子）に「成ら」（« devenir » le sujet sexuel (garçon ou fille) qu'il est déjà par avance）なければならないのは、多少とも「病理学的な」（この用語にひとつの割り当て可能な意味があると仮定して）この仮借のない構造のなかにおいてであるということは付け加えるまでもない[*12]。

「かつての未来－主体」は、他ならぬ家族の中において、イデオロギー的に再認される。言いかえるなら、病理的に再認される[*13]。では、何ものとして再認されるのか。また、何ものとして自己を再認するのか。父として、母として、夫として、妻として、兄として、弟として、である。語彙的性差（ジェンダー）の制限を解除するなら、加えて、姉として、妹として、でもある。ところが、強調しておきたいのは、ここでのアルチュセールが、「かつての未来－主体」が「性的主体」に成ることが、イデオロギー的で病理的な構造の内部において成立するしかないとしても、それでも、男の子と女の子に分かたれることが、その限りでの性別化が、論理的に、イデオロギー的で病理的な再認に先行する可能性を認めているということである。つまり、アルチュセールは、それについて十分に展開してはいないものの、父性的／母性的／夫婦的／兄弟的なイデオロギーは支配的なイデオロギーであって、家族はそれに服従する労働者を生産し再生産することによって社会構成体を再生産することになるとするのであるが、こと性別化の意味での性化については、それを支配的イデオロギーに数え入れない余地を残しているのである。少なくとも対象論文ではそうなっている。アルチュセールによるなら、支配的イデオロギーの核心は家族イデオロギーである。それは、アルチュセール以降、家父長制（イデオロギー）として語られ続けるものであるわけだが、しかも、資本制と対にされて資本制の支配服従関係を再生産する機能をあてがわれるものとして語られ続けるものであるわけだが、こと性化としての性別化については、支配服従関係を免れうる余地を残しているのである。性化としての性別化は、異性愛だけではなく同性愛も可能にする条件であるが、その限りでの異性愛と同性愛は、支配服従関係と階級闘争を免れうる余地を残している[*14]。さらに言えば、性別化に基礎を置く限りでの異性愛と同性愛は、国家のイデオロギー装置における支配的イデオロギーから除外される余地をも残しているのである。

このように、アルチュセールこそが、資本制と家族の関係、家父長制と異性愛・同性愛の関係をめぐる議論のフレームを提出していたと言うことができよう。アルチュセールは学校の危機について言及するものの家族の危機については論じていないが、アルチュセール以降、家族の危機こそが議論の中心を占めるとともに[*15]、異性愛批判と異性愛擁護が前景に出てくることになる。

二「男は敵である」／「汝の敵を愛せ」

被支配者からするなら、支配者は敵である（と解しておく）。家族こそが、支配階級がヘゲモニーを握っている支配服従関係の再生産の場であり階級闘争の場であるなら、その家族内部において誰が敵であることになるのか。家族こそが国家のイデオロギー装置であるなら、被支配者たる労働者にとっても家族そのものが敵となるはずであるが、家族の内部に位置する労働者にとって家族内部の誰が敵であることになるのか[*16]。事態は複雑であり錯綜する。歴史的に振り返って、その事情があからさまになったのは、レズビアン・フェミニズムが家父長制批判を深化させて異性愛批判にまで議論を進めたことによると見ることができる。

一九六〇年代後半から一九七〇年代にかけての、フェミニストによる男批判をたどっておく[*17]。著名なものの一部を列挙するなら次のようになる。

Valery Solanis, *SCUM (Society for Cutting Up Men) Manifesto* (Olympia, 1967)
Redstockings Manifesto (1969)
Christine Delphy, "L'Ennemi principal" (1970)
→ *The Main Enemy* (WRRC, 1977)
Leeds Revolutionary Feminist Group, "Political lesbianism: The case against heterosexuality" (1979) [*18]

これらの文書に共通する主張を取り出してみるなら、第一に、男と女の関係は、それがいかなる関係であれ、すなわち、二個人の関係であれ、二集団の関係であれ、性的関係であれ、支配者・抑圧者と被支配者・被抑圧者の関係である。第二に、その関係は、階級関係である。したがって、第三に、男と女の間の対立は、それが集団的な場合はもちろん、それが個人的・私的な場合であっても、政治的な対立である。第四に、女の個人的・私的経験、社会のいたるところで女であるがために経験する苦渋や苦痛は、そうした対立によって引き起こされているし、逆に、それら女の経験こそがそうした対立の存在を証している。総じて、女にとって男は敵であり主敵である。

このとき、実践的結論はどうなるであろうか。一部のフェミニスト、とりわけレズビアン・フェミニスト（の一部）は、決然と分離主義を唱えていった[*19]。女だけで生計を立てること、女だけで暮らすこと、男との婚姻や家族形成に関与しないこと、男と性的な関係を取り結ばないことなどを実践していった。アルチュセールの用語で言うなら、国家のイデオロギー装置である家族そのものを拒絶しただけではなく、性別化を基礎とする異性愛そのものを拒絶していったのである。この点を理論的に突き詰めてみるなら、男と女に性化して性別化するというそのことが異性愛における男的なものと女的なものの形成と区分できなくなっているからには、起源にあると目される性化としての性別化そのものが男女の支配服従関係の基礎となっているし、逆に、後者によって前者は常に既に条件づけられているということになる。とするなら、異性愛に対して同性愛を対抗することよりも、異性愛と同性愛を共に可能としていると目されているところの性化としての性別化そのものを拒絶しなければならない。そのことをレトリカルに表現するなら、家父長制と異性愛からの分離主義者は、男の対で語られる女ではないし、端的に女ではないということになる[*20]。とするなら、分離主義者こそが、それを「主体」と呼んでよいとするなら、社会構成体の再生産を危うくする真の革命的主体であることになるはずである。

しかし、このような分離主義の理論と実践を多くの人は受け入れることができなかった。その一部の人々は、理論的な反論を試み始めた。それが表立ってくるのは、一九七〇年代後半から一九八〇年代にかけてである。幾つか取り上げておく[*21]。アマンダ・セベスティアンが、分離主義から転向しながらも迷走する様子を見ておく。

何年かの分離主義を経て現在の妥協的な立場(compromise position)に到って思うのは、私は男との何らかの関係を、性的な関係も含む何らかの関係をたしかに望んでいるということである。しかし、私は、依然として、分離主義が目指している仕方で自分の生活を変えたいと望んでいる。私はラディカル・フェミニストである。そのことが意味していることは、私は男を政治的な敵と見なしているということである。しかし、私は男たちを殺したいわけではない。それは解決としては保守的すぎる(too conservative)。私は、男たちが男であることを止めることを望んでいるのだ[*22]

セベスティアンにとって、男は政治的な敵であるが性的な友である。分離主義者にとって、男は、政治的な敵であり、かつ、性的な敵である。このことを家族に限定して言ってみるなら、男は、政治経済社会的に支配階級であり、かつ、家族における支配階級である。男は、自己を支配階級と労働者として再生産することによって社会構成体を再生産する限りで政治的な敵であり、かつ、家族で形成され家族を構成したがる異性愛者である限りで性的な敵である。以上の複数の二重の意味において男は主敵である。とするなら、社会構成体の再生産を断つには、主敵を打倒する以外に戦略があるはずがない。このような帰結が出てくるのは「政治的」に考えても避けがたいはずである[*23]。

ところで、異性愛者としての男に対する男による批判は、一九七〇年代における男らしさ(masculinity) 批判として始まっている。そこでは、異性愛そのものの批判は回避されて、男の異例な異常性のみが批判されていくのだが、これに対し、男の側から異性愛そのものに対する批判を放っていくのがゲイ・リベレーションの担い手たちであった。ジェフ・ハーンによるなら、この点で決定的であったのが、一九七七年にイタリアで刊行されたマリオ・ミエリの著作である[*24]。

ミエリは「普遍的同性愛」を掲げ、彼らを服従させている(異性愛的) ノルムに対抗する同性愛の意識と行動こそが革命的な力をはらんでいると主張している。こうして、ミエリは、ゲイ・リベレーションを、女・子ども・黒人・「分裂病者」・老人の解放一般に、さらに資本主義下の労働者の解放へと、それらがゲイ・コミュニズムに向かって動いている限りにおいて連結させるのである。ミエリは、男らしさを心理－内部的に吟味するだけではなく人格関係の水準でも構造の水準でも吟味するのであるが、その際に、「多型倒錯」・オイディプスコンプレックス・エロスといったフロイトやマルクーゼの諸概念を援用している[*25]。

このようにして、男は、再生産のダブルミーニングの結節点としての労働者＝異性愛者である点において、レズビアニズムとゲイ・リベレーションの双方から挟撃されることになる。そして、私の見るところ、この厳しい論点を回避する過程で、家父長制概念が前景化してそれと資本主義の関係が詮議されるようになるのである[*26]。思想史的に回顧するなら、その詮議の過程で、労働者＝異性愛者＝男の支配性と敵性が回避され隠蔽されるようになるのである。その点についての検討は別の機会に譲り、本稿では、その回避と隠蔽の別の経緯を取り上げておく。

三　異性愛の奇怪な擁護

一九九二年のある雑誌の特集と[*27]、それを拡大増補した一九九三年の書物を検討してみる[*28]。発端は、スー・ウィルキンソンとセリア・キッジンガーの二人が、雑誌 *Feminism & Psychology* の特別号の特集を組むにあたって、異性愛者ではないことを「公表」していない人々、あるいは、異性愛者であることを「公表」している人々に、次の設問への回答を寄せることを依頼したことにある。

「あなたの異性愛は、どのようにあなたのフェミニスト政治（そして／あるいは、あなたのフェミニスト心理学）に寄与しているか」。私たちは、この問いに対する一〇〇〇語の応答を求める手紙をフェミニスト（フェミニスト心理学者を含む）に送った。それらの人々は、私たちの知る限りでは、異性愛者以外のものであると自己同定する公的な言明を一度も行ったことのない人々である[*29]。

そして、二人の編者は、特集を組むにあたって、次の一連の設問を提示してもいた。

異性愛とは何であるのか。また、どうして異性愛はかくも普通（common）なのか。どうして異性愛者がその「性的指向」を変えることはかくも難しいのか。異性愛の性の本性とは何か。どのようにして異性愛の活動は、女の生活、女の自己感覚、女の他の女との関係、女の政治関与の総体に影響を及ぼしているのか。

以上の設問に対して、雑誌では二一人が回答を寄せ、拡大増補版の書物では八本の論文と九本のコメントが加えられている。ここでは、二人の編者による「序言」を取り上げておく[*30]。キッジンガーとウィルキンソンは、二つの理論的な傾向を批判する。一つは、女におけるレズビアンと異性愛を連続するものとして捉える傾向、もう一つは多様性や差異を強調する傾向である。

前者の傾向は、第二波フェミニズム以前から始まっていた。すでにアルフレッド・キンゼイは「異性愛‐同性愛連続体」なる概念を作り出して、誰もが「バイセクシュアルのポテンシャル」を有しているとしていた[*31]。ところで、近年のジェンダー・ニュートラルな語彙を選好する傾向にあって、性的に関係する相手のジェンダーが特定されないように、ラヴァー、パートナーといった語り方が普及してきたが、このことは女の側に限って見るなら、女の相手が男であっても女であっても、女の性は同質的なものであると見なしていることになる。これを裏から言うなら、少なくとも異性愛者の側が、異性愛の女とレズビアンは異なると主張するなら、それはホモフォビアの徴候であると見なされることにもなる。いずれにせよ、異性愛と同性愛が女において基本的には同質であると示唆することは、女の側におけるリベラリズム的な平等原則に適合的であると見なされているのである。以上の傾向に対して、二人の編者は強い疑念を表明している。すなわち、異性愛の経験が強制的異性愛の経験として形成されているとするなら、当然のことであるが、その経験は異性愛者の女とレズビアンではまったく異質のはずである。とするなら、近年の傾向は、とくに後者の経験を不可視化していると批判されなければならない[*32]。

次に、多様性や差異を強調する傾向については、それは、異性愛が他の性の形態と違ってそれだけが特権的であるということを覆い隠してしまう。この点に関して、二人の編者は、メアリー・クロフォードの論考から一節を引用している。

私の子どもの学校でも、医者の診察室でも、職場でも、私を困らせるような人はいない。私が母として不適格であると告げるような人はいない。私が正式に結婚しているからであり、私の職のおかげで私のパートナーと家族に医療保険も提供されているからである〔……〕。遺言と担保、税金と自動車保険、退職年金と子どもの入学――個人が社会構造と接触する際の方途の一切――は、私や私のパートナーのような人々に合うように設計されている[*33]。

それらは、異性愛の婚姻と家族に賦与されている特権である。女の側から見るなら、男を通して、男との関係を通して、男との性関係を通して賦与されている特権である。二人の編者によるなら、異性愛を他の性愛と並ぶ一つに数えて済ませることは、まさにこの特権を不問にふすことになる。

ここで少し立ち止まってみる。一九九〇年代初頭における異性愛批判が、それが同性愛の側から提出される批判であっても、あるいは、そうであればなおさらのこと、一九七〇年代の異性愛批判と何かが決定的に変容しているという感触がある。結婚して家族をもち相当の稼得のある異性愛者が特権を有しているとの指摘はその通りであるが、一九九〇年代においては、その特権批判は、異性愛者と同性愛者を政治経済的に平等に扱うべきであるとの原則に基づいて発せられるようになる。その場合、政治経済的な解決は、基本的に、異性愛者の特権を抹消するか、同性愛者に異性愛者の特権に相当するものを配分するかの二択になるはずである。そして、前者の場合においては、後者の場合においてさえも、その制度設計に相応の難しさはあるものの、基本的に婚姻制度と家族制度に対する批判は無用ということになる。一九七〇年代には、国家のイデオロギー装置として位置づけられていた家族に対する批判が無用ということになるのである。さらに、その場合、主敵はもちろんのこと、敵もいないことになる。解決すべき問題は不平等であって、支配服従関係ではないからである。では、ひるがえって、強制的異性愛の経験についてはどうであろうか。この点では、シスターフッドが保持されていると言うべきであろうか、強制的異性愛に楽に適合してきた女と強制的異性愛の強制性を日常的に経験している女とのあいだに、支配服従関係や非対称的関係が設定されてはいないことに留意されるべきである。とするなら、一定の女性に対して日常的に強制的異性愛の強制を働かせる者が敵であり主敵であるということになる。ところが、もちろんその主敵は社会構造体に位置を占めているわけでもないし、国家のイデオロギー装置に内蔵されたり補塡されたりするものの位置を占めているわけでもなく、あげて問題は、基本的に二者関係とその重合に還元されるようになる。他にも一九七〇年代と一九九〇年代の差異をあげていくこともできるが、さしあたり強調しておきたいことは、現在のわれわれは、一九九〇年代の思潮のフレームの内部にいながらも、そのフレームの綻びを経験し始めているのではないかということである。以上のような観点から、もう少しだけ、二人の編者による書物を検討しておこう。

自称・他称の異性愛者による回答の基本線は、異性愛は基本的に権力関係・不平等関係であるものの、平等な異性愛関係も可能であるとするものである。そして、異性愛者が異性愛を捨てるのを難しくさせ、異性愛の不平等関係を見えなくさせているものは何かとの問いに対しては、独りで生活することに対する怖れの故であるとするものである。その際、女と住む可能性を否定はしないとの留保が付けられるが、孤独への怖れこそが異性愛へ固着させるというわけである[*34]。いずれにせよ、異性愛者は異性愛の権力関係を経験するものの、しかしそれでもと続けることにおいて、権力関係と区別されるような性関係や親密性が語り出される次第になっていく。その典型例として、キャロル・ナギー・ジャクリンの回答を引いておく。

異性愛関係は、非‐衡平であらざるをえないのであろうか。そんなことはない。今の私は、平等な異性愛の関係にいる。さらに言うなら、私の知る限り、多くの衡平な異性愛関係があるのに対し、不衡平なレズビアンの関係もある。とはいえ、権力の非対称性は、異性愛関係ではより普通のことである。/私が二〇年にわたって不平等な異性愛関係を続けたことは、私のフェミニスト政治にとって重要なことであった。というのも、そのことによって、権力の核心的問題が親密な関係などの制度にあることが、感情的にも知性的にも私にとって明白になったからである。権力的な不衡平は、多くの異性愛関係の基礎であり続けている。個人的なものは政治的である。私が権力的不衡平を経験したことは、そのような不衡平がより大きな社会問題に広がっていることを理解する助けになってきた[*35]。

したがって、ある個人が平等で親密な異性愛関係を経験することは、それもまた政治的であるということになる。その衡平性の経験は、大きな社会問題の次元においても衡平性が広がっていることを理解させてくれるということになる。個人的なものは政治的であるというわけである。

先に回答を引用したメアリー・クロフォードは、一九七一年に、あるコンシャスネス・レイジング・グループに参加したとき、マルクス主義のレズビアン・フェミニストによって自分のブルジョア的異性愛を非難されたことがあるが、そのときも、それ以後も、自分は変わることがなかったとする一方で、自分が経験している平等な異性愛関係は、自分が教職に就いていることに由来していることを認めながら、その特権性についてこう書いている。

私は異性愛の特権の立場から語っている。その特権のおかげで、教室内で私は安全でいられる。しかし、それでも、私はその立場を使って、学生たちが心地よく受け入れている前提を覆している（subvert）。パラドキシカルなことであるが、私は、異性愛主義（heterosexism）を覆すために異性愛の特権（heterosexual privilege）を使っているのである[*36]。

異性愛主義なるものに比して、異性愛特権は無垢であるというのである。そして、異性愛者は、おのれの立場のパラドキシカル性を引き受ける主体であることにおいて、なにほどか罪を免れているというのである。

一九九〇年代の議論の特徴であるが、ロザリンド・ジルとレベッカ・ウォーカーは、その回答において美と欲望の論点に触れている。その論脈では、異性愛の女にとって、（男に）美しく見えたいと思う欲望は両義的で矛盾的なものとして現われてくる。そして、前項と同じ構成の弁明が示唆されていく。

美の神話による女に対する継続的な抑圧(oppression)に対する私たちの怒りと、魅力的でありたいと望む私たちの欲望のあいだの矛盾は、われわれの生活のいたるところに見いだされる。フェミニズムによって私たちは抑圧について語る言説を与えられてきたが、フェミニズムは、私たちが自分では不健全(unsound)であるとわかっているものを欲することを(いや、渇望することを)停止させることはなかった。/私たちは、平等で民主的で支持的な男とのパートナーシップを欲している。しかしながら、私たちにはファンタジーもある……。私たちは激しく餓えて欲しがり、より多くを望んでいるのだが、こうした欲望を生きるに際して、フェミニズムの言説を通してではなく、家父長的ロマンスの言説を通して生きているのである。しかも、アイロニカルなことに、私たちはそのことを知っている。ところが、そのことによって欲望が消え去るわけではない[*37]。

このような知と欲望の分裂が、今度は、異性愛の主体を構成していると見なされていく。そして、その分裂的でアイロニカルな主体は、神話やファンタジーと名指されるなにほどか客観的な現実そのものの分裂を反映したり転写したりするものと見なされることになる。そのような主体であるということにおいて、異性愛者はおのれの健全性の証とするわけである。「抵抗」しているというわけである。この立場からするなら、男一般はもはや敵ではなく、同様の分裂した主体であり、平等な異性愛関係を目指す男はむしろ友であることになる。エリザベス・マップストーンはこう書いている。

現実世界の権力は男たちの手のうちにあるけれど、また、男たちはその些細な一部ですら手放したがらないままであるけれど、私たちが苦しめられている社会構造について諸個人に責任はないのである。たしかに、男たちは非難されるべきである。それは当然である。とくに男たちが、私たちのシスターたちが壊そうとしている鉄鎖を修復することに固執するときには。しかし、その伝統的な役割を拒絶し、搾取者と被害者としてよりは平等なる者として女と暮らし女の友を持ちたがる男たちがいるということを私たちは認めなければならない[*38]。

敵を愛さなければならない、とりわけ回心した敵は愛さなければならない、というわけであるが、もはや男は敵として「本質化」されていないのである。このように、二人の編者の質問に対する回答の一部を見ても浮き彫りになってくることは、異性愛者が自己と男の一部を正当化しようとするその仕種において、何か決定的な変化がもたらされているということである。その変化を理論的・思想史的に捉え返すことも別の機会に譲るが、少なくとも権力論の変化と主体論の前景化がその指標になることは間違いない。その点で、二人の編著に寄せられた諸論文から、規律訓練権力概念を導入しているニコラ・ガベイの論文を取り上げておく[*39]。

直接的な力や暴力によらずとも、規律訓練権力（disciplinary power）の作用を通して、男性支配（male dominance）は異性愛実践において維持されうる[*40]。

ここで男性支配の典型例として差し出されるのは、「望まない性交（sex）や強いられた性交」である。支配の事例はいわば異例なるものへ縮減されるわけであるが、その際の男性支配への服従については、規律訓練権力の作用によるとの説明があてがわれる。では、それはどのようにして作用するとされるであろうか。国家のイデオロギー装置を介してではないとするならば、その作用はどこかに局所化されうるのであろうか。こうした問いに対して答えることなく、ガベイは、その作用の効果のみを書き出していく。

私たち女の主体性と行動のレギュレーションとノーマライゼーションを通して、私たち自身が服従していく過程において、私たちが外見的に共謀することに納得してしまうのはどのようにしてなのかということが、規律訓練権力の概念によって理解できるようになる[*41]。

ところが、この規律訓練権力は、自己が自己を規律する権力、自己が自己を監視し調教し統御するようにさせる権力として捉えられている。それがどこから到来するのか不問にふしたままで、主体性と服従性を併せて形成する自己内関係性に作用する権力として捉えられている[*42]。あげて問題は主体化され個人化されているのである。この分析の下では、女と男がその自己欺瞞から目覚めて平等な主体として自己形成することが要諦となる。そして、覚醒した反省的な主体たちは、平等という特権を享受するところの男と女として集団形成されてきたのである。ここに来て、敵は男だけではなくなる。あるいはむしろ、敵そのものがいなくなる。ガベイはそのことに自覚的である。

この分析の政治的な含意は、伝統的な分析のそれとは異なっている。伝統的なフェミニストの分析は、家父長的権力が女をトップ–ダウン式に支配するとする単純な構想にしばしば依拠していた。その分析によるなら、個々の男たちが家父長的権力を行使し、そのことによって（すべての）男たちが直接的にも間接的にも恩恵を受けるというのである。この支配についての伝統的な理解と、それを管理の用語で表現することは、「権力を中心に置くこと（centering of power）を前提としている。しかし、そのような権力集中は現代ではもはや存在していないであろう。私たちは、権力がもはや明確に同定可能で一貫性のある集団によって保持されていないときに、権力を掌握することを求められているのである」[*43]。しかしながら、レギュレイトしノーマライズする規律訓練権力の機能に焦点をあてる分析は、権力の唯一の中枢的な源泉といった想定に依拠することはない。だからこそ、その分析は、公然たる力や暴力を含んでいないような、望まない性交といった異性愛の強制の諸形態に対して女が共謀していることを説明するために特に有用なのである[*44]。

女は、被支配者・被抑圧者から、服従化する主体へといわば昇格している。規律訓練権力によって内的に成型された主体へと、その限りで男と同型の主体へと昇格している。権力関係が中枢化も局所化もせずに拡散しているとする理論は、主体化論と結びついてそのような事態を招いているのである。振り返るなら、あらためて一連の問いが湧き出てくる。権力が集中する中枢は、もともと無かったのか。それとも、それは解体されたのか。規律訓練権力は一箇所に集中していないとしても、局所的に集中していないのか。それとも、それは当初から空気のごとく拡散していたのか。それとも、主体の内部に内面化されるだけのものなのか。男性支配についても同様の一連の問いが湧き出てくるが、少なくともその男性支配は、男集団と男個人の両方に分極化していると見なされ、かつ、その基礎には異性愛があると見なされていたはずであるが、とすると、異性愛を覆すとはいかなることであると理解されていたのか。また、規律訓練権力論とその主体論の下で、それはどのように理解されているのか。そして、ガベイに見られるように、男性支配と異性愛に対する抵抗は、結局のところ、平等要求と再分配要求以上にも以下にもならないのだが、それでよいのであろうか。また、男性支配と異性愛の共謀関係が局所的ではなく大域的に成立していると見るなら、その抵抗は、異性愛の放棄要求以下にはならないはずだが、それを以上のように回避するだけでよいのであろうか。さらに言うなら、自己をレギュレイトしノーマライズする反省的な主体たちにこそ権力の中枢が存しているのではないのか。そのとき、国家のイデオロギー装置が存在する場所を明確に指差すこともできるのではないか。

一九九〇年代には主体論が身体論と関係するなど、性政治そのものは外見的には豊かになっていくわけだが、再生産論と国家のイデオロギー装置論の布置から、規律訓練権力論の布置への移行の過程において、何ごとかが捩れて、何ごとかが失われたという感触は拭えない。そして、その変化が進歩であったのか退歩であったのか、私にはいまだに判断がついていない。

四 「政治哲学の根本的問題」の再興

ジル・ドゥルーズとフェリックス・ガタリは『アンチ・オイディプス』(一九七二年)で、「政治哲学の根本的問題」を次のように定式化していた。

社会的再生産の最も抑圧的、屈辱的な形態 (les forms les plus répressives et les plus mortifères de la reproduction sociale) も欲望によって生産され、欲望から出現する組織において生産される。まさに私たちは、この組織がどのような条件において出現するかを分析しなければならないだろう。だからこそ政治哲学の根本的問題とは、スピノザがかつて提起したものと同じなのだ (それをライヒは再発見したのである)。すなわち「何ゆえに人間は隷属するために戦うのか。まるでそれが救いであるかのように」。どうして人は「もっと税金を! もっとパンを減らして!」などと叫ぶことになるのか。ライヒがいうように、驚くべきことは、ある人びとが盗みをし、また別の人びとがストライキをするということではない。そうではなくて、むしろ飢えた人びとが必ずしも盗みをしないということ、搾取される人びとが必ずしもストライキをしないということである。なぜ人々は何世紀も前から、搾取や屈辱や奴隷状態に耐え、他人のためだけでなく、自分たち自身のためにさえも、これらを欲するようなことになるのか。ライヒは、ファシズムの成功を説明しようとして、大衆の誤解や錯覚をその原因として引き合いに出すことを拒否し、欲望の観点から、欲望の言葉で説明することを要求しているが、ライヒがこのときほど偉大な思想家であったことはない。彼はこう語っている。いや、大衆はだまされていたのではない。大衆は、一定のとき、一定の情況において、ファシズムを欲望していたのであり、まさにこのこと、群集心理的欲望のこの倒錯（cette perversion du désir grégaire）を説明しなければならない、と[*45]。

本稿の主題に関して言い直しておくなら、政治哲学の根本的問題は、抑圧的で屈辱的な社会的再生産の組織である異性愛家族が、いかにして出現するかを分析することであり、わけても、どうして女がそこに救いがあるかのようにして隷属のために戦うのかを分析することである[*46]。さらに絞れば、どうして女が男との関係に救いがあるかのようにして男への隷属のために戦うのかを分析することである。驚くべきは、女が男に逆らうということよりは、女が男を欲するということである。この事態を女の側の誤解や錯覚でもって説明することはできない。女は騙されているのではない。そうではなくて、一定の状況の下で、女は男を欲望する。そして、政治哲学の根本的問題は、その異性愛的で家族的で「群集的な欲望の倒錯」を説明することになる。

私の知る限り、一九六〇年代後半から一九七〇年代にかけて、その政治哲学の根本的問題を提起することができていたのは、アルチュセールやドゥルーズ+ガタリを除けば、レズビアン分離主義だけであった[*47]。そして、繰り返すなら、国家論・権力論の変化と主体論の前景化を経て、政治哲学の根本的問題は別のものへと転位され、現在に到っている。しかし、現在から振り返るなら、その経緯において失われたものは大きかったと思わざるをえない。本稿の最後に、ジョイス・トレビルコットの発言を引いておく。

活動家であることは、いかなる政治権力を誰が持っているかについて変化をもたらそうとする行動に関与することである。男性‐思考においては、特定の状況においては、権力の固定量があると想定される。したがって、男たちの理解では、活動は権力の再分配（権力の創造とは区別されるところの）を目指すことであり、それは本質的に対抗的なものになる。〔……〕活動についてのこの異性愛家父長制的な概念は、二種類のフェミニストの中心的な活動を、すなわち分離主義と私的活動を排除してしまう。分離主義の活動が基礎とする理解によるなら、権力の分配を変える一つの道は、これまで無権力（powerless）であった集団が分離・離反して自らを権力化（empower）することである。〔……〕女たちの権力は、男から奪取されるのではない。女たちの権力は、女たち自身によって創造されるのである。こうして、分離主義は権力を再分配することはない。分離主義は、ときに根本的に、権力の分配全体を変更するのである[*48]。

同じことは、権力についてだけでなく、地位や身分についても、所得や負担についても、種々の権利や資格や権能についても考えられていたはずである。今日、再興すべきは、そのようなロゴスとパトスであると思わざるをえない。そして、今日、「群集的な欲望の倒錯」の所在を明確に指差すことができるし、そこからの分離・離反が再び課題となりつつあると思わざるをえない。

*1 ルイ・アルチュセール「イデオロギーと国家のイデオロギー装置——探求のためのノート」(一九七〇年)『再生産ついて』(西川長夫他訳、平凡社、二〇〇五年)。
*2 同、三二三頁。生産諸関係と生産諸力の区別ではない。
*3 同、三二三-三二四頁。ここで言われているのは、労働力の再生産であって、労働者の再生産ではない。
*4 同、三二五頁。
*5 同、三二五-三二六頁。
*6 同、三三五頁。
*7 同、四三〇頁。
*8 同、三三八頁。
*9 同、三四五頁。〈学校-家族〉は、ミシェル・フーコーにおいて〈刑務所-工場〉へ転換されるであろう。後述するが、その経緯は、マルクス主義フェミニズムからラディカルフェミニズムへの移行と並行している。そこに切断を入れたのが、ドゥルーズ/ガタリでありレズビアン分離主義である。
*10 同、三三九頁。
*11 同、三四六頁。誕生-結婚-死の順番で書かれており、結婚後の生殖はとくに強調されていないことに留意

しておきたい

*12 同、三六八－三六九頁。

*13 カンギレム『正常と病理』の病理概念の援用であると解することができる。

*14 子どもへの言及の不在から推して、生殖についても、その余地を残していると解することができる。

*15 大学闘争の終息、学校化批判の終息がその契機となっている。この点で、思想史的には、イヴァン・イリイチからフーコーへの移行の線が重要になる。

*16 男性稼得者モデルを採るなら、その男性労働者にとっての家族内部の敵は妻と子どもであると見るべきである。ところが、当の男性労働者の再生産は家族（妻）によって保証されると見なされる。しかし、それがために家族は労働者主体にとって一つの病理となると言うこともできる。

*17 Cf. Jeff Hearn, *The Gender of Oppression: Men, Masculinity, and the Critique of Marxism* (Wheatsheaf Books, 1987).

*18 これらのうち、Redstockings Manifesto と、Leeds Revolutionary Feminist Group の文書については、本稿の末尾に【翻訳資料】1・2として訳出しておく。

*19 分離主義の諸文書については、Sara Lucia-Hoagland & Julia Penelope eds., *For Lesbians Only: A Separatist Anthology* (Onlywomen Press, 1988).

*20 生物的な性差は、この意味で拒絶されたのである。後に、生物学主義・本質主義に対する批判と称するクリシェが繰り返されることになるが、歴史的に振り返るなら、拒絶の深度が異なっていたと言うべきである。

*21 ここでは取り上げないが、女性解放運動に協同する黒人男性を前景化することで議論を進めた次のものの影響は大きかった。bell hooks, *Feminist Theory: From Margin to Center* (South End Press, 1984). なお、これは調査の必要があるが、異性愛批判がセクシズム（sexism）批判へと重点を移してきたという変化を想定することができる。これはいまやコンセンサスになってしまったが、異性愛そのものに問題はなく、その異例で異常な現われを批判しておけば足りるとする思潮への変化である。

*22 Amanda Sebestyen, "Sexual assumptions in the Women's Movement" ,in S. Friedman and E. Sarah eds., *On the Problem of Men* (The Woman's Press, 1982). Cited in Jeff Hearn, *The Gender of Oppression: Men, Masculinity, and the Critique of Marxism* (Wheatsheaf Books, 1987), p. 25.

*23 注記しておくが、私はその帰結が間違えているとは考えていない。マルクス主義フェミニズムや分離主義に対する単純な批判がいまや学者のクリシェとなって伝承されているのを見るにつけ、とくに分離主義の見地を真正面から受け止めるべきであると考えてきた。なお、この点で、註16を再び参照されたい。

*24 Mario Mieli, *Homosexuality and Liberation: Elements of a Gay Critique,* trans. D. Fernback (Gay Men's Press, 1980), first pub. in Italian 1977.

*25 Jeff Hearn, *The Gender of Oppression: Men, Masculinity, and the Critique of Marxism* (Wheatsheaf Books, 1987), p. 28. この点に対する評価も他日を期す。

*26 この点では、相当数の文献がある。比較的早い時期のものをあげておく。Zillah Eisenstein ed., *Capitalist Patriarchy and the Case for Socialist Feminism* (Monthly Review Press, 1979). Heidi Hartmann, "The unhappy marriage of Marxism and Feminism: towards a more progressive union," *Capital and Class* 8 (1979). Anne Phillips, "Sex and class," *Revolutionary Socialism* 6 (1980-1) .

*27 *Feminism & Psychology* Special Issue 2 (3), 1992..

*28 Sue Wilkinson and Celia Kitzinger eds., *Heterosexuality: A Feminism & Psychology Reader* (Sage, 1993).

*29 二人の編者は、なかには自分はレズビアンであると回答を寄せた人や、異性愛者とのレッテルに不快感を表明した人がいたと注記している。

*30 Celia Kitzinger and Sue Wilkinson, "Theorizing Heterosexuality" (1993).

*31 Alfred Charles Kinsey et al., *Sexual Behavior in the Human Male* (Saunders, 1948), and *Sexual Behavior in the Human Female* (Saunders, 1953).

*32 この文脈で、女の経験において、人種・階級・文化・民族・年齢・障害がコアとなっていることが不可視化

されることにもなると指摘されている。

*33 Sue Wilkinson and Celia Kitzinger eds., *Heterosexuality: A Feminism & Psychology Reader* (Sage, 1993), p. 10.

*34 そこにこそ権力関係の働き、同性愛者にも作用する働き、アルチュセールの用語で言うなら、支配的イデオロギーへの服従を見るべきであるが、それは論じられない。

*35 Carol Nagy Jacklin, Sue Wilkinson and Celia Kitzinger eds., *Heterosexuality: A Feminism & Psychology Reader* (Sage, 1993), p. 35.

*36 *Ibid.*, Mary Cloford, p. 44.

*37 *Ibid.*, Rosalind Gill and Rebecca Walker, p. 69.

*38 *Ibid.*, Elisabeth Mapstone, p. 87.

*39 *Ibid.*, Nicola Gavey, "Technologies and Effects of Heterosexual Coercion"

*40 *Ibid.*, p. 93.

*41 *Ibid.*, pp. 95-96.

*42 実際、ガベイは、サンドラ・リー・バルツキの有名な論文の一節を引用している。Sandra Lee Bartky, "Foucault, Feminity, and the Modernization of Patriarchal Power," in Irene Diamond and Lee Quinby eds., *Feminism and Foucault: Reflections on Resistance* (Northeastern University Press, 1988).

*43 これは前掲書（p. 195）からの引用である。

*44 *Op. cit.*, Gavey, pp. 116-117.

*45 ジル・ドゥルーズ＋フェリックス・ガタリ『アンチ・オイディプス』上(宇野邦一訳、河出文庫)、六二－六三頁。

*46 女が奴隷・カースト・階級をなすと言い切ったのは、言いかえるなら、資本制を構成するウクラードの一つであるとしたのは、Christine Delphy, "The Main Enemy," *Feminist Issues*, Summer 1980.

*47 これも他日を期さざるをえないが、『アンチ・オイディプス』とレズビアン分離主義の親和性については、さしあたりオイディプス的同性愛と非オイディプス的同性愛の対比を参照せよ。ジル・ドゥルーズ＋フェ

リックス・ガタリ『アンチ・オイディプス』上（宇野邦一訳、河出文庫），三一一－三一二頁。

*48 Joyce Trebilcot (1986) cited in Sara Lucia-Hoagland & Julia Penelope eds., *For Lesbians Only: A Separatist Anthology* (Onlywomen Press, 1988), p.7.

【翻訳資料1】

Redstockings Manifesto（July 7, 1969）

「レッドストッキングス宣言」（１９６９年7月7日）

I．数世紀にわたる個人的で予備的な政治闘争を経て、女たちは、男性優位（male supremacy）からの最終的な解放を成し遂げるために結束しつつある。レッドストッキングスは、この結束を築き上げ、私たちの自由を勝ち取ることに献身している。

II．女たちは、抑圧される階級である（Women are an oppressed class）。私たちへの抑圧は、私たちの生活のあらゆる面に影響を及ぼすほどに全面的なものである。私たちは、性的対象として、繁殖動物として、家内使用人として、安上がりの労働者として搾取されている。私たちは、男たちの生活を強化することだけを目的とする、劣れる存在者と見なされている。私たちの人間性は否定されている。私たちに指令される行動は、物理的暴力の脅しによって強要されている。／私たちは互いに孤立したまま抑圧者ときわめて親密に生活してきたがために、自分の個人的な苦しみを政治的な異常（condition）と見ることを妨げられてきた。このため、一人の女と一人の男の関係性は、二人それぞれの人格性が相互作用している事態であって、個人的にうまく事を運ぶことができるとの幻想が作り出されている。現実には、そんな関係性はすべてが階級関係なのであり、男個人と女個人の間の葛藤は政治的葛藤なのであって、それらは集団的にのみ解決されうる。

III．私たちは、おのれの抑圧の執行者を男と同定する（We identify the agents of our oppression as men）。男性優位は、支配の最も古く最も基礎的な形態である。他のすべての搾取や抑圧の形態（人種主義、資本主義、帝国主義など）は、男性優位の延長である。男たちが女たちを支配し、少数の男が残りの者を支配している。歴史を通してすべての権力構造は、男性－支配であり男性－重視のものである。男たちはすべての政治的・経済的・文化的制度を管理し、その管理を物理的暴力で支えてきた。彼らは女たちを劣位に留めるために権力を使ってきた。男はすべて、男性優位から経済的・性的・心理的な利益を得ている。男はすべて、女を抑圧してきた。

IV．責任の所在を男から制度へ、あるいは男から女へ転嫁する試みがなされてきた。私たちは、そうした議論は言い逃れであると糾弾する。制度だけでは抑圧しない。制度は抑圧者の道具にすぎない。制度を非難することは、男と女が等しく被害者であると含意することであって、男が女の従属から利益を得ている事実を曖昧化するし、男に対して自分は抑圧者であるように強いられているとの弁明を許してしまう。反対に、男が他の男たちによって女のごとく取り扱われることを進んで望みさえするなら、どんな男でも自由にその優位を放棄することになる。／私たちは、女は自分の抑圧に同意しているとか女も非難されるべきであるとする観念も拒絶する。女の服従は、洗脳・愚劣・精神病の結果なのではなく、男からの継続的で日常的な圧力の結果である。私たちは自らを変える必要はなく、変えるべきは男である（We do not need to change ourselves, but to change men）。／最も中傷的な言い訳は、女が男を抑圧することもありうるとするものである。そんな幻想の基礎にあるのは、個人的な関係性を政治的なコンテクストから分離することであり、また、男の特権に対するいかなる正当な異議でも自分への迫害と見なす傾向が男にあることである。

Ⅴ．私たちは、自分の個人的な経験を、また、その経験をめぐる自分の感情を、私たちに共通する状況の分析の基礎となると見なしている。私たちは、男性優位の文化の産物でしかない現存するイデオロギーを当てにすることはできない。私たちは一般論すべてを疑問に付し、自分の経験によって確証されないような一般論は一切受け入れない。／私たちの当面の主要課題は、経験を分かち合い、あらゆる制度の性差（別）主義的（sexist）な基盤を公的に晒し出すことを通して、女性の（female）階級意識を発展させることである。コンシャスネス・レイジングは「セラピー」ではない。「セラピー」は個人的な解決が存在すると示唆し、男性－女性関係は純粋に個人的であると偽って想定している。しかし、コンシャスネス・レイジングは、私たちの解放のプログラムが私たちの生活の具体的な現実に基づいていることを保証する唯一の方法なのである。／階級意識をレイジングするために最初に要請されることは、私的にも公的にも、自己自身と他の女たちに対して誠実であることである。

Ⅵ．私たちはすべての女と一体である。私たちは、おのれの最善の利益を、最も貧しく最も野蛮に搾取されている女たちにとっての最善の利益に一致させる。／私たちは、おのれを他の女たちから分かってしまう経済的・人種的・教育的・身分的な特権の一切を放棄する。／私たちは、内部の民主主義を達成するために取り組む。私たちは、運動に参加し責任を担い政治的力能を発展させる等しいチャンスをすべての女が持つこと確かにするために必要なことなら何でも行う。

Ⅶ．私たちは、すべてのシスターに、闘争において私たちと結束することを呼びかける。／私たちは、すべての男に、私たちの人間性と彼ら自身のために、その特権を捨てて女の解放を支えることを呼びかける。／解放のために闘いながら、いつでも私たちは、抑圧者に対抗する女の側に立つ。

私たちは、何が「革命的」で何が「改良的」かを問うつもりはない。私たちが問うのは、何が女にとって善いかだけである。

個人的な小競合いの時代は過ぎ去った。この時代、私たちは道を歩み切るのである。

【翻訳資料2】

Leeds Revolutionary Feminist Group, "Political lesbianism: The case against heterosexuality," Paper first given to a conference in September 1979

In *Love your enemy? The debate between heterosexual feminism and political lesbianism* (Onlywomen Press, 1981)

リーズ革命的フェミニストグループ「政治的レズビアニズム―異性愛反対論」（初出：１９７９年９月カンフェレンス）

フェミニストはレズビアンであるべきかという問いかけが新奇なものではないことについては、私たちとて承知している。しかし、それを主題として私たちは自らの構想を練り上げてこなければならなかった。というのも、私たちが他の女たちと政治について語りながら、しばしば、男たちが敵であると主張することの意味について語ると、あらゆるフェミニストはレズビアンであるべきであると私たちは主張しているのかどうかと問い尋ねられるからである。

私たちは、これが一触即発の話題であることは自覚している。その話題は、家の中で親密で信頼できる友人たちの間で語られるべきことであって、運動の内部で政治的宣言として語られてしまうなら、私たちは異性愛のシスターたちによって女‐憎悪であると告発されるであろう。しかし、本当に、私たちが他のフェミニストと語るときには、この主題についての私たちの強い信念を隠さなければならないのであろうか。私たちは、ワークショップでの討論のために論点のすべてを提起したいのである。すなわち、あらゆるフェミニストはレズビアンであるべきかどうかということだけではなく、まさにどうしてフェミニストはレズビアンであるべきであると考えているのか、どのようにしてそのことについてもっとオープンに語ることを始められるのかということについても提起したいのである。

私たちの考えるところでは、あらゆるフェミニストは政治的レズビアンであることができるし、そうであるべきである。私たちの定義するところでは、政治的レズビアンとは、男たちとファックしない女として同定される女（a woman-identified woman who does not fuck men）のことである。それは、女たちとの性行動を強制すること（compulsory sexual activity with women）を意味するのではない。本論は二部に分かれる。第一部は、真摯なフェミニストなら異性愛を放棄せざるをえないと私たちが考える理由をあげていく。第二部は、政治的レズビアニズムに関して私たちに対して提起される問いやコメントをあげて、それらがどのように答えられるべきであると私たちが考えているのかを順に記していく。

（1）異性愛はどうなっているのか、どうして異性愛は放棄されるべきか

性愛（Sexuality）

女たちの抑圧（oppression）において、性愛はいかなる役割を演じているであろうか。抑圧者が被抑圧者の身体の内部にまで現に侵入して植民地化するのは、男性優位（male supremacy）の抑圧システムにおいてだけのことである。性行動のあらゆる形態には、支配と服従、力と無力、征服と屈従といった意味が貼り付けられている。男性優位の下では、いかなる性的指向であれ、いかなる

性的冗談であれ、いかなる性的画像であれ、それが女にはその核心部への侵入のことを想起させ、男にはその力を想起させる限りで、まさに特別な重要性が貼り付けられるのである。どうして、私たちの文化にあっては、性（sex）をめぐってこれほどの騒ぎになるのであろうか。根本にある抑圧、すなわち、男による女に対する抑圧が維持されているのは、とりわけ性愛を通してだからである。（この点を論ずるなら一冊の本を要するので、今は立ち入らない。）

異性愛カップル

異性愛カップルは、男性優位の政治的構造の基礎単位である。その中で個々の女は一人の男の管理下に入る。それは、女をゲットーや収容所に、あるいは庭の奥の小屋に入れておくより、はるかに効率的である。カップルにおいて、恋（love）と性は、抑圧の現実を見えにくくするように使われ、女たちが反抗するために相互に同一化するのを防ぐように使われ、「自分の」男を敵の一部として同定するのを妨げるように使われる。異性愛カップルに参入する女は誰であっても、男性優位の基礎を強めることによって男性優位を強化する手助けをしている。

挿入

挿入（私たちが挿入に言及するときはつねに、ペニスによる挿入を意味している）は、女の性的快楽にとっては、男の性的快楽にとってさえも、必要ではない。挿入行為は、生殖や退屈／危険な避妊へ通じている。とするなら、どうして挿入は、男性優位の特定の段階における性化された文化の核心に位置しているのであろうか。どうしてますます多くの女が、ますます若い年齢で、精神科医、医師、結婚相談所カウンセラー、ポルノ産業、人口増加運動、左翼、マスターズ・ジョンソン報告によって、ますます頻回にファックされることを勧奨されるのであろうか。男性優位の下での女の抑圧の形態が変化しているからである。女が少しばかり稼ぎを増やし生殖の圧力から解き放たれるにつれ、男個人と男階級による女の把捉は、性的管理を通して強められつつある。

挿入の機能

挿入は、抑圧者が被抑圧者の身体に入りこむという重大な象徴的意義をもつ行為である。しかし、それは象徴以上のものであり、その機能と効果は女の処罰と管理である。強姦だけがこの機能を果たすのではなく、いかなる挿入行為も、婉曲的に「抱き合う（making love）」と描かれるそれも機能を果たすのである。私たちはみな、男たちが高慢な（uppity）女について「彼女に必要なのは、良いファックである」と言うのを聞かされてきた。それは無駄話ではない。男はみな、ファックされる女は男の管理下にある女であり、その身体は男へと開かれ、飼いならされ調教される女であるとわかっている。性革命以前には、挿入が男の利益であることを見誤ることはなかった。性革命は詐欺的な騙しなのである。性革命は男性の性愛の抑圧性を覆い隠すのに役立ち、挿入は私たちの利益にもなると語られるのである。

挿入行為はすべて、女にとっては、自信を損ない強さを奪う侵略である。男にとって挿入は、一人の女に対してだけではなくすべての女に対して男をより強くする力と征服の行為である。そうであるから、挿入に関与する女はすべて、抑圧者を支え、男階級の力を強化している。

(2) 質問とコメント

(a) しかし、あなたたちは、異性愛の女は敵だと言っているように聞こえる！

そうは言っていない。男たちは敵である。異性愛の女たちは敵の協力者（collaborators）である。異性愛のフェミニストのシスターたちが女のために行なう善き業はすべて、彼女たちが男たちと一緒に参入する反‐革命的な活動によって掘り崩されている。異性愛フェミニストであることは、ナチス占領下のヨーロッパでレジスタンスするようなことである。そこであなたたちは、昼に橋を爆破して、夜にはその修理を急ぐのである。女性支援を例にとってみよう。男と生活する女は、虐待される女に対して、男抜きで生き延びるのが可能であると語ることはできない。彼女自身がそれを行ってはいないからである。男と生活したり男とファックしたりする女は、彼女のシスターたちに対する抑圧を維持するのを助け、私たちの闘争を阻害しているのである。

（b）しかし、しかし、挿入を行うのは私たちではなく、男友だちと私がそれを行うのである。

もしあなたがどんな形であれ男との性行動に関与するなら、あなたは男階級の力を強化している。あなたは最も極端な形の屈辱的求愛作法から免れるかもしれないが、男たちは大きな優位を獲得し女たちは敗北するのである。「純粋」な性的快楽などはない。そんな「快楽」は、ファンタジー・記憶・経験によって創作される。性的「快楽」は、力の行使と無力の経験に伴っている感情と分離することはできない。

（もしあなたが挿入を行わないというのなら、どうして女の恋人をもたないのか。もしあなたが男から屈辱を与えるという類のない資格を剝ぎ取るなら、あなたの前に残るのは、どんな種類の官能的（sensual）活動においても女に比べて下手くそでしかない生き物である。）

（c）しかし、私の男友だちは私に挿入するのではなく、私が彼を囲い込むのである。

どんな名で呼ばれようが薔薇は薔薇であり、挿入もそうである。あるいは、おそらく、「豚の耳から絹の財布は作れない」がより適切な表現である。最も寛大に解釈しても、囲い込みを信ずるのは願望的物思いであると言えるだけである。むしろ、その活動を続けることの責任回避であり合理化であると言うほうが当たっているだろう。能動的ヴァギナが（その動きを強めることで助けられながら）ペニスを吸い込むという囲い込みは、女と男が完全に成長して生まれ、全面的に無垢であるような場所で、たとえば人の住んだことがない無人島でしか起こりえないことであろう（そこでは、女と男はファックするということを一度として思いつかないかもしれない）。挿入は孤立して起こるのではない。それぞれの挿入は、男性優位の関係のシステムの中で起こるのである。男性優位の下で個々の女が「解放される」ことはありえないように、挿入行為はその機能と象徴的力を失うことはありえない。

（d）しかし、私はファックするのが好きだ。

フェミニストがファックすることを放棄するかどうかは、あなたが自分の政治を真剣にとっているかどうかに関わっている。社会主義者の女たちには、彼女たちが享受するかもしれぬ多くのものを放棄する構えがある。というのは、彼女たちは、そうしたものが、自分たちが闘っているところの経済的階級支配の全システムにどれほど結びつきそれを支えているかをわかっているからである。彼女たちはケープ産リンゴを買うことに抵抗するだろう。その利益は南アフリカに行くからである。それに比べて、私たちが闘っているところの抑圧システムの基礎である挿入を放棄することがより難しくなっているフェミニストがいるのも当然と言えば当然である。

（e）そのようなことは、レズビアン・ゲットーの内部のあなたにとっては容易いが、私には困難である。私は自分の政治の矛盾を生きなければならない。それは、私がともに生活する男との厳しく容赦のない日々の闘争である。

端的に言って、それは本当ではない。異性愛特権なしで生きることは、困難であり危険である。女たちだけでパブに入ろうとしてみよ。ストリートで石を投げたり口笛を吹いたりする若者に囲まれた家で女だけで暮そうとしてみよ。

異性愛特権は、男性の認可による。すなわち、身体への攻撃から安全であること、修理を行わせるために官庁で簡単に対処できること、猥褻な電話の波から守られること、バスを待つ列や職場で女と男によって微笑みながら是認されるために男のことを引き合いに出せること、そして言うまでもないが、稼得力のある男性支配階級の一員に配属することで財政的に有利になること、こうしたことは、男性の認可によることなのである。

私たちはこのような特権なしで生きることを選んでいるので、異性愛フェミニストが自分たちの男たちとの闘争に疲れ果てるときに、異性愛フェミニストによって燃料補給所として使われることには憤りを感じている。女の解放グループや女の家は、異性愛のシスターがその矛盾を解消するために外に出る際の避難所や支援所であるべきであって、異性愛関係を支え、それでもって男性優位の構造を立て直すために使われるべきではない。

(f) しかし、レズビアン関係もまた、力の闘争によってファックされている。それは、ときには当たっているが、一人の女の力は決して優位な性-階級の立場に支えられているわけではない。女たちの間の闘争が直ちに、女全般に対する支配を強化したり男の強さを作り上げたりすることはない。個人関係における完成主義は、男性優位の下ではリアルな目標ではない。レズビアニズムは政治的に必要な選択であり、私たちの闘争の戦術の一部であって、パラダイスへのパスポートなのではない。

(g) あなたたちが私に提供してくれるものがもっとよいものでないと、私は自分が得ているものを放棄する気にはなれない。

私たちは決してあなたにお花畑を約束しない。私たちは、レズビアンが素晴らしいからということですべてのフェミニストはレズビアンであるべきと言っているのではない。女に恋すること、胸をあらわにすること、ギターを弾きソフトボールで遊ぶこと、陽光を浴びて丘を飛び回ることは、それに現実味があるとしてのことだが、ロンドン・ハックニー区よりはカリフォルニアにふさわしいお話である。

しかし、もちろん、レズビアンであることはもっとよいことである。その有利な点に含まれるのは、あなたが男たちに直接に仕えていないのだと知ることの喜びであり、あなたの個人生活の歴然たる矛盾の緊張なしで生きることの喜び、個人的なものと政治的なものを統一することの喜び、あなたが闘っている相手ではなくあなたがともに闘っている者に恋してそこにエネルギーを注ぐことの喜び、あなたが女ともっと信頼しもっと誠実にもっと率直にコミュニケーションできることの喜びである。

異性愛の女とのコミュニケーションは、男との関係に由来する困難や雑音をはらんでいる。あなたの言うことに対して、異性愛の女は異なる知覚や反応を示すであろう。異性愛の女は防衛的になるであろうし、「ナイジェルはどう?」と考えがちなものである。あなたが女の利害や女の未来と生存について話すときでも、異性愛の女の想像は自分の男と兄弟の範囲を超えてはいかないであろう。あなたは、相手を脅かさないような素敵なことを言わなければならないと圧力を感ずることになる。

(h)あなたは私たちに罪を着せている。

そんなことはない。女たちが見ている通りの真実を語るのを妨げ、厳しい政治的な現実について語るのを妨げるために罪を着せるものであるが、異性愛のシスターたちよ、あなたたちこそが私たちに罪を着せているのである。協力を止めるのは可能であり、あなたたちにそれを求めることは罪を着せることではない。

(i)すべてのレズビアン・フェミニストが政治的レズビアンであろうか。

そうなってはいない。レズビアンでフェミニストである女たちのなかにも、男性左翼の側で男の傍らで働いたり（そのグループや女性部において）、女解放運動内部で歩調が合わなくとも男の観念の代弁者を務めたりする者はいる。そうした女たちが男は敵であることを見てとるのが難しいのは当然である。彼女たちは左翼男性の代理として、ただし劣れる男として扱われているからであり、依然としてベッドの中での性的抑圧と闘っているストレートの女より優位に立っていると感ずることができるからである。彼女たちは女に同一化しておらず、男と連携しながら男性左翼イデオロギーにとって少しばかり呑み込みがたい観念を押し出すことを通して特権を得ているのである。

(ｊ) しかし、男を放棄することがどれほど難しいかをあなたは分かっていない。

私たちの多くは、個人的経験からして、二度とファックしないと決めて、共に生活したり恋したりしている男から離れると決めることがどれほど実践的に難しく苦しいことであるかを知っている。たいていの場合、他の女たちの恋・支援・強さがあって初めて為されることである。そのような女たちによって断絶が実行され、その批判と率直な話によって私たちは励まされてきた。私たちも承知しているが、ある女にとっては、すなわち、子どものいる女、運動へのアクセスのない女、自立して暮らした経験のない女にとって断絶はより難しく、彼女たちはより多くの時間と実際的な支援を必要とする。また、移り住める女の家を見つけるのは難しい。そして、私たちも、女のディスコで「新少女」であるということがどんなことであるかは分かっている。それでも、私たち自身の選択の政治的理由をできるだけ明白に説明することや、その選択をしている女たちの困難をめぐって正直に語ることも、支援の一部となるはずである。

フーコーの精神分析批判　『性の歴史I』に即して[*1]

一　ブルジョワジーと残りの者

フーコーが「主体」の二義性（原語 sujet には、「主体」と「臣下」の二義がある）を強調したことはよく知られており、フーコー研究でも、それぞれの言語で表現方式は異なってくるものの、「主体＝臣下」「主体化＝服従化」といった類の定式が広く使われてきた。しかし、フーコーがその二義性に明示的に言及している箇所は、思われているよりはるかに少ない。このことからしても、フーコーの主体論はあらためて検討される必要がある。本稿では、『性の歴史I　知への意志』（一九七六年）に即して、その主体＝臣下論と、一九八〇年代の主体化論を予示する自己論を読み取ることにしたい。はじめに、主体＝臣下の二義性に言及している箇所を引用しておく[*2]。

自白（aveu）に内的な罠に自ら捉えられているがために、検閲に対し、語ることや考えることの禁止に対して根本的な役割が与えられてしまうのである。権力についてまったく転倒した表象を作り上げているがために、長きにわたって、われわれの文明では、何者であるのか、何を為したのか、何を覚えており何を忘れたのか、何を隠しており何が隠されているのか、何を考えておらず何を考えていないと考えているのかを語るべきであるとする途方もない指令を繰り返す声のすべては、自由についてわれわれに話しかけていると信じられてしまうのである。それは西洋で幾世代もが服してきた大工事であり、別の形態の労働が資本蓄積を確保していた間に、その大工事が生産したものが、人間の服従化(assujettissement)である。その際、私は、人間が語の二重の意味において主体＝臣下(sujet)として構成されると言っておきたい。(81/七八－七九)

人間が主体＝臣下として構成されるための歴史的・理論的な条件は、自白の体制と権力の転倒した表象に捉われることである。では、『性の歴史Ⅰ』において、自白の指令の声を発するものは何であろうか。また、権力の表象を転倒させるものは何であろうか。私の解するところ、それは精神分析である。そして私は、『性の歴史Ⅰ』全体を精神分析批判として読み通すことができると考えているが、そのとき、『性の歴史Ⅰ』におけるブルジョワジーの位置づけが鍵になる。ブルジョワジーについて、フーコーはこう叙述している。

〔一九世紀になって〕ヴィクトリア朝ブルジョワジーの単調な夜にいたる。そのときセクシュアリティ(sexualité)は、用心深く閉じ込められる。セクシュアリティは移動する。婚姻による家族が、セクシュアリティを押収する。そして、家族が、真面目な生殖機能にセクシュアリティをことごとく吸収してしまう。性(sexe)をめぐっては、人は口を閉ざす。夫婦(couple)が、正統な親として、法（loi）を作り出す。夫婦は、おのれをモデルとして押し付け、規範（norme）を行使し、真理を保持し、原則的に秘密を保持しながらも語る法権利を維持する。社会空間でも家の内部でも、承認されたセクシュアリティの唯一の場所は両親の寝室であるが、それは有用で多産な場所なのである。（9-10／九－一〇）

ブルジョワジーのカップルは、セクシュアリティのモデル・規範・法・真理となる。カップルの性についてはことさらに語られなくなるものの、カップル自身はおのれの性の秘密を語る法権利を有しており、然るべき時と場所が揃えば、いつでもおのれの性の秘密を語る用意がある。ブルジョワジーのカップルがこのようであるがために、「残りの者（le rest）」のセクシュアリティは次のようなものになる。

不毛な者（le sterile）が、たまたま自己主張や自己顕示にいたるや、異常者（l'anormal）とされる。不毛な者は、異常者として身分を定められ、それに見合った制裁を受けることになる。／世代の秩序から外れ、世代のうちで然るべく変わらない者は、無宿・無法の輩であり、言葉も持たない。追放され、否認され、沈黙を課せられる。そういうものは存在しないだけではなく、存在してはならないのである。〔……〕しかし、幾つかの譲歩は強いられる。どうしても非合法のセクシュアリティに場所を与えなければならないときは、別の場所で騒いでもらおう。そこは、生産回路に登録できないにしても、少なくとも利潤回路に登録できるような場所である。

売春宿と療養所がその寛容の場所となるだろう。(10-11/一〇-一一)

ブルジョワジーのセクシュアリティから外れた者は、社会空間や家族で自己を顕在化させるや異常者として制裁を加えられるが、そうでない限り、家の外、法の外に存在するにしても、無きものとして扱われる。したがって、生殖と世代の秩序の外に立つ者について、ことさらにそのセクシュアリティが問題化されることはない。しかも沈黙を課せられるからには、性の秘密を持たせられるわけでもそれを語る法権利を持たせられるわけでもない。不毛な者は、セクシュアリティ無き者として扱われるだけである。そのセクシュアリティが非合法な形で顕在化するようなら、それ相応の場所があてがわれて封印されるだけであり、社会空間や家では生殖と世代の秩序が保たれつづけることになる。しかし、現実の歴史はそのようには進まなかった。「権力の形式」が変化したからである。

十八世紀の末までは、慣習の習律や世論の桎梏を別とすれば、三つの明確な大コードが性的実践を統制していた。教会法令、キリスト教教書、民法である。これらが、それぞれの仕方で、合法と非合法の分割を定めていた。ところで、これらはすべて、結婚関係を中心にしていた。(51/四八)

不毛で異常な者は三重の意味で非合法に行動する者として捉えられていた。不毛で異常な行動は「反‐自然」と評されていたにしても、それはあくまで、人為の法と自然の法をともに侵犯する「反‐法」の極端な形として知覚されていた。性的実践に関わる禁止は、根本的に「法律的」であったのである（52-53/四九）。ところが、正規の婚姻が規範として機能するようになると、不毛で異常な者の非合法性に新たな意味が加えられてくる。「周縁的セクシュアリティ」の「反‐自然」は、三重の意味での非合法性に加えて、「結婚と家族の法律（あるいは道徳）に対する違反」と「自然の機能の規則性に対する侵害」の二重の意味を負わせられる。さらに、「西洋が性を統制するために作成してきた二つの大きな規則体系」、すなわち、「婚姻の法と欲望の秩序」をともに覆す「倒錯」として知覚されるようになる（54-55/五一）。そして、倒錯者は、法を犯した主体＝臣下としてよりはむしろ、異例な個人として知覚されるようになる。フーコーは、同性愛者を例にとって、その過程を説明している。

周縁的セクシュアリティを新たに採集することによって、倒錯の併合と個人の新たな種別化がもたらされる。かつての民事法や教会法にいうソドミーは、禁止された行為のタイプの一つであった。その犯人（auteur）は、法律的主体以外のものではなかった。十九世紀の同性愛者は、一人の人物（personnage）となった。すなわち、ある一つの過去、歴史、幼年期、性格、生き方となった。また、体つきも露わで、おそらく生理的に神秘的な、ある一つの形態となったのである。同性愛者の存在の総体が、そのセクシュアリティから離れない。同性愛者のいたるところに、そのセクシュアリティは現前している。それはすべての行動に隠れている。セクシュアリティは、潜行しながら際限なく活動的である行動原理だからである。それは、顔や体に恥かしげもなく書き込まれている。セクシュアリティは、いつでも自らを露呈してしまう秘密だからである。同性愛者のセクシュアリティは、習慣的な罪としてよりは特異な自然本性として、同性愛者の実体をなすのである。(58-59/五五)

新たな権力は、周縁的セクシュアリティを単純に排除するのではなく種別化し「凝結」させる。「多数のセクシュアリティを散種し(disséminer)、現実的なものの中へ撒き散らし(parsemer)、個人へ体内化する(incorporer)」(60/五六-五七)。では、このような権力はいかに形成されたのであろうか。第一に指摘されるのは「ポリス」が性にも行使されはじめたことである。この「性のポリス」(35/三四)が関与するのは、「単に臣下なのではなく、民衆ですらなく、住民(population)である」(36/三五)。周縁的な倒錯者は、ある一つの集団(population)をなすものとして、それゆえに「倒錯者の世界」(55/五二)を構成するものとして知覚されるようになる。第二に指摘されるのは、周縁的な倒錯者に対しても自白が要求されはじめたことである。その行動の非合法性の認知以上のことが要求されるのである。この自白の命令への「巨大な服従(grand assujetissement)」(30/三〇)の下で、倒錯者は、いまや法権利の主体としてではなく、自白の体制に服従しながら、自白すべき「秘密」を持ち、それを常に語るべき者として、その意味での人物・個人として構成される(49/四六)。その果てに、倒錯者自身が、その倒錯性をおのれの実体性として受け入れていくわけである。

以上のような歴史過程を作り出したものとして第三に指摘されるのが、自白と科学を連接する「科学 - 自白」としての「性の科学」である。それまでの権力の法的な形式においては、主権者は単なる認識主体として、異常者を対象化して認識しておけばすんでいた。ところが、異常者たちがポリスの対象たる集団として捉えられ異常者個人に自白の責務が課せられるや、異常者は認識対象以上の者として現出する。異常者からの自白に傾聴すればするほど、自白されるものと自白されないものが、さらに、自白されえないものが知の対象として浮上し相互に浸透する。「自白の儀式と自白の内容に支えられる科学」は、「自白不可能なもの - 自白されるものを対象とする科学」(86/八四)とならざるをえない。このとき、認識する主体と認識される対象の関係は、大きな変化を強いられる。それまでの権力の法的な形式の下では、認識する主体は、認識される主体の非合法性だけを認めれば足りるのであるから、その主体を安んじて対象化することができていた。ところが、「科学 - 自白」の連節を遂行する認識の主体は、自白されるものよりはむしろ、自白されざるものにこそ倒錯者の秘密や真理が隠されていると認めざるをえなくなる。しかも、その自白されざるものは、当の自白者にとっても知られざるものであるから、認識の主体は、自白されるものに解釈を加えながら、その真理を取り出そうとしなければならない。こうして、認識的で解釈的な主体は、「主体の科学 (une science du sujet)」(86/八四)を遂行することを通して、「真理の主人 (le maître de la vérité)(89/八七)へと成り上がっていく。他方、自白する主体はといえば、この真理の主人の下で、自白の法に服従する臣下のごときものへ変貌するわけであるが、そのとき、この新たな主体 = 臣下は内的な分裂を強いられる。真理の主人の側にあって、

「主体の知」は、「主体の形式の知ではなく、主体を分割する（scinder）ものの知」（93／九一）となるのに呼応して、自白する主体＝臣下の側にあっては、「主体の知」は、おのれが知らないものの、おのれが決して知りえないものが存在し、しかもそれは他者に明け渡されるものであるという知であるがために、おのれの分割についての知にとどまる。「主体の科学」「主体の知」は多義的で複合的になるのである。このいささか入り組んだ事情から主体の理論の種々の構成要素が分出してくるわけであるが、さしあたりフーコーは、こうまとめている。

主体の科学の企てが、性の問題へと引きつけられはじめた。主体における原因性、主体の無意識、それを知る他者における主体の真理、主体自身が知らないものについての主体における知、これらすべてが性の言説の中で展開したのである。しかしながら、それは性そのものに内的な何らかの自然的特性を根拠としてのことではなく、性の言説に内在的な権力の策略の機能によってのことなのである（93／九二）

真理の主人と自白する主体からなるこの真理の体制は、性そのものに内在するような構造ではない。そうではなくて、性の言説に内在する権力の変化の結果として歴史的に形成されてきた体制である。そして、やがて精神分析がその体制の二面を理論化することになるはずである。

二　ブルジョワジーの自己肯定

歴史的には、「セクシュアリティの装置が設定されたのは、婚姻の装置の周りに、それを出発点としてであった」。その後、セクシュアリティの装置は婚姻関係の外へと広がり倒錯者に対して行使されるが、今度は、家族へと反転して婚姻の装置に重なっていく。そのとき、一方で「家族は、法と法律の次元をセクシュアリティの装置の中に運び込む」が、他方で「セクシュアリティは、快楽や感覚強度の経済を婚姻の体制の中に運び込む」(142-143／一三八－一三九)。後者は、次のような事態を生み出していく。

両親、夫婦は、家族の中でセクシュアリティの装置の主要な演じ手(agents)になる。このセクシュアリティの装置が、外部では、医師、教育者、後には精神病医に支えられ、内部では、婚姻関係を二重化し、やがてそれを「心理化」し「精神医学化」する。そのとき、新たな人物(personnages)が登場してくる。すなわち、神経質な女、冷感症の妻、無関心な母、殺人妄想に取り愚かれた母、性的に不能でサディスティックで倒錯した夫、ヒステリー症か神経衰弱の娘、早熟ですでに精力を使い果たした少年、結婚を拒否したり妻を無視したりする同性愛の若者。それらは逸脱した婚姻と異常なセクシュアリティが入り混じった形象(figures)である。かれらは、異常なセクシュアリティのトラブルを、逸脱した婚姻の領域へと持ち込む。(146／一四一－一四二)

家族の内部に、不毛で異常な倒錯者の世界が浸透してくるのである。それに対処するために、精神と心理の専門家は、家族内部の倒錯者を家族外部へ連れ出して治療しては、「家族のシステムに性的に統合可能な個人を家族に返してやる」のだが、それだけでは、家族システムが、婚姻の装置へ性的に統合された正常な個人と婚姻の装置から潜在的に逸脱している個人の単なる寄せ集めへと、言いかえるなら、「快感や感覚強度の経済」にさまざまな仕方で組み込まれる個人の寄せ集めへと変容していく傾向を阻止することにはならない。この新たな状況においても家族システムを維持するには、「法と法律の次元」をセクシュアリティそのものに運び込むことが必要になる。「このゲームの空間に精神分析が入り込んでくる」(148／一四三)。

精神分析の技術の方式からするなら、セクシュアリティの自白は家族の主権の埒外に置かれると見えたにもかかわらず、精神分析は、セクシュアリティの中心に、その形成原理とその知解可能性の暗証として、婚姻の法を、結婚と親族が混在したゲームを、近親相姦を再発見した。まさに各人のセクシュアリティの底で親子関係が再発見されるとする保証によって、すべてが反対方向への進行を指し示しているかに見えていたときに、セクシュアリティの装置の婚姻のシステムへの重ね留めが維持されるようになった。セクシュアリティが本性的に法に異質なものとして立ち現れるという危険はなくなった。セクシュアリティは法だけによって構成された。ご両親よ、子供を精神分析へ連れて行くのを恐れてはならない。精神分析は、いずれにせよ子供が愛しているのはご両親であると子供に教えてやるだろう。子供たちよ、君たちが孤児ではなく、君たち自身の底に君たちの〈対象‐母〉や〈父〉の主権的表徴（signe）を常に再発見するからといって、あまり嘆いてはならない。それらによってこそ、君たちは欲望へと到り着くのである。こうして、あれほどの躊躇《ためら》いの後に、婚姻の装置と家族のシステムが補強されることを必要としていた社会において、精神分析は大量に消費されることになった。（148-149／一四四‐一四五）

精神分析によって、より精確には、精神分析の可能性の条件である歴史を通して、〈父〉の名の下に、〈対象‐母〉に面して、家族の内部で婚姻の装置とセクシュアリティの装置が重ねられる。そのとき、セクシュアリティを可能にするもの、性的な愛や欲望を可能にするものが、「法と法律の次元」に位置する主権権力として表象される。そのようにして、家族の成員は、セクシュアリティの領域においても法権利の主体＝臣下として構成されるのである。では、このような家族再建の方向とは異なる「反対方向」、「家族の主権の埒外」に置かれるはずのセクシュアリティが指し示す「反対方向」とは何であろうか。それはブルジョワジーの外へ向かうと解することができよう。この点では、何度も語られてきたものの常に軽視されてきたことであるが、精神分析はとりわけプチ・ブルジョワジーのものであったという歴史的な事実を強調しておかなければならない。実際、その家族ゲームは、「貧困階級」を巻き込んではいない。

セクシュアリティの歴史を抑圧の観点で書くなら、そしてこの抑圧を労働力の利用に関連させるならば、性の管理は、それが貧困階級（classes pauvres）に向けられたときにより強力で綿密であったと想定しなければならない。性の管理は、最も大規模な支配と最も体系的な搾取の路線に従ったと想像しなければならない。すなわち、成人した若者は、生きるためには自分の力しか持たないのだから、使用可能なエネルギーを無駄な快楽から義務的な労働へ移行させようとする服従化の第一の標的となったはずであろう。ところが、事態がこのように推移したとは思われないのである。（158-159／一五二－一五三）

いずれ「庶民の階層（couches populairre）」（160／一五四）はセクシュアリティの装置に巻き込まれるにしても貧困階級がセクシュアリティの領域において主体＝臣下として構成されることはない。少なくとも、「性の管理」を通して主体＝臣下として構成されるのではない。貧困階級は、〈父〉や〈対象－母〉とは無縁の仕方で、性化され性別化されるのであり、ときに倒錯者として把捉されるのである。これに対し、性の管理の主要な標的は、あくまでブルジョワジーである。

反対に、最も厳密な技術が形成され、特にまず、きわめて強力に適用されたのは、経済的に特権化され政治的に指導的な階級においてであった。〔……〕同じようなことは、管理の審級であり性が飽和点に達した家族についても言える。子供や若者のセクシュアリティが最初に問題化されたのは、「ブルジョワジー」や「貴族」の家族においてであった。（159／一五三）

とするなら、二重の意味での主体＝臣下になるのは、ブルジョワジーや貴族の家族における夫と妻、息子と娘であると見なければならない。では、いま女としての〈対象‐母〉については措くとして、男としての〈父〉はどうなるのであろうか。別の言い方をするなら、男としての〈父〉が「主権的表徴」となっているところの「経済的に特権化され政治的に指導的な階級」はどうなるのであろうか。フーコーは、一九八〇年代の主体化論を予示する自己論を、ここで強く打ち出していく。

セクシュアリティの装置が伝統的に「指導者階級」と呼ばれてきたものによって設定されたのは、他者の快楽を制限する原理としてではなかったと思われる。むしろ、指導者階級がセクシュアリティの装置をまず自分自身に試したように見える。〔……〕問題は、搾取すべき階級の性に対する抑圧であるよりは、何よりもまず、「支配する」階級の身体・活力・寿命・子孫・家系であった。そこにおいて、セクシュアリティの装置は、快楽・言説・真理・権力の新たな分配の第一の審級として確立されたのである。そこに感知すべきは、他の階級の奴隷化(asservissement)というよりは、ある階級の自己肯定(autoaffirmation)である。防衛、保護、強化、昂揚である。それらが次いで、さまざまな変換を被りながら、他者へと押し広げられ、経済的な管理と政治的な従属(sujetion)の手段となった。ブルジョワジーは、自らが発明した権力と知のテクノロジーに自分自身の性を占拠させることによって、その身体・感覚・快楽・健康・

生存の政治的な高価値を認めさせたのである。これらの手続きにおいて、拘束・羞恥・回避・沈黙の部分を切り離して、それらを、何か構成的な禁止（interdit constitutif）、抑圧（refoulement）や死の本能に関連させることは止めよう。他者の奴隷化においてではなく、自己の肯定（affirmation de soi）において成立したのは、生の政治的な編成である。（162-163／一五六 - 一五七）

〈父〉に「感知すべき」は、指導者階級の自己肯定である。まさにその自己肯定が、他者を従属させる。性的にも従属させて、他者を主体＝臣下として構成するのである。とするなら、この指導者階級の自己肯定を精神分析的な概念によって分析できるはずがない。まさに〈父〉の審級において、フーコーの道と精神分析の道は明確に分岐するのである。ところで、プチ・ブルジョワジーの主体は、「拘束・羞恥・回避・沈黙」によって自己の否定を続ける。おのれの欲望は「構成的な禁止」によって構成されながらも「抑圧」されていると信じ込み、根源的な次元で「死の本能」によって駆り立てられていると信じ込んでは、主権的な法の下で主体＝臣下になることを繰り返して止むことがない。そして、フーコー研究者は、主体化＝服従化と繰り返し口にして止むことがない。しかし、その類のゲームは、ブルジョワジーの自己肯定的なセクシュアリティによって強いられている生政治的なゲームにすぎないのである。

ブルジョワジー的なセクシュアリティがあると、階級のセクシュアリティがあると言わなければならない。あるいはむしろ、セクシュアリティは、本来的にも歴史的にもブルジョワ的であり、セクシュアリティは、それが継続的に移動し移転することによって、階級の特殊効果を誘導する。〔……〕ブルジョワジーは、自己のセクシュアリティの特殊性を他者のセクシュアリティと対比して再定義し、自己自身のセクシュアリティを差異化して取り上げ直し、自己の身体を特異化して保護するような分割線を引いていく。この分割線は、もはやセクシュアリティを創設する線ではなく、反対にセクシュアリティを阻止する線である。それ以後、差異化するのは、禁止である。あるいは少なくとも、禁止が行使される様式と、禁止が課せられる際の厳格性である。以後、抑圧の理論は徐々にセクシュアリティの装置すべてを覆い、それに全般的な禁止という意味を与えていくのだが、その起点はここにある。(168-169/一六二)

ブルジョワジーが創設する分割線、これによって、一方ではプチ・ブルジョワジーの主体＝臣下が構成され、他方では指導者階級の主体が構成される。そして、その外では、貧困階級が倒錯者の世界を潜在させるものとして構成される。『性の歴史Ⅰ』以降、フーコーは、指導者階級と貧困階級に関心を移していくことになるが、いまは『性の歴史Ⅰ』の最終章に即して主体＝臣下の行く末を見定めておかなければならない。

三　精神分析における主権権力と生権力の統合

フーコーは、「第五章　死の権利と生に対する権力」において、近代では権力が「主権権力」

から「生に対する権力」へ移行するとし、後者の二つの極である「身体の規律」と「人口の統整」を理論的に統合したのが観念学派であるとする一方で、両者を連接する多くの装置のうちで最も重要なものがセクシュアリティの装置であるとしている（185／一七八）。セクシュアリティの装置は、生権力の最重要な装置なのである。

しかし、あらかじめ注意しておきたいのは、生権力は、主権権力の形式をなす法と無縁ではないということである。第一に、フーコーは、生権力の対象は「生ける存在者」であるとしながらも、そこから「法権利の主体＝臣下」を除外してはいない[3]。第二に、フーコーは、主権権力から生権力への移行は法のシステムから規範のゲームへの移行であるとしながらも、生権力の下では法がむしろ規範として機能するようになると指摘している。第三に、フーコーは、ノーマライゼーションの権力に対して抵抗するものは「力」であるとしながらも、その抵抗は、「古典的な司法体系では理解不可能な「法権利」」、例えば「生命、身体、健康、幸福、欲求の満足への「法権利」」といった形式をとることを指摘している（187-191／一八〇－一八三）。

以上の三点を、生権力の下でのセクシュアリティの装置について述べ直してみるなら、第一に、セクシュアリティの装置の対象は主として性的な存在者であるが、そこから性に関する法権利の主体＝臣下は除外されていないことになる。第二に、セクシュアリティの装置はノーマライゼーションの装置であり、そこでは、性的な存在者が規範の周囲に配分され資格化・等級化されるだけでなく、性的な存在者が法権利の主体＝臣下として振舞うことを通して、法や司法制度によってノーマライズされることになる。第三に、性的な存在者は法権利の形式で抵抗することにおいてノーマライズされるのであり、これもまたセクシュアリティの装置の効果であるということになる。

続けてフーコーは、セクシュアリティの装置が身体の規律と人口の統整を連接することについて、「性」の観念に着目して分析を進めていく。フーコーによるなら、「性」は、身体の規律と人口の統整が連接するための「蝶番《ちょうつがい》」(191／一八四)であり、生権力の対象のうちでも「中心的な標的」(193／一八五)である。この観点は、一見すると、生権力は生殖器官に主たる狙いを定めてセクシュアリティを異性愛・婚姻・家族・生殖へと秩序づけるとする通念と変わるところがないように見えるが、「性」の観念に着目する観点はもっと複雑である。

フーコーによるなら、主権権力の下での婚姻のシステムでは「血」が象徴的な機能を果たしてきたが、これに対し、生権力の下では「性」が重要な観念として機能する。そして、フーコーは、主権権力から生権力への移行に並行して、理論的には血の象徴論〔記号論〕(une symbolique)が性の分析論(une analytique)へ移行するとしながらも、主権権力と生権力がそうであるように、後二者もまた共存するのであるから、その共存のさまざまな仕方を検討する必要があるとする(193-195／一八五－一八七)。例えば、サドは、主権権力に生権力を、血に性を還元しようとした。それに対し「最初の優生学者」は、生権力に主権権力を、性に血を還元しようとした。しかし、どちらも、一方を他方に還元し吸収し尽くそうとする点において、基本的に無理のある企てであった。というのも、二つの権力体制には「重合、相互作用、反響」が存在するからである(195-196／一八七－一八八)。

では、主権権力と生権力、血と性を共存させる方式はどうなるであろうか。フーコーは、その二つの極として、人種主義と精神分析をあげる。人種主義と精神分析は、血と性を「相互干渉」させる方式としては双対の位置に立つのである。

人種主義においては、血の純潔を守ることとおのれの人種を勝利させることが、主権権力と生権力のさまざまな政治を粉飾したり正当化したりする。人種の血が、主権権力と生権力を統合するのである。その典型が、血の幻想と規律権力の「発作」を伴うナチズムである(197-197/一八八)。これに対して、精神分析においては、「法と象徴秩序と主権性のシステムへ、セクシュアリティの主題系を再記銘する(réinscrire)」ことが企てられる。すでにブルジョワジーの家族において、セクシュアリティに法を与えることが、すなわち、「婚姻の法、血族結婚の禁ずる法、父-主権者の法」を与えることが企てられてきたが、今度は逆に、「性的なもの(le sexuel)の領界」を法・血・主権のシステムに導入することが企てられるのである。この精神分析の企ては、いかに留保がつけられるにせよ、「歴史的な退-行(rétro-version)」であるとフーコーは評しているが(197/一八九)、問題は、その先にある。精神分析は生権力の下における性的なものを理論化するために主権権力の形式を復古的に取り込むにしても、その際、性的なものを主権権力の形式へ導入せざるをえないのであり、歴史的にも理論的にも、セクシュアリティの装置がその理論構成に対してどのような影響を及ぼすのかと問われる必要がある。そして、ここに来て、性とセクシュアリティの関係が問われることになる。

四　ファルス、あるいは「性器」の複合観念

フーコーは「性〔性器、性別〕なきセクシュアリティ」を描き出しているだけではないのかとする二種類の反論を自ら想定してそれぞれを退けてから、性についての考察を進めている。その際、フーコーは性〔性器〕に対して次のような定式を与えている。

性器であるところの現実的なものの要素（cet élément du réel qu'est《sexe》）
セクシュアリティがその効果をその周囲に分配する焦点（le foyer autour duquel elle[＝sexualité] distribue ses effets）
性器についての観念（cette idée *du* sexe）（201／一九二）*4

その上で、フーコーは、二択の問いを立てる。「「性器」は現実（realité）において、「セクシュアリティ」の出現を支える投錨点であるのか、それとも、セクシュアリティの内部で歴史的に形成される複合観念であるのか」とである。そして、フーコーは、後者の選択肢のようであるからこそ、前者の選択肢が成立すると主張していく。すなわち「「性器についての」観念はさまざまな権力戦略を通して形成されてきた」のであり、そうであるからこそ、その複合観念はセクシュアリティの投錨点となるような役割を果たすのである（201／一九二）。フーコーはその語を一度として出してはいないが、ここで問題とされているのがファルスであること明らかであろう。

ファルスという観念、ファルスという複合観念は、セクシュアリティの装置を通して歴史的に形成されてきたし現に形成されているのである。

一九世紀以来、セクシュアリティの装置が発展してきたあれらの大きなラインに沿って、身体、器官、肉体部位、機能、解剖的・生理的システム、感覚、快楽とは別のものが存在するという観念が練り上げられてきた。何か別のもの、何かそれ以上のものであり、内的な特性と固有の法を持つ何ものか。(201／一九二)

この何ものかこそが、『性の歴史Ⅰ』においてとくに引用符付きで記載される場合の「性」であり、ファルスである。この観点から、フーコーは、「性の政治」の四つの攻撃ラインに沿って、「性」の複合観念を分析していく。

第一に、「女のヒステリー化」においては、この何ものかはどう語られるか。「男にも女にも共通に属するもの」として、あるいはまた、「すぐれて男に属しており、したがって女には欠けるもの」として、あるいはまた、「それだけで女の身体を構成し、女の身体すべてを生殖機能へ差し向け、そしてまさにその機能の効果によって絶えず女の身体を掻き乱すもの」として定義される。こうしてヒステリーは、「「一方」かつ「他方」であり、全かつ部分であり、原理かつ欠如であるという限りでの性のゲーム」として解釈される(202／一九二—一九三)。したがって、そのような何ものかについての複合観念が、「性」の複合観念として構成されることを通して、ファルスなるものを媒介とする性別化と性化の一般理論や、性別化と性化の次第によってある種の症状が生み出されるとする一般理論が構成されると解することができる。第二に、「子供時代の性化」においては、「性」の観念はさらに練り上げられる。

現前し（解剖的な事実）かつ不在であり（生理的な観点）、その活動を考慮すれば現前し、かつ、生殖目的に照らせば不全であるところの性（性器）、あるいはまた、それは出現している点で現実的であるが、その効果は後にならないと深刻な病理が現れない点で隠蔽されているところの性（性器）、そのような性についての観念が練り上げられる。こうして、成人において、子供の性がなお現前しているとすれば、それは成人の性を廃棄する方向に向かう秘密の原因性の形式の下においてのことになる〔……〕。子供時代を性化することによって、現前と不在の、隠蔽されるものと顕現するもののゲームによって本質的に特徴づけられる性についての観念が構成されたのである。（202／一九三）

こうして子供の性化を通して、いたるところに性は潜在するとする観念が構成される。また、成人の性を廃棄して子供の性を顕現させる因果性、言いかえるなら、退行の論理や事後性の論理が構成される。第三に、「倒錯者の精神医学化」において、「性」の観念は、精神的で心理的な次元と生物的で生理的な次元を媒介するものへと昇格していく。

倒錯の精神医学化においては、性は、性にその「意味」を、言いかえるならその目的性を与える生物的機能と解剖的・生理的な装置に関係づけられる。しかしまた。性は本能に関係づけられる。本能は、それ固有の発達を通して、また、それが執着しうる対象に応じて、倒錯行動の出現を可能にし、倒錯行動の発生を理解可能にする。こうして「性（性器、性別）」は、機能と本能の、目的性と意義の絡み合いとして定義される。（202-203／一九三―一九四）

とするなら、性目的と性指向との区別、生殖目的に向かう自然な性と異性以外の任意の対象に向かう反自然的で不毛な性との区別、異性愛や同性愛を問わず性別に基礎を置く正常化される性とそれを転倒させてしまうような本能や衝動に由来する性行動との区別、これらはすべて倒錯の精神医学化に由来するのである。それらもまた、「性」についての複合観念の一部でしかない。

第四に、フーコーは「生殖行動の社会化（socialisation）」について、こう分析を進めている。

生殖行動の社会化においては、「性（性別）」は、現実性の法（その最も不躾で直接的な形式が経済的必要性の形式である）と快楽の経済の間に捉われたものとして記述される。快楽の経済は、現実性の法を無視しないときでも、常に現実性の法を迂回する傾向にある。最も有名な「詐欺」である「中断性交（coitus interruptus）」は現実的なものの審級が快楽が終わるように強制し、かつ、現実的なものによって定められた経済にもかかわらずそれでも快楽が明らかになる場所

を表している。(203/一九四)

生殖の「社会化」によって意味されていることは、本来は生殖だけに向けられている性交において快楽が経験されるようになるということ、あるいは逆に、本来は快楽のためにだけ為されている性交が生殖に向けられてもいることを自覚するようになるということであるが、いずれにしても、そのとき、性〈性別〉は、生殖を旨とする法と快楽を統べる経済との間に位置するものとして捉えられる。こうして、性〈性別〉は、多種多彩な「中断性交」において生殖の法を迂回しながら快楽を掠め取るためのものとして批難されたり称揚されたりすることにもなる。これもまた、「性」についての複合観念の一部でしかない。

このように四つのラインに沿って、セクシュアリティの装置が、「性」についての複合観念を設置してきたのであり、これを受けて「性の一般理論」が形成されてきたのである。今度は逆に、その一般理論がセクシュアリティの装置の中で独自の機能を果たすことになる。フーコーは三つの機能をあげている(204-205/一九五—一九六)。第一に、「性」が「人為的で虚構の統一」の機能を果たすことによって、「性」が「唯一のシニフィアンかつ普遍的なシニフィエ」として機能するようになる。第二に、「性」が人間の性についての知と生殖についての生物科学を繋ぐものとして機能することによって、前者の知は「準-科学」の地位が保証されるとともに、後者の科学は性の規範性・正常性の原理の地位を認められることになる。そして、第三の機能が、精神分析に関しては、とくに重要である。

性についての知見（notion）は、重大な反転を保証した。すなわち、性についての所見によって可能となったことだが、権力関係の表象がセクシュアリティへ流れ込み、そのため、セクシュアリティは権力と本質的で積極的な関係がないかのように現れるのだが、しかし、セクシュアリティは特殊で還元不可能な審級に係留するものとして、権力がなんとかして服属させようとする審級に係留するものとして現れるのである。こうして「性についての」観念によって、権力の「力能」をなすものを取り逃がすようになり、権力を法と禁止としてのみ思考するようになるのである。（204-205／一九五）

「性」という「最も思弁的で最も理念的で最も内面的な要素」（205／一九六）を介して、セクシュアリティの領域に、権力関係の転倒した表象、すなわち主権権力の表象が入り込むのである。このようにして、主権権力と生権力、血と性が統合される。この理論的な統合からの「実践的」な帰結は重大である。

実際、性（性器、性別）とセクシュアリティの装置によって固定された想像上の点を通って、各人は自分自身についての理解可能性へ接近しなければならず（性は、隠蔽された要素であると同時に意味産出の原理だから）、自分の身体の全体性に接近しなければならず（性は、身体の現実的な部分であり脅迫される部分であり、象徴的に身体の全体を構成するから）、自分のアイデンティティ

に接近しなければならない（性は、衝動の力を単独的な歴史に結び付けるから）。（205-206／一九六）

このようにして、各人は、性を介してのみ、おのれの真理、おのれの身体、おのれのアイデンティティに到ることができると深く信ずるようになる。そのとき、性は、「われわれの魂」よりも、「われわれの生命」よりも大切なものとなる。主権権力の表象が、「われわれ」の内部に入り込んで取り仕切るようになるのだ。「われわれ」は、「人生全体を、性そのものと引き換えに、性の真理や主権性と引き換えに渡してもよい、性は死に値する」（206／一九七）と思い込むようになる。それまで人々は命がけで愛を求め命がけで愛の真理を求めたと言えるが、いまや「われわれ」は命がけで性を求め命がけで性の真理と至上性を求めるようになる。そして、性は何としてでも欲望されるべきものとなる。「われわれ」は、「性の法の主権性」を信じ（209／二〇〇）、「性の厳しい君主」に服従する（soumettre）（211／二〇二）。しかも自由に自発的に服従するのである。

いまや、精神分析を通して、主権権力と生権力が、血と性が結合される。そして、主権権力の「生と死の権利」、「死なせるか生きるままにしておくかの権利」（178／一七二）と、生権力の権力、「生きさせるか死へ投げ棄てるかの権力」（181／一七三）が結び付く。性の権力の下で、これらすべてが結び付くのである。その性のゆえに殺されて死に追いやられる人間、その性のおかげで生きるままにしておかれる人間、その性のために生きさせてもらう人間、その性のせいで死ぬがままに放置される人間が形成されてくるのであり、そして、性をめぐる種々の法権利だけでなく、死ぬ法権利さえもが要求されるようになる。生きることが抵抗になると同時に、死ぬことも抵抗になるようになる。性は、生と死を取り仕切る主権権力＝生権力となり、ここに二重の意味での主体＝臣下が復古的に誕生するのである。それは、ブルジョワジーでも貧困階級でもない、まさにプチ・ブルジョワジーの主体性であり、支配階級にして指導者階級であるブルジョワジーの自己肯定に発する分割線によって構成される類の主体性である。

このようにして、精神分析は、支配階級、指導者階級、真理の主人であり、主権権力と生権力を併せて行使するブルジョワジーのことを隠蔽し〈父〉や〈性器〉として象徴化しながら、プチ・ブルジョワジーの主体＝臣下を退－行的に構成して、性と生と死のゲームを演じさせるのである。

*1 本稿は、国際ワークショップ「〈権力－知〉か〈国家装置〉か――〈68年5月〉後のフーコーとアルチュセール」（二〇一六年三月一九日）での口頭発表「自己と他者を支配する主体としての正常な（正気で健康で無実で異性愛の［能動的］同性愛の）男」（その英語版は『ZINBUN』四七号、二〇一七年）で提起した問題を考察するものである。その口頭発表では、第一に、一九七〇年代前半のフーコーの『コレージュ・ド・フランス講義』が法権利の主体＝臣下の成立を反乱後の後退期に位置づけていることがまさに〈68年〉後の状況に関わっていることを示し、第二に、一九七〇年代から八〇年代への移行、すなわち主体＝臣下論から倫理的主体化論への移行を通してフーコーが常に支配階級を対象としていることを指摘した。本稿は、口頭発表では触れることができなかった『性の歴史Ⅰ　知への意志』に即して、以上の二点を別の角度から考察

するものである。

*2 Michel Foucault, *Histoirte de la sexualité I La volonté de savoir*, Gallimard, 1976／ミシェル・フーコー『性の歴史I　知への意志』渡辺守章訳、新潮社、一九八六年からの引用については、引用箇所の後に、原著頁数・訳書頁数を記す。なお、訳語・訳文は大きく変更してある。

*3 現行訳では、生権力が対象とするのは「もはや〔……〕権利上の臣下ではない」（一八〇）とあるが、原文は、Celui-ci n'aura plus affaire seulement à des sujets de droit (187-188) である。

*4 現行訳ではそれぞれ、「「性」という現実のこの要素」、「性的欲望が己れの作用をその周囲に分配する中心」、「前提となる性という考え自体」。英訳（Michel Foucault, *The Hisory of Sexuality, Volume 1: An lntroduction,* translated by Robert Hurley, Vintage, 1978）では、'that element of reality which is"sex"', 'the center around which sexuality distributes its effects', 'this idea of sex in itself' (p. 152).

身体　結核の歴史から

はじめに——手術台の身体

元国立療養所東京病院長の砂原茂一は、戦時期から戦後期へかけての結核の外科療法について、こう回顧している。

感染症でありながらこれほど外科療法——むしろ人工気胸を含めて言えば形態学的療法の厄介になった病気はなかったでしょう。〔……〕私たちの病院では、宮本忍さんが昭和十五年に〔胸部形成術を〕始めたわけです、ペニシリンがない時代からやっていたわけで、化膿が多かったのは当然というべきでした。気管内麻酔がわが国に導入されたのは戦後ですから、呼吸循環管理の点でもこの時代の手術は今から考えると勇敢な手術だったわけですね。〔……〕自分のところで言うと、宮本さんが最初に肺切除をやったのは〔昭和〕二十三年の五月ですが、このときはペニシリンだけは使ったけれどストレプトマイシンはない、そのうえ全身麻酔でなく局所麻酔でした。これは三二歳の女性で左肺の上葉にある結核腫でしたがうまく成功した。これが戦後の肺切除全盛の口火を切ったわけですが、その後一年間に三一例やって一三人、約四〇％

死んでいるのです。〔……〕四割も死んじゃうような手術でも当時の絶望的な結核患者は希望したのですね、二十四年の六月からストレプトマイシンが使えるようになって、十二月までの間に死亡は一例も出なかったのです[*1]。

国立の療養所では「勇敢な手術」が進められた。結核患者は高い死亡率にもかかわらずそれを「希望」した。ある三二歳の女性は、結核予防法のもと、その身体を家から療養所に移し、病院に身体を委ね、手術台に身体を上げた。そんな自己決定の主体が、国立療養所に現れたのである。そして事態は改善されていった。本稿は、結核医と結核患者の書き物を通して、その経緯を慢性病の時代における生命倫理誕生の前史として描き出す試みである。

当時の肺切除術に関する報告もみておこう。一九四九年一〇月の第二回日本胸部外科学会で、京都大学医師と国立療養所医師からなる医療チームが、それまでの肺切除術の治療成績を報告している[*2]。それによると、一九四八年九月以降、一六名の肺結核患者に肺切除術を行い、結果、手術成功例は九例であり、「術後一般状態は良好で、喀痰中の結核菌も培養陰性、赤沈値の低下、体重の増加等を認め、膿胸および気管支瘻を併発せず、一応手術目的を達し」、経過観察中の一例は術後一五日目であるが経過は順調である一方、不成功例は六例で、結核性膿胸一例、気管支瘻・膿胸二例、死亡四例、うち三例の死因はショック一例、出血一例、急性胃拡張一例であった。一年後の一九五〇年、同じ医療チームは、新たに二六名の肺結核患者に肺切除術を行い、先の一六名の結果と合わせて治療結果を報告している。それによると、全症例四二例中、死亡例は五例、成功例と見なし得るものは三三例、憎悪・気管支瘻・膿胸等の合併をみたものは四例であった。医療チームは、各例につき比較的詳細な考察を経て、「以上によって我々は肺切除術を成功に導く為に必要な鍵が何処にあるかを知った。個々の諸問題については更に症例を重ね、遠隔成績を観た上で改めて報告したいと思う」と結んでいる[*3]。確かに事態は改善されたのである。

さて、この二年間を患者の側から見直してみよう。一年目に手術を受けた一六名は、その手術の成功率をどのように心得ていたかは不明であるが、二年目に手術を受けることになる二六名のうち最初の患者は、手術の死亡率を一六分の四と、四人中一人と受け取ったはずである、以後、その比率は下がっていき、二六名のうち最後の患者は、手術の死亡率を四二分の五と、約八人中一人と受け取ったはずである。最初の一年間を草創期の冒険として忘れるとすれば、二五人中一人と受け取ったはずである。確かに事態は改善された。しかし現在の眼で振り返るなら、やはり凄まじい事態であったというべきであろう。ところが、それでも患者たちは、手術台に身体を上げた。そして「肺切除の経験」が積み重ねられ、事態は改善された。ここには探究すべき何事かがある。戦時期にも戦後期にも結核について書物を刊行した稀有な結核医の一人である松田道雄の足跡をたどってみることにする。

一　健全な身体と病める身体

松田道雄は、一九三二年、京都帝国大学医学部卒業、小児科医局無給副手を経て、一九三七年、

京都府立西ノ京健康相談所に赴任、そこで多くの人間の結核検査・診断にあたった。その後一九四一年、健康相談所から京都府衛生課結核予防係に移って結核予防を指導し、次いで一九四二年、厚生省の命により和歌山県内政部衛生課長に転じ、軍医予備員となって四週間、伏見の兵営に入隊後、召集されて原籍地の陸軍病院で結核患者担当を務め、終戦を迎えた。その一九四五年、厚生省に辞表を提出後、尼崎の私立病院小児科に勤務、一九四七年、病院勤務を辞めて京都に診療所を開設した。このように、松田道雄は、戦時期の結核予防の最前線で活動し、戦時期の結核医療の中枢機関である陸軍病院で現場の結核医として活動していた*4。松田道雄は、一九三九年（昭和一四年）に刊行した『結核』の「序」をこう書き出している。

現代の科学はまだすべての結核の治癒を約束できないでいる。こんな時代と闘って克つためには、結核についての科学を心得ていて手遅れにならぬようにすることが肝要である。この書ではただ科学の達し得たかぎりについて語られる*5。

ここにおける科学とは、基本的には、結核を急性伝染病の類例として取り扱う公衆衛生学的な知識である、すなわち、科学的検査によって感染者を早期に発見し、当の人間の発病を防ぎ他の人間への感染を防ぐためにも、理念的には感染者全員を療養所に収容して科学的療法を施そうとするものである。しかし、現実には感染者全員を収容することはできないので、感染者の大半は自宅療養を選ぶことにもなる。したがって、なおさらのこと、感染者と周囲の人間に対して科学的療法を会得させなければならないし、結核対策は急性伝染病対策とは異なった姿をとることにもなる。

国民はすべて結核と闘うために動員されなければならぬ。病める同胞を救う博愛の戦というだけではない。人は知らぬうちに結核にうつり、知らぬうちに発病し、自分でそれとわかるのは或る程度疾患が進んでからのことであるから国民は当然の自衛としてすべてが結核に立ちむかわねばならぬ。病人だけが結核と闘えばよいという考えが国民を支配するあいだ、国民は結核に克てないだろう。結核の病人は結核に対する国民の戦線の綻びに生じた犠牲者にすぎない。かれ等をまもりながら結核と闘うことの出来るのは健全な国民のほかに誰があろう。医者はたかだかこの戦線の部分的な指揮者でしかない。／国民は何によって結核と闘うことが出来るか。自らの理性によってである。微生物結核菌にわれわれ人間が永遠に敗北を続けねばならぬとすれば、人間だけがもつ理性とは一たい何者であろうか。／国家は結核に対する闘いの統率者でなければならぬ。結核が国民の災害であるのにその防衛を医者と患者という個人関係にかぎるのは当を得ない。何びとと雖も同胞の結核によって富むことは許されぬ[*6]。

どうして「健全な国民」も動員される必要があるのか。急性伝染病とは異なり、「早期の結核には苦痛らしい苦痛がない」からである。「或る程度疾患が進んで」も、生活のために「安静」をとらずに、私的に対処してしまうからである。だからこそ、科学的理性が必要になる。「結核病竈の存在はその所有者の主観とは別個に探究されねばならぬ。結核発病の発見で客観的検査の重んじられねばならぬ理由はここにある」[*7]。「人はもはや肺結核の早期の発見にあたっては、症状を呈する人間だけに肺尖を打診したり聴診したりするのでは成功を望めない。その検査の対象は何らの症状を呈しない「健康」な人間をも含むまでにひろげねばならぬし、検査の方法としてはレントゲンを欠くことは出来なくなった。これが二十世紀における肺結核診断の進歩である」[*8]。では、どうして「国家」が闘いを統率する必要があるのか。国家に期待されるべきは、国民全員を科学的に検査すること、医者と患者の個人的契約関係を越えて採算を度外視してでも、感染しているのに医療にかからない「健全な国民」をして療養させることである。このように、慢性感染症としての結核の特異性を挺子として、急性伝染病対策における警察的な公衆衛生は、国家的で国民的な公衆衛生へともち上げられたのである。

結核予防法と国民体力法の体制を正当化するこの議論は、戦時生産力論とも結びついていた。『結核』にも次のような一節が読まれる。「我国で肺結核の防遏が国家的意義をもつのは、国防と生産とで最も枢要な資源である青年がその最大の犠牲者であるからである」[*9]。と同時に、その議論は、医療の国家化を通して医療の社会化を要求する議論と結びつけられてもいた。「患者の経済的な状態によって予後は異る。肺結核の治療には少なくとも一年か二年は生産的な仕事から遠ざからねばならぬから、その間の生活の保障が要る。健康保険の療養期間の延長や国民健康保険の創設は、この意味での我国の肺結核患者の予後を従来よりはよくするに違いない」[*10]。だから、国民の精神と身体の科学的な増強、医療の科学化と社会化にとって、戦時はまさに好機であった。このとき、療養所の意義も変わってくる。もはやそれは、急性伝染病用の隔離所でも、貧民のための施療の場でもない。松田道雄は、結核予防法の改正の意義に触れながら書いている。

療養所は貧しい人たちのためにだけあるのではない。国家が国民生活の安全ためにつくった、国民の誰でもが利用することの出来る設備である。大正八年に我国に結核予防法が出来たとき、その第六条に「主務大臣ハ結核患者ニシテ療養ノ途ナキモノヲ収容セシムル為北海道府県市其ノ他必要ト認ムル公共団体ニ対シテ結核療養所ノ設置ヲ命ズルコトヲ得」とあったのを昭和十二年四月に「療養ノ途ナキモノ」が「環境上病毒伝播ノ虞アルモノ」と改正されたのはこのためである。〔……〕療養所こそ現在肺結核患者に「処方」すべき唯一の手段である。重症のものは病院へ、軽いものは療養所へという合言葉は今日では既に古い。〔……〕療養所で行っている治療法はどこの国でも、その国の現在もつ一ばん正しい肺結核治療の標準をなすものである。相談所が結核診断の学校であるように、療養所は結核治療の学校である。肺結核の発見が個人の自覚症状、聴診器の所見を超えて社会の自衛としての相談所の活動、集団検査によるようになったと同じく、肺結核の治療も個人の家庭、個々の治療者から離れて国家の施設としての療養所で熟練した専門家の手にゆだねられるようになったところに、結核に対する人類の勝利の一歩を見ることが出来る[11]。

療養所は、来たるべき科学的医療の場、国民化され社会化され標準化されるべき病院へと編成されるべき場として位置づけられるのである、制度的にはその標準化は一九五二年の「結核医療の基準」によって実現されることになるが[*12]、では、その実現に必要なものは何であったのだろうか。

二　国家の統制と人民の自由

松田道雄は、一九四九年に「附　結核に関する最近の進歩」を付け加えた『結核』の改訂新版を刊行しており、そこで、「新しい読者に誤解を与えるような」「時代遅れの部分」について「自己批判」を書いている。

「結核」のなかで最も欠けるところがあるのは、結核との闘いにおける人民の創意に関してである。〔……〕結核の予防を国家による上からの統制としてしか書いていない。保健所をつくる、療養所を建てる、法律で定めて集団検診をやる、そうすれば結核という病気はなくしてしまうことが出来るといった調子はかくしきれない[*13]。

では、「上からの統制」を補完するような「人民の創意」とは何であろうか。それはまずは、「病人の生活を保障する力」をもつ「結核予防の法律」を制定するような人民の政府、「人民の、人民による、人民のための政府」の創設である。その政治的な観点から、開業医と製薬会社に対する激しい経済的な批判が展開されていくことにもなるが[*14]、それは医療の国家化と社会化を戦時期以上に強調するための議論でもある、松田道雄の『結核とのたたかいの記録』における国民体力法の評価をみておこう。

国民体力法は軍があとおしをしたので何か侵略的なもののように思われがちですが、それによって国民体力法の進歩性を否定することはまちがっています。結核予防のための組織的なたたかいとして国民体力法は世界の結核予防史のなかで一つの画期をなしたものでありました。〔……〕体力法は結核の予防と治療の責任を国家が担当しようとした点で、従来の治療を商品としている個人企業による医業をこえていました[*15]。

戦時期の国民体力法と結核対策要綱は、ツベルクリン反応検査とレントゲン検査、およびツベルクリン陰性者に対するBCG接種という結核予防体制、戦後期にも引き継がれる結核予防体制を確立しただけでなく、戦時体制が資本主義を乗り越えていたと自称する程度には、開業医と製薬会社による医療の商品化を乗り越えていたというのである。とするなら、結核との闘いにおける人民の創意とは、戦時体制の進歩性をそのまま引き継ぎながら、管制高地としての政府をすげ替えることに尽きるようにみえてくる。言い換えるなら、医療の進歩のための人民の創意とは、政治的経済的な自由に尽きるようにみえてくる。しかし、そうではない。松田道雄も指摘するように、戦時公衆衛生・医療体制は内在的に「破綻」した。なぜか。戦争に敗北して戦時体制が破綻したからではない。政府が人民の立場に立っていなかったからでもない。戦争の勝敗とは別に、破綻すべき内在的な原因があったからである。松田道雄はこう続けている。

体力法は日本中の青年のからだを丈夫にし、結核をなくしようという運動ですから、誰よりも青年たちがよろこんでこれに参加すべきものでありました。けれども無理な戦争をするために人民の一切の自由がうばわれて人民の創意が息の根をとめられていましたから、政府の命令に人民は屈従はしましたが理会しようとはしませんでした。ツベルクリン反応は結核にうつったかどうかをきめるただ一つの方法であることがわかっていないで、命令されるから注射をうけ、命令されるから四十八時間後にみてもらう青年にとっては、それが陰性であったか陽性であったかさえ記憶にとどまっていません。批判の許されないところでは人間はすすんで正しいことをしようという意志を失ってしまいます。圧政のもとでは虐げられたものは自分の人間らしさを放棄することによって権力への不信を表明します。〔……〕全国的な結核予防運動は法の力で上から押しつけるだけでは決して成功するものでないということを体力法ほどはっきりとしめしてくれたものはありません、結核をなくする運動が成功するためにはまず人民のなかに自分の意見を示す自由と人民をまもるものは人民の力でなければならないという信念がわきおこって来なければなりません[*16]。

ここにおいて、人民の創意、人民の自由、人民の力とは何であろうか。それは、政治的な自由や経済的な自由にとどまるものではない。まして、人格的自由や市民的自由に還元されるものでもない。それは、端的に、科学的知識を理解して自ら進んでツベルクリン検査を受ける自由、科学的医療に自ら進んで協力する自由、たとえ命令がなくとも自らを律して自己の身体を差し出す自由、そのような自由を通して自己の身体の生命と健康を守る自由である。「結核治療の学校」たる国立療養所は、まさにこの自由の学校だったのである。

三　結核医にとっての身体

戦後期は、クリティカルな時期であった。公衆衛生的療養所が近代的病院へと変化し、病床が「病人が寝る床」から「病気を治す床」へと変化する転機であった[*17]。この変化を主導したのが、国立結核療養所であったということができる。その事情を結核医の側から振り返ってみよう。松田道雄『結核をなくすために』は、日本患者同盟の雑誌『健康会議』の「療養指導」欄に、創刊の一九四九年三月号から一二月号まで結核患者に宛てた手紙の形式をとって掲載されたものである。

結核という日本の民族の災害は、医者だけの立場からではどうすることもできない。結核を病人の立場から見ることがこの災害から脱する道である。「健康会議」に書き、そこで病人からの声をきいたことが、私をすこしでも病人の立場に近づけてくれたのである。その意味で、この本を書かせたものは全国の療養所の患者諸君であった。深い感謝をささげる[*18]。

では、本書で結核医によって描かれる「病人の立場」とはどのようなものであろうか。「病人は医者の実験台か」と題された章を読んでみよう。

――君／お手紙拝見しました。君のいる療養所で近ごろ成形手術をうけた病人で死んだ人があったというので病人が不安がって手術の希望者がへったのですって。／医者の技術にたいする不信用から医者の人格にたいする疑惑にまで問題がひろがってゆき、医者と病人のあいだがまずくなっている、医者は学会に報告するために手術をするのだ、自分たちは医者の実験台になるのはいやだ、そういう声が病人のなかにひろがっていると君は書いています。／それで今日は病人はどこまで医者の実験台になるべきかということを考えてみましょう[*19]。

松田道雄は「実験的精神」を称揚しながらも、その精神が「巷の病院や診療所から姿をけしたかわりに、大学や研究室で奇妙な形をとってあらわれています」として、そこでの実験のあり方を批判していく。その限りでは、「手術の希望者」が減ることに理はある。

病人が「実験台」になるのはいやだという時、それは重大な医療の機構にかかわる問題です。「実験台」という言葉は病人が自分に無関係な「実験」が病人の肉体をつかって病人の意志に反しておこなわれることにたいする反抗のひびきをもっています[*20]。

反抗には理がある、第一に、実験的手術が病人の「無知」につけこみながら「詐術」をもって行われる「冒険」であるのではないかとの「危惧」を表明しているからである。第二に、「病人の肉体的な苦痛の犠牲」の結果が医者の業績になるだけであるとの「忿懣」を蔵しているからである。第三に、病人がその「人格」「人間としての発言権」を失って「無権利の状態」に置かれているからである。例えば、「官費患者」が一方的に実験台にされるような事例である。次いで、松田道雄は、こうした反抗を無視してでも医学の進歩を目指すことは、「多くの他の病人を救うきっかけとなるならばゆるされることなのでしょうか」と問いを立てて、「科学的には正しいが、人間としては恥しいというような実験は、科学者としても恥しい実験なのです」として、「科学的良心」からして「病人の理解と同意となしには新しい治療の試みは許されない」とする。と同時に、いくつかの条件を付しながら、科学的な実験の必要性を強調していく。「失敗した手術」も公開の席で発表され討議されなければならない、多数の動物試験を経て万全の危険防止を準備して行わなければならない、万一の場合には病人の遺族の生活保障を用意しなければならない、健康保険だからということで手術材料を節約してはならない、研究費をもっと増額しなければならない、とである。要するに、当時の結核医と同じく、松田道雄も何としてでも新しい実験的治療法を押し進めたいのである。そのためには実験台がますますもって必要である。では、どうするのか。人民の自由は、このクリティカルな場面ではどのように出来するのか。あるいは、出来するのを期待するのか。

病人の自治会は労働組合ではありません。病人は医者によって搾取されているのでないからです、病人も医者も結核の犠牲者です。日本のなかから結核をなくするということで両方の利害は一致しています。病人と医者とはおたがいの信頼によってのみつながるべきものです。／手術の場合にしても万一手術が失敗したとき、病人は医者にたいして個人的なうらみをもつのでなく、同じような苦難を背負っている病人のために、有効な経験を学問の宝庫に加えることができたのを誇れるというのでなければなりません。／手術をしてかえって悪くなったということはないとはいえません。人はそれを犠牲というでしょう。だが犠牲の貴さは、それによって他の人間がどれほど利益を得たかということではかるべきではありません。犠牲になった人間が、自己の不幸にたいしてもっている誇りの高さによってのみはかるべきです。〔……〕自由な人間が他の自由な人間のために、自らの意志によって死ぬことができるのを、人間に思いおこさせたのは、近代社会をかちとるための市民の戦いの中においてでありました。〔……〕やがて人間は人間の犠牲をいらなくするでしょう。それまで、自由な意志でえらばれた犠牲というものは人間の「最後の悲劇」です。犠牲の美しさは人間の自由の美しさです。犠牲とは人間と人間の信頼のなかに咲く花です。／病気をなおそうとして若干の危険をともなう医学上の新しい試みがおこなわれようとする時、医者と病人とが、そういう美しい信頼でむすばれることは、あり得ないことでしょうか。それはあり得ます。私の小さな経験のなかでも、胸郭形成がかなり高い死亡率を示していた時代に、その危険を知りながら、虚脱療法の意味をよく理解し、あえて手術台に上ったいくたりかの青年を数えることができます。／疾病にたいする全人類の整然とした大進軍《ビッグパレード》がはじまったら、医学のために進んで実験の対象になる志願兵があとからあとからつめかけるにちがいありません。今度の世界大戦でもファシズムとの戦いに派閥をこえて団結したイギリスの医学者のために何百人かのイギリスの青年が、「流行性黄疸」や「マラリヤ」の感染実験をすすんでうけたではありませんか。〔……〕君の療養所で医者と病人とが争いを一刻もはやくやめてくれることを願って筆をおきます。／御自愛を祈ります[21]。

人民の自由は、病人の自己犠牲として出来する。あるいは、そう期待するのである。そこを基礎として、人類は進歩する。国家化された医療の機関の内部におけるこのような医者と病人の関係こそが、以後の近代医療の基礎となっていく。あるいは、そう期待するのである。さらに、国立療養所清瀬病院長の島村喜久治の『結核の正しい治し方——新しい療養と看護の実際』から、患者に外科手術を勧める文章を引いておこう。人間身体の医療モデルの戦後期における誕生を標す文章である。

私は、まさしく結核はなおせる方法がある、ここにあると書いている。恐ろしくなった、とあなたが感じるなら、あなたは、結核を知らなさすぎたのであり、科学をなめすぎていたのである。手術はいやだとか、入院するのは困るとか言ってすむ病気では、断じて結核は、ない！そういう態度こそが、明治以来、年々十五万人もの、若いいのちを失わせ、医者を太らせ、「社会」をひるねさせて来たのだ。〔……〕人間のからだが、一つの「自然」であり、社会的な「実体」である以上、肉体的にいのちをおびやかす病気と闘う方法は科学だけが与える。判り切ったことだとあなたは言うだろう。ではなぜ、その科学が、指示する手術や入院を、あなたは拒み、おそれるか、科学を無視することは、ここでは、いのちを救う方法を奪取することだ[*22]。

では、島村喜久治は、「いのちを救う方法」である化学療法と外科療法を具体的にどう評価し、どのように病人に説得するのであろうか、

ストレプトマイシンもパスもティビワンも、未完成品である。それは、結核を薬でなおそうとする人間のちえの、まだ、ほんの芽にすぎない。三つの芽の中、どれがのびて、花を咲かせ、実を結ぶかは、予知できぬ、しかし、芽だけでも、でて来たことは、療養するあなたにとっても、医者にとっても、すばらしい喜びである。／だから、結核との闘いに、絶望という言葉はいらなくなった。あなたは、あなたの枕にひびいてくる、科学の前進する足音に耳をすましながら、じっとねて、待っていればいいのである。科学は、必ず、あなたを救い上げる。その日まで、あなたは、がんばる義務がある！　あなたの愛する家族と社会のために[*23]。

「あなた」の最善の利益を医者が知り判断するとするパターナリズムの戦後期における誕生を標す文章であるが、注意すべきは、化学療法は未完成でありその効果には予知できないところが

あると率直に認めていることである。しかし、だからこそ、その科学の前進に病人は静かにつき従うべきであると続けられる。しかも、そのことは、自己に対してではなく、家族に対しての、さらには社会に対しての義務であると続けられるのである。どうして、そこまでいう必要があるのか。どうして、そこまで義務を高唱して説得にかかる必要があるのか。そこには、救命の福音を伝えるという高揚にとどまらない何ごとかがある。外科療法の勧めを引いてみよう。

外科療法は、肺結核の根源地となる空洞をなおそうとする療法である。肺結核はまた、腸結核や喉頭結核の原因になるのだから、空洞をなおすことは、実は、そういう結核をなおし、予防することでもあるわけだ。ところが、化学療法の発達は、空洞を残して、正に空洞を避けて、いわば空洞の周辺の問題を解決した。そこで、空洞そのものを解決するためには、残忍でも、外科療法を登場させねばならないのである。他に、空洞をなおせる方法が確立される日までは。／痛いからとか、傷が残るからとか、胸の形が悪くなるとかという理由で、手術が拒否されてはならない。あなたのいのちのためには、そんなものはすべて、目をつぶらねばならぬ。生きることが一切だからだ。一切が、生きていることから、はじまるからだ。背中に残る傷あとが、昔の野蕃な治療法のあとだと笑える日が来るかも知れない。しかし、現実に、そういう日が来る。その日まで、あなたは野蕃な手術に、あなたのいのちをかけねばならぬ！[*24]

国立療養所の病院長が、「野蕃な手術」に生命をかけねばならぬと患者に向かって書いているのである。途方もない呼びかけである。そして、驚くべきは、その途方もない呼びかけに国立療養所の患者たちが応じていったことである。人民の自由が、そのような仕方で編成されていったことである。むしろ、こういうべきかもしれない。自覚症状のないままその身体を病院にあずけ、ひいては手術台にその身体を上げることを自由に自己決定する主体を集団的に編成することは、きわめて困難な課題であったからこそ、国立療養所の病院長でさえもが義務の言説を駆使せざるをえなかったのである、と。

おわりに――権力下での身体

事情を結核患者の側からも見ておくために、日本患者同盟書記長であった石坂修二の証言を引いておこう。

昭和二五年の冬だったと思いますが、佐久病院で腰椎カリエスの外科手術を開始した時、私がカリエス患者の連判状(署名)を取りまとめて、若月俊一院長先生に「出張手術」を陳情に行ったんですよ。若月先生は「療養所当局が招いてくれれば喜んで行きますよ」と答えてくれたんです。鬼の首でも取った思いで帰ってきて早速交渉しました。しかし、療養所当局は若月院長ではなくて慈恵医大から片山教授を招いて同じ手術を実施したんです。大成果ですよ、カリエス患者は喜んでくれましたね。〔……〕ストマイやペニシリンの出現で外科の分野も急速な進歩を示しました。成形手術から肺切除、肺葉切除へと行くわけですが、それも東京と地方ではかなりの格差があった、第一メスを握れる外科医がいない。そこで考えだされたのが腕のいい外科医の出張だった。名医が東北方面に出掛けて行って稼ぐわけです。／五人まとまれば行ってあげますというので、田舎の療養所は大助かり。ただ患者は一人当たり当時の金で一万円の謝礼金を包まなくてはならなかった。しかし命にはかえられないわけ、苦労して金をつくった人が多かった。医療の貧困であり、医者のモラルの問題なんだが、結局明るみには出せなかった。悔恨が残っているね[*25]。

結核医からの呼びかけに応じていったこのような人民の自由が、戦時期から戦後期への変化を可能にしたのである、療養所で死の時に至るまで療養規律に服従して「大気・安静・栄養」療法に専念しながらその実「治ることに絶望した敗残者」であるような「のんきな患者」（梶井基次郎）が、「外科療法希望の強い声」を発するような「新しい型の病人」へと変化することを通して、戦時公衆衛生体制は戦後医療体制へと変化したのである[*26]。この変化を結核患者の側で担ったのが、医療の国家化を通して医療の社会化を要求する患者運動であった。ところで、当時の国立療養所には数多くの文芸サークルがあって、中央の文芸雑誌とさまざまな協力関係を結んでいたが、『新日本文学』にこんな詩の一節が引用されている[*27]。

所長は——

将軍です。
看護婦は――
あおざめた兵士たちです。
絶対権力のもと
まだ口もとの幼いひとりの娘が
今日も倒れてゆきました。
ほんだ・たつんど（岐阜療養所）

国立療養所は絶対権力の場であった。生かしながらも死ぬがままにする権力の場であった。病人の身体はそこに巻き込まれていた。そして、病人たちは、そこに巻き込まれている限りで、療養所民主化闘争と生活保護闘争を進めた。それは人民の政治的で経済的で市民的な自由の発動であったし、そのことによって権力の何ほどかをわが物にした。と同時に、その人民の自由は、まさにその療養所民主化運動の成果の一面として、それが闘争の直接的な目的ではなかったにせよ、その重大な間接的な効果として、近代医療に身体を委ねる自由を出来させたのである。そして、この「患者の努力次第で生きも死にもするかのような切羽つまった二者択一を押しつけられる――ある意味で理不尽な、苦しい[*28]」自由は、結核医と結核患者による事後的な反省を通して、それ以後の医療と生命倫理へとつながっていくことになるのだが、その歴史はまだ書かれてはいない。

*1砂原茂一・上田敏『ある病気の運命――結核との闘いから何を学ぶか』(東京大学出版会、一九八四年)、一八八‐一九〇頁。宮本忍は、『社会医学』(唯物論全書、昭和一一年)、『日本の結核』(昭和一七年)、『産業と結核』(昭和一八年)の著者としても知られるが、宮本忍の外科手術観はそれとして検討を要する。宮本忍『医療の原点――新しい医学像を求めて』(勁草書房、一九六九年)参照。なお、宮本忍は東大医学部の昭和一二年組の一人であるが、本稿ではその一人である島村喜久治を後で取り上げる。

*2長石忠三他「肺切除術の経験、特にその手術手技と治療成績」『京都大学結核研究所年報』(一九五〇年、一号)。

*3長石忠三他「肺結核に対する肺切除術の経験(第二報)」『京都大学結核研究所年報』(一九五一年、二号)。基本的に同じ事態が肺癌手術においても繰り返されることになる。長石忠三「肺癌の外科的治療」『京都大学結核研究所紀要』(一九六六年、一五巻一号)参照。

*4松田道雄の年譜としては、大森隆子「松田道雄の育児思想について(I)」『豊橋創造大学短期大学部研究紀要』(二〇〇〇年、一七号)参照。二つほど事項を付加しておく。一九三九年(昭和一四年)、京都大学結核研究会第一回講演会で講演。これについては、内藤益一「胸部疾患研究所初期の頃の思い出」『京都大学胸部疾患研究所紀要』(一九九二年、二四巻一号)参照。一九四〇年(昭和一五年)、京都市医師会第四十三次講演会で「結核診断の諸技術に就て」と題して講演。これについては、京都市医師会五十年史編纂部『京都市医師会五十年史』(一九四三年)、七〇〇頁参照。

*5本稿では、戦後の一九四九年に出された改訂版を使用する。松田道雄『結核』(弘文堂、一九四九年)、一頁。

*6松田道雄『結核』、三‐四頁。

*7同、三三頁。

*8同、八三頁。

*9同、五六頁。

*10同、九八‐九九頁。

*11 同、一三六‐一三八頁。
*12 厚生省五十年史編集委員会『厚生省五十年史（記述篇）』（中央法規、一九八八年）、七〇六‐七〇七頁参照。
*13 松田道雄『結核』、一八二頁。
*14 同上、五四‐五七頁などを参照。また、松田道雄『人間と医学』（中央公論社、一九四七年）と松田道雄「結核の政治学」『中央公論』（一九五〇年六月号）も参照。
*15 松田道雄『結核とのたたかいの記録』（黎明社、一九四八年）、一三二‐一三三頁。また、松田道雄「結核療養者と文学者」『新日本文学』（一九五三年一〇月号）は、結核対策体制は「戦争のおかげで、しかしいかにも戦争をやりとげるにふさわしい方法で実現された」との議論が展開されている。これに対して、戦後期医療体制を軍事保護院的医療行政の復活として批判したものとして、武見太郎「結核撲滅策の撲滅――これは他人事の話題ではない」『文藝春秋』（一九五一年四月号）参照。
*16 同、一三四‐一三五頁。
*17 猪飼周平『病院の世紀の理論』（有斐閣、二〇一〇年）、二三八‐二三九頁、二四五頁参照。
*18 松田道雄『結核をなくすために』（岩波新書、一九五〇年）、一六三頁。
*19 同、七七頁。
*20 同、八〇頁。
*21 同、八九‐九二頁。松田道雄『結核とのたたかいの記録』（黎明社、一九四八年）ではこう論じられている。進行を止められない腸結核に関しては「腸結核の早期の外科的治療に志願者をあつめることは容易でした」（一六八頁）。胸郭形成術は技術的に困難で「病人のほうではなかなか成形術をやる気にはなってくれませんでした」。病人はまだ動けるために、肋骨を五本も切り取る大手術が要るという「真実」も「科学的な方法」も「理会」できていなかったからである。これらは陸軍病院での経験である。そして、「現在のところ気胸のはいらない肺結核は外科的疾患であるというほかはありません」と結論している（一七一‐一七四頁）。この論脈で次のものも参照。松田道雄「共産主義者と結核」『知性』（一九五六年三巻七号）。島村喜久治「死

の結核患者スト——坐込み戦術をとらせたもの」『文藝春秋』(一九五四年九月号)。

*22 島村喜久治『結核の正しい治し方——新しい療養と看護の実際』(あかね書房、一九五〇年)、四頁。

*23 同、一九三頁。

*24 同、二五〇‐二五一頁。

*25 日本患者同盟四〇年史編集委員会『日本患者同盟四〇年の軌跡』(法律文化社、一九九一年)、二六〇‐二六一頁。なお、出張手術はスウェーデンの事例の報告がある、島尾忠男『結核と歩んで五十年』(結核予防会、二〇〇三年)、九九‐一〇〇頁参照。

*26 松田道雄「結核療養者と文学者」『新日本文学』(一九五三年一〇月号)。

*27 瀬木慎一「明日へ生きるもの——闘病者の文芸作品」『新日本文学』(一九五三年一〇月号)参照。

*28 砂原茂一・上田敏『ある病気の運命——結核との闘いから何を学ぶか』(東京大学出版会、一九八四年)、一六〇頁における砂原茂一による表現である。結核医たちはそれぞれの仕方でその後につながる反省を書き残している。特に砂原茂一の軌跡、砂原茂一『臨床倫理学の論理と倫理』(東京大学出版会、一九七四年)、砂原茂一『医者と患者と病院と』(岩波新書、一九八三年)、砂原茂一『臨床医学研究序説——方法論と倫理』(医学書院、一九八八年)に結実する軌跡が重要である。また、化学療法に比しての外科療法に対して慎重な態度を示す松田道雄『療養の設計』(岩波新書、一九五五年)も参照。

傷痕と再生

再生医療の旗の下で

再生医療の旗を掲げるからには、再生をめぐる数々の夢想を掻き立てざるをえないことは承知していなければならない。と同時に、再生医療の実情についても、再生の夢想についても、その明暗を冷徹に認識していかなければならない。ある医科学者は、こう書いている。

幹細胞や幹細胞由来運動神経を〔……〕失われた神経と置き換えることや現存する神経回路へ統合して運動機能を回復することを期待するのは非現実的（unrealistic）である。むしろ、移植された幹細胞や幹細胞由来運動神経によって神経向性のある因子を提供することを介してホスト運動神経の死を阻害することが、より現実的で達成可能なアプローチである*1。

すなわち、失われたものを新たなものと置き換えること、失われたものの代わりに新たなものを補塡して元の姿を取り戻すことは現在のところ見果てぬ夢であり、再生医療の旗の下で可能であるのは、新たなものを提供して残存する生体の機能を然るべき方向へと誘導することであり、そのようにして残存する生体の死を遅らせることである。同様に、ある医科学者によるなら、iPS細胞由来心筋細胞シートは、失われた心筋細胞の分を補充しようとするものであるが、実際にはレシピエント側の心臓に血管新生を誘導するものであって、心不全などで繊維化した部分を再生させるものであるとは言えない[*2]。すなわち、ここでも再生医療の旗の下で行われているのは、失われたものを十全に再生させることではなく、新たなものを補充して残存する生体の構造形成を誘導しそれによって残存する生体の機能を増強することである。

しかし、このような実情に立ち入って着目すべきことは、再生医療がその名分に反して再生そのものを実現しているわけではないということよりは、とにもかくにも再生医療が現に達成している成果について必ずしも十全な解析が行われていないということである。再生医療法による再生医療の定義によって言いかえるなら、「再生医療」とは第一義的には「人の身体の構造又は機能の再建、修復又は形成」ということになるが[*3]、そこに言われる「再建」「修復」「形成」の概念分析も、それらの再生概念との異同の分析も十全には行われていないのである[*4]。ある医科学者によるなら、パーキンソン病における細胞移植療法にはそれなりの「利点」が見られるものの、それがいかなる条件や要因の下で起こっているのかについては「未証明」なままである[*5]。そして(しかし)、それほどまで生体の謎が深いというそのことによって掻き立てられるような夢想を冷徹に堅持することこそが重要ではないだろうか[*6]。その点について、神経学史をすこし振り返って考えてみたい。

再生（re-generation）とは、語義的には再‐発生である。それは、細胞においてはその正常な分化の階梯を再び辿り直すことである。現在、発生・分化の階梯を（相当に）歩んだ細胞を初期化（リプログラミング）することが、ある種の体細胞では成功している。そして、その細胞をして、発生・分化の階梯をある程度辿り直させることも、ある条件下では成功している。

では、いま癌細胞のことは措くとして、種々の変性細胞は、このような再生図式においてどう位置づくのであろうか。変性（de-generation）とは、語義的には脱‐発生である。変性は、正常な発生・分化の階梯を歩み切った細胞が、その限界を超越して変容することであると解してもよいであろう。さらにまた、その変性が外傷や感染のような細胞外からの侵襲に対する生体反応として起こっている場合には、変性は、よしんば病理的な現象であるとしても、正常な発生・分化の階梯を自然・正常に脱出して変容することであると解してよいであろう。とするなら、そのような変性細胞をして初期化して再‐発生させることは、それこそが再生医療が目指すべき理念的な目的となるはずである。他方、変性は、正常な発生・分化の階梯を踏み外してそこから逸脱することであると解することもできる。それは病理的な現象であるが、その病的逸脱の向かう先については、われわれは死という概念で理解することしかできないので、あくまで細胞レベルのことであるが、そのような脱‐発生は、生から逃れて死へと向かう変容として理解することしかできない。とするなら、なおさらのこと、そのような変性細胞をして正常な発生・分化の階梯に引き戻すことは、それこそが再生医療が目指すべき理想的な目的となるはずである。

変性と再生のこの錯綜した関係について、最も精緻に思考していたのはカハール（Santiago Ramón y Cajal: 1852-1934）である。再生医療者もしばしばカハールに言及してきたが、そのとき判で押したように引用されるのはカハールの主著の次の一節である。

脳の機能分化のために、ニューロンは二つの大きな欠損を負わせられている。一つが増殖できないことであり、もう一つが原形質内の分化が不可逆なことである。この理由のゆえに、ひとたび発生が終了すると、軸索と樹状突起の成長と再生の泉は干上がって取り戻せない。成人の中枢では、神経経路は何か固定され区切られ不動のものになっている。何であれ死ぬにしても、何一つとして再生を許されないのだ[7]。

研究者の大半は、この一節をドグマ的な見解の表明として引用して、次いで幹細胞研究と再生医療はそのドグマを打破してきたと吹き上げるのが常なのであるが[8]、実は、カハールは、疾病や外傷の下で再生の萌芽とも呼べる現象が起こることは認めていた。というより、カハールの研究はそこにこそ集中していたのである。

神経の疾病に冒された人間においても、サラ（G. Sala）やわれわれが記載した哺乳類の子における創傷の場合と同じく、短期ではあるが再生現象が起こっている。このような事実を確証した貴重な観察として他にも、梅毒腫瘍や神経膠腫の周囲で分岐する軸索萌芽の発見(Bielschowsky)、脳穿刺先で新たに形成される神経線維の観察(R. Pfeiffer)、アルコール中毒者の脳梁での再生現象の観察(O. Rossi)、軟化巣での再生現象の観察(Marinesco)、とりわけ、老年痴呆の大脳での老人斑の発見(Fischer)〔……〕である。／おそらく、感染症による腫瘍や肉芽腫の周りに見られる細い繊維や芽が本当に再生の特質を持つのかということに関して表明された懐疑(Miyake, Herxheimer, Gierlich)には根拠があるだろうが、フィッシャーの斑について は留保を付けようがないと思われる。〔……〕シマロ(Simarro)の研究によるなら、前から存在する軸索の分立が見られるのである。おそらくシマロはその標本で斑の初期形成の段階を観察したがために、斑に進入する多くの神経側枝の分岐が鮮明に見られるのであろう。〔……〕あたかも軸索萌芽が、何らかの特殊な神経向性の物質の影響下で、斑の領域に引き寄せられたかのようである[*9]。

カハールは、その主著を通して、「短期」で消失する再生現象の観察を他にも集積している。カハールが「中枢神経路は再生が不可能である」と判定するのは、中枢神経系においてこそ、「再生の働きが、一時的な反応、流産させられる回復過程」にならざるをえないからである[*10]。そして、カハールは、再生の「芽」が短期で摘み取られてしまう条件と原因について考察し、そこから再生の夢を紡ぎ出していく。

これまで述べてきたことから、われわれは次のように推論してもよいであろう。すなわち、実験動物においても人間においても、外傷性の刺戟が軸索をその睡眠状態から追い出すほど十分であるなら、あるいは、まだ特定できていないものの、何らかの毒素や特殊な刺戟因が灰白質に進入するなら、再生の働きが始まり、一定の強さにまで達するかもしれない、とである。よく知られているように、このような修復への傾向性は、二つの否定的条件によって阻害されている。第一に、軸索の進行が遅くて僅かな成長を維持して鼓舞する物質が欠けていること、第二に、断裂した神経線維の経路やシステムにおいて、軸索の向きをその目的地へと引き寄せることのできる触媒が欠けていることである。／このことから次のように推論してもよいであろう。すなわち、いつか実験神経学が問題の欠陥を人為的に補うとするなら、二つの目標を達成しなければならないであろう。実験神経学は、適切な栄養補給によって軸索に強い成長能力を与えなければならない。また、実験神経学は、方向を失っている神経成長円錐の前方に、厚い灰白質と神経巣の内部で、特殊な方向付けの物質を与えなければならない。後者の実験条件を実現するのはほとんど不可能である。他方、前者の条件は比較的実現可能である[11]。

こうしてカハールは、「神経学者の多数」は賛同しないことを認めながらも、「再生能力の欠落は、本質的で運命的で不変の条件に拠っているのではない」と語ることができるのである[12]。判で押したように引用される箇所には、次の文章が続けられている。

可能なら、未来の科学は、この過酷な天命を変えるであろう。未来の科学は、高い理想を抱いて、疾病によって緊密に連合する中枢神経が切断されたときには、ニューロンの漸進的衰退を阻止したり緩和したりするために、また、ニューロンのほとんど揺るぎない結合を克服するために、正常な神経経路を再 - 構築するために努めなければならない[13]。

生体は、おそらく必ず、病や死に向かう傾向性に対抗して、それがたとえ「流産する再生」であっても、何らかの抵抗をしている[14]。だから、再生の芽生えを増強することが「高い理想」として目指されるのであり、再生医療はそのカハールの夢を実現しつつあると言うことができよう。しかし、再生の夢想は、それ以上のものであることも指摘しておかなければならない。

瘢痕と再生

慢性期脊髄損傷に対する嗅粘膜移植の効果について、移植された嗅神経鞘細胞は、ある程度グリア瘢痕組織に「浸潤」し、栄養因子や接着因子を放出して軸索伸長を「促進」すると解析されている[15]。ここまではカハールの理想の実現である。ところで、ここで注意すべきは、神経細胞の再生に対する障害となっているグリア瘢痕組織にしても、神経細胞の無秩序な再生による「異常」なシナプス結合や軸索伸長を抑制するという「正常」な機能を果たしているということである。とするなら、それをどのように概念化するかは定かではないのだが、真の再生があるとして、そのためにはグリア瘢痕組織の変容を目指さなければならないことだけは確かである。

繊維化についても同様の指摘をできよう。再生の夢想からするなら、繊維化の機序を解明しながら、繊維化を脱‐繊維化して再‐発生させるといった具合でなければならない。しかし、そんなことが生物で可能であろうか。繊維化は外傷や炎症に対する「正常」な生体反応である。その繊維化を阻止したり脱‐繊維化したりすることは、基本的に反‐生体的である。他方で、繊維化は「不可逆的」と見なされている。また、繊維化が「量的」に増えるなら臓器不全に繋がると理解されているので、繊維化そのものが反‐生体的であり、それはほとんど死体化と見なされている。とするなら、繊維化は、病に対する生の闘いの結果であると同時に、生を死へ導く傾向性の表出でもある。この事情をどう理論化すべきか定かではないが、真の再生があるとして、そのためには繊維化の変容を目指さなければならないはずである。同じことは、創傷治癒の過程での瘢痕化についても指摘できる。以上の論点に関係する明晰な記述を引用しておく。

腎機能の低下には腎間質の繊維化が大きな役割を担っているが、単に繊維化といってもすべてが悪いものとは限らない。繊維化の機序は創傷治癒の過程と酷似しており、炎症から組織を守るために繊維化が生じるとも考えられている。したがって、障害された組織にとってプラスに働く創傷治癒の機序とマイナスに働く繊維化の機序はどこか違うのか、さらに各々を独立してコントロールすることはできないのか、今その解明が重要な研究課題と考える*16。

再生医療の旗を掲げるからには、この夢想を手放すわけにはいかない[17]。再生医療が薄い文字で描き始めているのは、傷痕の再生と呼ぶべき出来事である。言うまでもなく、傷痕の再生とは、復活（Resurrection）に相当する出来事である。そして、再生医療が遠望する復活は、生体の外部から到来する救済ではなく、病と傷で壊れかけ腐れかけた人間の内部で発見されるべき救済である。大山載吉の言葉を借りるなら、「最も忌避すべき、それゆえに最もそこから身を剝がし難い人間的形態をもつ地層においてしか、絶対的脱地層化は求められない」[18]のである。

*1 Yasushi Takagi, "History of Neural Stem Cell Research and Its Clinical Application," *Neurologia Medico-Chirurgica* (Tokyo) 56, 2016.

*2 宮川繁「細胞シートを用いた心筋再生治療の現状と展望」『日本薬理学雑誌』（一四七号、二〇一六年）。

*3「再生医療等の安全性の確保等に関する法律」（二〇一三年）「第二条」。

*4 全能性と多能性の区分も、人為的に初期内部細胞塊や胚性幹細胞を栄養外胚葉（胎盤）へ分化させうることが示されてから変化している。Cf. Hitoshi Niwa et al., "Interaction between Oct3/4 and Cdx2 determines trophectoderm differentiation", *Cell* 123,917-929, 2005. しかし、細胞の性質の指標の生物学的意義、人為的な「再現」の程度など、理論的に検討すべき課題は山積みのはずである。この間、それを概念創造とも呼ぶべきであろうが、旧来の概念は大きく変化してきたように見える。

*5 岡野栄之「脊髄再生研究の展望」『日本せきずい基金ニュース』（五七号、二〇一三年）。

*6 とはいえ、醒めた観点をとるなら、現在の再生医療は、二〇世紀半ばまで試みられてきた種々の実験の形を

変えた反復にすぎないと評することも可能である。この点では、主として末梢神経についてであるが、次の優れた総説を参照して比較せよ。野村進「神経移植と再生――機能回復」(草間敏夫・中沢恒幸編『神経の変性と再生――その基礎と応用』医学書院、一九七五年)。例えば神経交叉縫合の実験については、脳深部刺激療法の先駆けと見ることも可能であり、脳の順応性(可塑性?)をめぐる種々の実験とあわせ歴史的な再考が求められる。

*7 Javier DeFelipe & Edward G. Jones eds., *Cajal's Degeneration & Regeneration of the Nervous System* (Oxford University Press, 1991), p. 750.

*8 ドグマを最初に打破したものとして、次のものがあげられるのが通例である。Joseph Altman, "Are new neurons found in the brains of adult mammals?" *Science* 135: 1127-1128, 1962. しかし、アルトマンは、成体の中枢神経系で神経細胞の新生がないとされるのは、細胞分裂像が観察されないことによるとした上で、新たな神経は未分化な前駆細胞から生じているかもしれないと推測していた。歴史は思われているほど単純ではない。

*9 *Op. cit.*, p. 735

*10 *Ibid.*, p. 744.

*11 *Ibid.*, pp. 736-738.

*12 *Ibid.*, p. 744.

*13 *Ibid.*, p. 750. ドグマ伝説にとらわれずに、カハールの立場を精確に捉えているものとして、次の論考がある。Frank W. Stahnisch and Robert Nitsch, "Santiago Ramón y Cajal's concept of neural plasticity: the ambiguity lives on," *Trends in Neurosciences*, 25 (11), 2002.

*14 「可塑性 (plasticity)」は変化状態が一定期間存続することを指すので、カハールのいう「流産する再生」は、「弾力性 (elasticity)」とでも呼ばれるべきかもしれない。Cf. José M. Delgado-Garcia, "Cajal and the Conceptual Weakness of Neural Sciences," *Frontiers in Neuroanatomy*, 9, 2015. なお、中枢神経系の「可塑性」

の多義性と概念史については、Eberhard Fuchs and Gabriele Flügge, "Adult Neuroplasticity: More Than 40 Years of Research," *Neural Plasticity*, 2014.

*15 岩月幸一「脊髄損傷に対する再生療法の展望」『脳神経外科ジャーナル』（二〇巻八号、二〇一一年）。

*16 久間昭寛他「腎繊維化の機序と治療」『産業医科大学雑誌』（三八巻一号、二〇一六年）。

*17 瘢痕に関してカハールの精神を再興する優れた論文として、次のものがある。Stefanie Robel et al., "The stem cell potential of glia: lessons from reactive gliosis," *Nature Reviews Neuroscience*, 12, 2011.

*18 大山載吉『ドゥルーズ 抽象機械——〈非〉性の哲学』（河出書房新社、二〇一六年）、一六七頁。

共通善と大学　補足として

共通善の政治

震災、大事故、疫病に対する政治は、共通善の政治として遂行されているし遂行されなければならないと本書で私は主張している。

「われわれ」は、どこまでがその範囲になるかは定かではないが、「全員」が生き延びることを目指している。「われわれ」は、その意味で、生存という「共通善」を最終目的として行動しようとしている。（本書、二九頁）

とはいえ、近代国家・資本主義国家においては、真っ直ぐに共通善の政治が遂行されないこと、必ずや歪められて遂行されてしまうことも明らかである。本書では、まさに公衆衛生がそうなっていると主張している。

公衆衛生は、人間の群れ全体の「救済」を目指す。その「救済」とは、公衆衛生が内政を通してコントロール可能と見なされる変数が最適値をとるようにすることである。そのようにして公衆の「健康」、世界の「健康」を増進することである。疫病にあっては、感染率や発症率や死亡率を可能な限り低下させることである。典型的には、「集団免疫」の確立を通して感染症との「共生」を目指すことである。裏から言うなら、公衆衛生は、全員が生き延びること、死亡者を一人も出さないことを直接に目指すのではない。人間個人の救済を任務とするのではなく、人間集団の「救済」を務めとするからである。共通善ではなく公共善の実現を務めとするからである。（本書、五五頁）

したがって、本書で私は、公共善の政治に代えて、共通善の政治を打ち建てることを主張しているわけであるが、そもそも「共通善」をめぐっては、さまざまな議論がありうる。ここではそこに立ち入らず、私としては、トマス・アクィナスに淵源する共通善の政治が、近世哲学において変容を遂げており、その観点を引き継いでいると述べておくだけにする（もちろん、リベラリズム対コミュニタリアニズム論争における後者の用法とは区別される）。

共通善を、私は、人間にとって共通に善いもの、人間が生きるために絶対に必要であるという意味で善いものという意味で使っているが、しかし、その共通性そのもの（普遍性と言いかえてもよい）に対して異論が出されるだろう。その共通善の捉え方は、人間が生きることは人間にとって無条件に善いことと見なしているが、ある人間にとっては生きること自体が悪しきことになるときがあるし、生きるのを止めて死にたくなるときもあるから、生存を共通善と、死を共通悪と見なすことはできないとする異論である。あるいはまた、ただ生きることを善いと捉えること自体が劣悪な生き方になるのであって、ただ生きること（ゾーエー）ではなく、善く生きること（ビオス）を政治の目的とするべきであるから、生存それ自体を共通善として掲げることは適切ではないとする異論である。私は、その異論は当たっているとは思っている。個体としての人間に例外なく共通する善というものは端的に存在しないし（ただしビオスも共通善たりえない）、その意味では、共通善は虚構である。裏から言えば、共通悪というものも端的に存在しない。例えば、死は誰にとっても、あるいは種としての動物にとっても悪しきことであるとは断定し難いだろう。

このことは、共通善を、生存に最低限必要な、エッセンシャルでエレメンタルな要素、例えば水や食物のことであり、政治はその水や食物の保証を旨としなければならないと言っても同じことである。かつてデカルトは、神の善性を、言いかえるなら、神が創造したこの世界の善性を、さらに言いかえるなら、政治がその原則とすべき世界の（超越的）善性を証明しようとしたとき、水を飲むこと自体がその生存にとって害悪となるような人間の事例を差し出していた（『省察』「第六省察」）。ある人間にとっては、無条件に生存に必須で善と思われる水でさえも毒物として作用する場合がある。そもそも食物には毒物として作用している面があるし、そのことはある種の人間にとって際立ってくるわけである。水や食物さえも、人間に共通する善＝財（goods）ではないのであって、その意味では、水や食物を共通善と見なすのはやはり虚構である。それでも、その上で、デカルトは、神の善性を論証した。言いかえるなら、政治がその原則とすべき世界の善性を論証して、共通善の政治を変容させたのである（スピノザにも同じ動向が見られるが、総じてそれは宗教戦争・内戦下での倫理・政治である）。

とすると、共通善としてあげられる通例の善＝財のどれもが、例えば、文化財、自然環境、インフラストラクチャー、交通機関、国土、法と秩序、平和のどれもが虚構であるということになる。しかし、それでも私は、少なくとも政治の原理原則は、共通善を守ること、共通悪を退けること以外に置かれてはならないと考えてもいる。理由は簡単で、政治は、一部の人には善いことだが一部の人にとっては悪いことを為すべきではないからである。政治は、それが虚構であっても、共通善の遂行と保証を理念として手放すべきではない。政治国家は、一人の例外もなく、分け隔てなく、万人に、生存を保証し、水や食料を保証しなければならない。もちろん、私は、そのような保証を宛て行うような政治国家が最終的には無くなるべきであると思っているが、言いかえるなら、政治国家による保証など抜きにして生きたり死んだりする世界を望んでいるが、依然として暫くは国家が存在する時代にあっては、共通善を守ることをその使命とするべきである（その意味で、国家は倫理的でなければならない）。

その上で、考えるべき問題は、共通善の政治の理念に照らして、現代国家・現代政治をどう評価するか、どう変革するかということになる。そこで、コロナ禍での政治、健康政治・生政治に対してよく出される批判に触れておきたい。

それは、「疫病は万人に等しく襲いかかる共通悪ではない。例えば、富める者より貧しき者が、特権階級より庶民が、支配階級より被支配階級が、差別者より被差別者が、より広く、より酷く害悪を被っている」といった批判である。率直に言って、そのような事実がどこでも成立するのなら話は簡単になってよいと思いもするが、しかし、それほど簡明な話にはなっていないと思う。

しかも、その批判には、貧しき者を疫病に罹りやすい本質的に病弱な者と表象する偏見、貧民が病苦を避けるに無力な者、他からの支援を待ち望むだけの受動的な者と見なす偏見が潜んでおり、とても全肯定できるものではないとも感じている。いずれにせよ、その類の批判から出てくる結論は、医療への平等なアクセスに尽きる。医療は共通善であるので、万人が等しく享受できるようにせよという要求に尽きる。そのことはまったく正しいと思う。では、それをどう実現するのか。医療の無料化しかあるまい（二〇世紀前半の無料診療所や実費診療所、一部の自由診療を想起せよ）。少なくとも、貧しい者の医療無料化しかあるまい（それは現体制でも制度化はされている）。しかも、ここをゆるがせにはできないが、特権階級が享受しているのと同じだけの（エッセンシャルな）医療や看護を、それが共通善であるのなら（専門職は必ずそのように標榜するに決まっているのだから、なおさらのこと）無料化して供給することしかあるまい（現体制ではそうはなっていない）。では、それは現体制で実現可能であろうか。私は、医療にせよ看護にせよ介護にせよ福祉全般にせよ、それらが資本主義に巻き込まれている限り、絶対に実現不可能であると思っている（本書、七〇頁参照）。だから、共通善の政治を本当に実現するためなら、資本主義を打倒しなければならない（だから、「市民」や「民主」といった冠を被せた社会主義 socialism では足りない。なお、社会主義国家崩壊の教訓は、社会主義は、歴史の一階梯をなす社会経済構成体ではありえないということである）。少なくとも、共通善の政治を資本主義から解き放たなければならない。さまざまな平等の要求、それはたかだか機会の平等の要求、はした金の再分配の要求にすぎないのだが、その実現のためにでさえ、資本主義を撃つ必要があるし、撃たなければならない。

ただし、本書でいささか妥協的に見えるかもしれぬかたちで示唆していることは、その共通善の政治が、資本主義国家の中でも薄っすらと現実化しているということである。むしろ、国家史の内実を無視して粗っぽく言ってしまえば、そもそも（都市）国家の存立の根拠は共通善の保証にあったからには、その伝統が、コロナ禍にあって否応なしに浮上しているのである。現体制にもそういう一面があると率直に認めておく必要がある（そのことは3・11においても同じことであった）。要するに、生政治・生権力、司牧体制には肯定すべき一面があるということだ。しかも、その一面は体制の違いにかかわらず、君主制であろうが貴族制であろうが民主制であろうが、独裁制であろうが専制主義であろうが自由主義であろうが、見出せるということだ。しかし、本書で何度か指摘するように、それはあくまで一面にとどまり、市場の論理、政治経済学の論理、資本主義の論理によって歪曲され混濁させられている。一例をあげるなら、現在、統治者だけではなく、全議会政党が、圧倒的多数の市民が、医療崩壊を防ぐために、ということを目標として掲げている。医療崩壊を防ぐために、いろいろとやっているというのだ。まったく転倒している。「われわれ」は、医療崩壊を防ぐためにやっているのではなく、死者や病者を出さないためにやっているのだ。死者や病者を出さないために、医療を利用しているのだ。医療崩壊のおそれがあるというのなら、医療を増やせばよいだけのことである（ただし私は、医療全般を拡大するべきとは思っていない。とくに精神医療は公的には廃棄するべきと思っている）。ところが、圧倒的多数の市民は、おのれの転倒にまったく気づいていない。まるで、教員の定数を崩さないためにいじめ対策を進めるとか、警察体制を崩壊させないために犯罪減少を目指すとか、弁護士定数を確保するために裁判数を減らすとか、その類のことを合言葉で言い合って疑うことがないのである。腐っている、と言うべきである。

支配装置としての大学

本書で私は、アルチュセールの再生産論を批判しながらも、学校が主要な国家イデオロギー装置であるとする見方についてはそれを肯定している。

学校（及び、学校的で学校化された諸機関や諸制度）では何が教えられるのか。アルチュセールによるなら、それは技術や知識だけではなく、分業に応じた礼儀作法の諸規則、フランス語で正しく命令することなどである。総じて、学校は、「専門技能の再生産」に加えて、「労働者に対しては支配的イデオロギーへの服従の再生産、さらには、搾取と抑圧の担い手たちに対しては、支配階級の支配を同じく「言葉によって「保証するために支配イデオロギーを使いこなす能力の再生産」を保証する傾向にある。要するに、学校とは、「支配的イデオロギーに対する服従の再生産」、あるいはこのイデオロギーの「実践」の「再生産」を保証する傾向にあるのである。
（本書二三〇頁）

この見方は、フーコーの規律権力論に引き継がれているが、私は現在でもそれは妥当すると、むしろ、かつて以上に妥当すると考えている。そして、ここで私が強調しておきたいのは、一つは、現在における支配的イデオロギーの再生産の有り様を具体的に捉えて言葉にもたらすべきであるということ、もう一つは、大方の大学人はそう考えていないように見えるのだが、その思いこみとは違って、国家イデオロギー装置・規律権力装置の最たるものである学校とは何よりも大学であるということである。以下、簡単に述べておきたい。

近年、学校教育を無批判に肯定する言説が増えている。とくに気になるのは、貧困問題の解決策として進学があたかも唯一の策として押し出されていることだ。あたかも、貧困家庭に育った子供にとって唯一の希望が進学であるかのように語られ、そのためにということで、高校授業料無償化(私は、高校は義務教育ではないのだから、安くすることに賛成はするが無償化には賛成しない)、大学進学のための無償奨学金(私自身その恩恵を得た者なので反対はしない)を要求するのはよいとしても、あたかも、学校に行けないことによって貧困と悲惨がいや増すかのように語られている。このような態度は、発展途上国への援助言説に顕著である。学校の建設こそが、貧困問題のみならず男女差別問題もテロ問題も解決する切り札であるかのように語られている。

しかし、どこかおかしくはないか。学校に行かなければ、学校に行けなければ、人はよく生きることができないと言うのだろうか。学校などなくとも、うまく生きていけるような世の中のほうが、よいとは思わないのか。おそらく、学校化に何の疑いもいだかない大多数の市民は、学校を経て形成されたおのれの有り様に自信があって、そのような類の市民が再生産されることが、まさにおのれが主体=臣下となっている現体制の秩序を再生産することになると思っている。自分に似た者が後に続くなら誰もが幸せというわけであり、それを保証する最大の装置・制度が学校であると思っている。よき市民、よき先進国市民、よきホモ・エコノミクス、よき働き手、よき稼ぎ手、よきリーダー、よきキリスト教徒、よきムスリム、よき被抑圧民族、そして、よき異性愛者、等々の再生産装置としての学校……。それはその通りである。現に、大筋では、その通りになっている。大多数の市民の自信に根拠はある。しかし、どこかおかしくはないか。大学に話を集中しておく。

かつて、イヴァン・イリイチ『脱学校社会』が広く読まれた頃、ある人に、そんな学校批判を出せるようになること自体が学校のおかげであって、だから、お前が学校（化）を無くせと言うのはおかしい、と批判されたことがあった。当時の私は、自分の学校批判の主張は学校の外で身につけたことであるからその批判は少なくとも自分にはあてはまらないと考えていたが、いまは少し違って、そのような批判的で反省的な当時の私のような若者を（再）生産することもコミで、学校、とりわけ大学は支配イデオロギー装置になってきたし現になっていると考えている。たしかに、大学が企業に比較して、大学批判や政府批判を発信できるという意味での言論の自由、自身を含む大学を公然と告発できるという意味での内部告発の自由はある。しかし、公害企業や電力会社の内部に会社の経営方針に反対し政府の経済政策にも反対する社員がいるとして（必ず存在する）、しかもその社員たちが公的理性（カント）を発揮して企業の内外で批判を発することができるようになったとして、それだけでは企業のあり方はいささかも変わりはしないことに気づかれるべきである。大学も同じことだ。大学内部には文科省や学内行政に公然と文句を呟く人は多い。しかし、そのことはいささかも大学を変えてはいない。むしろ、そのことは大学の自治や民主主義の証しとして大学の商品価値を高めているだけであって、いささかも大学そのものを揺るがしてはいない。どうしてか。簡単な話で、言葉だけで現実を変えることはできないからだ。口舌の徒こそが統治されやすいからだ。

先ず確認しておくべきことは、現在の支配的イデオロギーとは、環境、脱炭素化、持続可能性、ダイバーシティ、LGBT、SDGs、情報化、人道支援、人権外交といった一連の用語によって形成されている見方・考え方・振る舞い方であるということである。そして、それが最も効果的に教育・訓育されている場所は大学であるということである(昨今の出来る学生が公的な場所でどんな発言をするかを見てみるとよい。とくに英語のスピーチの内容を見てみるとよい。ひとしなみに同じことを言っている)。次に確認しておくべきことは、政府と企業が最も効果的に支配している機関は大学であるということである。大学こそが、「専門技能の再生産」に加えて、労働者に対しては「支配的イデオロギーへの服従の再生産」を、搾取と抑圧の担い手たちに対しては「支配イデオロギーを使いこなす能力の再生産」を保証する機関であるということである。つまり、世間的には、大多数の市民にとってよき場所であるということだ(いまや学生自治会・学友会が存在する大学はほとんどないが、その僅かな自治会・学友会でもその代表の言動たるや、企業や文科省が期待する学生のそれである。さらに言えば、企業家的であり新自由主義的である。いまや自治会・学友会の指導部であることさえも就活に有利な経歴となっているが、それも当然のことである)。さらに確認しておくべきことは、支配イデオロギーを身につけた支配者は、現体制の多数をなしているということである。現体制の支配階級は多数者なのである（しかし、万人を救済するポテンシャルを有する「普遍的」階級、第三身分やプロレタリアートのような集団的主体ではない）。それこそが民主制の定義である（アリストテレス）。したがって、この点では、統治者・企業家と被統治者・一般市民とのあいだに何の違いもない。両者は手を取り合って支配階級を形成している。民主主義にどんな冠を被せようがそのことに変わりはない。そして大学は、それを頂点とする学校群とそれに接続する家族を引き連れて、支配イデオロギーとその主体を再生産している。

何よりまず、私はこのような状況は気味がわるいと思うのだが、だからと言って、その支配イデオロギー再生産装置を全面解体すればよいと直ちに言いたいわけではない。大学には為されるべき別の使命があるし、大学内でもそれが部分的に遂行されていてそこを擁護したいという気持ちがあるからだが（企業についても同様ではある）、いまはそれが理由ではない。ここで問題にしたいのは、今日の支配的イデオロギーが、大筋では、共通善を掲げているというところにある。それは、人間だけではなく動植物にも共通するような善を掲げてさえいる（トマス・アクィナスのいう共通善としての宇宙秩序である）。アルチュセールが指摘していたように、今日の大学・学校はかつての教会の機能を引き継いでいる。それは、よき人間とよき市民の訓育と規律の機関であり、悪しき市民に、非文化的で非文明的な人間に福音を宣べ伝える機関である。そこにしかよい人生がないかのように見なされているのも当然と言えば当然である（まさにトマス・アクィナス的政治神学の再来である）。

この状況において、本書は、共通善の政治理念に照らして正されるべきことを述べている。そして、その類の改良さえをも妨げるものは、あれこれの国制の特質なのではなく、資本主義であるということを間接的な形であるが主張している。共通善の政治は、今日の支配イデオロギーのどの項目でも具体的に見れば明らかなように、資本主義の変革や解体抜きには実現しないのである。

初出一覧

災厄／疫病

「恵まれたる者、呪われたる者――ダニエル・デフォーとジャン・カルヴァンにおける」『現代思想』青土社、二〇二〇年五月号

「自然状態の純粋暴力における法と正義」『思想としての〈新型コロナウイルス禍〉』河出書房新社、二〇二〇年

「公衆衛生と医療――集団の救済と病人の救済」『コロナ後の世界』筑摩書房、二〇二〇年

「停止で紡ぎ出される夢が停止を惹き起こすために――中井久夫小論」『現代思想』青土社、二〇二一年二月号

「出来事の時――資本主義＋電力＋善意のナショナリズムに対して」『思想としての3・11』河出書房新社、二〇一一年

「「どれだけ」に縛られる人生」『脱原発「異論」』作品社、二〇一一年

「やはり嘘つきの舌は抜かれるべきである――デモクラシーは一度でも現われたか」『情況　思想理論編』情況出版、二〇一三年一一‐一二月号別冊

性／生殖

「国家に抗する社会における鰥夫と子供」『異貌の同時代』以文社、二〇一七年
「最後のダーク・ツーリズム——『少女終末旅行』を読む」『アレ』アレ★Club、五号、二〇一八年
「類としての人間の生殖——婚姻と子どもの聖化について」『思想』岩波書店、二〇一九年五月号
「性差別についての考え方」『人権を考える』随想舎、一九九七年
「暴力の性化と享楽化の此方（彼方）へ」『ユリイカ青土社、二〇一四年九月号
「異性愛批判の行方——支配服従問題の消失と再興」『生存学研究センター報告24』、二〇一五年
「フーコーの精神分析批判——『性の歴史Ⅰ』に即して」『〈ポスト68年〉と私たち』平凡社、二〇一七年
「身体——結核の歴史から」『シリーズ生命倫理学2　生命倫理の基本概念』丸善出版、二〇一二年
「傷痕と再生」『現代思想』青土社、二〇一七年六月号
「共通善と大学——補足として」書き下ろし

おわりに

本書所収の論考を書くことができたのは、その機会を与えて下さった編集者や共著編者の方々のおかげである。

その中で最も古いものは、かつての勤務校・宇都宮大学で授業科目「人権教育」を創設し継続していた横島章氏と中村清氏が編集し、地方出版社から刊行された『人権を考える』に所収されたものである。私は、その授業に担当者の一人として参加し、性について初めての論考を書くことができた。それはいささか若書きの趣がないではないが、以後の書き手としての自分の姿勢を定めたものであり、宇都宮大学の良き同僚の思い出もあって、懐かしいものでもある。そして、それぞれの論考に、編集者や編者の思い出があり、いくらか懐かしい気持ちにもなっている。この場を借りて、あらためてお礼申し上げたい。

本書の論考の幾つかは、ネットでも言及されることもあった。その中には、とても優れた読み手がいて、自分では見えていなかったことを教えていただいたコメントもあった。学界にせよネットにせよ、批評されることは、非難されることが入り混じることもあって、なかなか辛いものがあるが、それでも読んでいただけることはありがたく思っている。

私は、論考や論文を書くときには、原則的に自己参照はしないので、おそらく、あるものを読んだ方も他のものは読んでいないのが実情ではないかと思っている。そのような方をはじめとして、多くの方に、この二冊の論集を手に取って見ていただくことを願っている。

小泉義之　こいずみ・よしゆき
一九五四年生まれ　立命館大学大学院先端総合学術研究科特任教授

著書

『兵士デカルト――戦いから祈りへ』勁草書房、一九九五年
『デカルト＝哲学のすすめ』講談社現代新書、一九九六年／文庫版『デカルト哲学』講談社学術文庫、二〇一四年
『弔いの哲学』河出書房新社、一九九七年
『ドゥルーズの哲学――生命・自然・未来のために』講談社現代新書、二〇〇〇年　／文庫版『ドゥルーズの哲学――生命・自然・未来のために』講談社学術文庫、二〇一五年
『レヴィナス――何のために生きるのか』日本放送出版協会、二〇〇三年
『生殖の哲学』河出書房新社、二〇〇三年
『病いの哲学』ちくま新書、二〇〇六年
『「負け組」の哲学』人文書院、二〇〇六年
『デカルトの哲学』人文書院、二〇〇九年
『生と病の哲学』青土社、二〇一二年
『ドゥルーズと狂気』河出書房新社、二〇一四年
『あたらしい狂気の歴史――精神病理の哲学』青土社、二〇一八年
『あたかも壊れた世界――批評的、リアリズム的』青土社、二〇一九年
『ドゥルーズの霊性』河出書房新社、二〇一九年
など

共編著

『ドゥルーズ／ガタリの現在』平凡社、二〇〇八年
『ドゥルーズの21世紀』河出書房新社、二〇一九年
『フーコー研究』岩波書店、二〇二一年
など

訳書

ジル・ドゥルーズ『無人島　一九六九―一九七四』（監修・共訳）河出書房新社、二〇〇三年
ジル・ドゥルーズ『意味の論理学』河出文庫、二〇〇七年。
など

災厄と性愛　小泉義之政治論集成　I

著者　小泉義之

二〇二一年七月二〇日　第一刷発行

発行所　有限会社月曜社
発行者　神林豊
〒一八二—〇〇〇六　東京都調布市西つつじヶ丘四—四七—三
電話〇三—三九三五—〇五一五（営業）／〇四二—四八一—二五五七（編集）
ファクス〇四二—四八一—二五六一
http://getsuyosha.jp/

編集　阿部晴政
装幀　中島浩
印刷・製本　モリモト印刷株式会社

ISBN978-4-86503-114-0

闘争と統治

小泉義之政治論集成　II

障害、福祉、精神医療、債務、BI、貧困などに向き合いながら〈別の生〉を開く統治論の新たなる展開。来たるべき政治のために資本主義と統治の根拠とその現在を批判し〈なに〉と〈いかに〉闘うべきかを問う政治社会論集。資本主義の「リアル」を破壊する。〈全二巻〉

II－1　運動／政治

◉一九六八年以後の共産党──革命と改良の間で◉日本イデオローグ批判◉殺すことはない◉誰かの死だけが和らげる苦痛？◉配分的正義を──死の配分と財の配分◉戦争と平和と人道の共犯◉競技場に闘技が入場するとき◉老女と人形──現代における迷信と科学◉人工知能の正しい使用法──人間の仕事がなくなる危機を好機とする◉天気の大人──二一世紀初めにおける終末論的論調について◉啓蒙と霊性◉天皇制論の罠◉死骸さえあれば、蛆虫には事欠かない◉謀叛と歴史──『明智軍記』に寄せて

II－2　統治／福祉

◉包摂による統治──障害カテゴリーの濫用について◉統治と治安の完成──自己を治める者が他者を治めるように治められる◉多彩な療法の分散──その歴史と行方◉経済の起源における債権債務関係の優越的地位──『道徳の系譜』と『通貨論』◉残余から隙間へ──ベーシックインカムの社会福祉的社会防衛◉国家の眼としての貧困調査◉死に場所を探して◉モラリズムの蔓延◉資本主義の軛